BIBLIOTHÈQUE-LEDUC

THÉORIE
MUSICALE

par

ÉMILE DURAND

Ancien Professeur au Conservatoire National de Musique

Prix : **7** francs net

DU MÊME AUTEUR

Traité d'Harmonie complet (*Partie de l'Élève*)	Prix net 25 Fr.
Réalisations des Leçons d'Harmonie (*Partie du Professeur*)	— 12
Traité d'Accompagnement au Piano	— 18
Abrégé du Cours d'Harmonie	— 10
Réalisations des Leçons de l'Abrégé	— 5

PARIS. ALPHONSE LEDUC, Éditeur

3, rue de Grammont

Tous droits de traduction réservés.

1903

BIBLIOTHÈQUE-LEDUC

THÉORIE
MUSICALE

par

ÉMILE DURAND

Ancien Professeur au Conservatoire National de Musique

Prix : **7** francs net

DU MÊME AUTEUR

Traité d'Harmonie complet *(Partie de l'Élève)*	Prix net **25** Fr.
Réalisations des Leçons d'Harmonie *(Partie du Professeur)*	— **12** —
Traité d'Accompagnement au Piano	— **18** —
Abrégé du Cours d'Harmonie	— **10** —
Réalisations des Leçons de l'Abrégé	— **5** —

PARIS. ALPHONSE LEDUC, ÉDITEUR

3, rue de Grammont.

PRÉFACE

Il existe déjà un certain nombre d'ouvrages très estimables sur l'enseignement des *principes de la musique*; mais, nous n'en connaissons aucun qui suive la *même gradation* que les *études pratiques* auxquelles doit se livrer tout *musicien commençant*. Ces ouvrages paraissent, en effet, exclusivement destinés à des *élèves déjà avancés*.

Il nous a donc semblé qu'il y avait là une lacune, et qu'une Théorie musicale bien graduée, côtoyant de très près les *exercices de solfège*, depuis *les plus élémentaires jusqu'aux plus compliqués*, pourrait rendre de très grands services à l'enseignement de la musique.

Telle est la raison qui nous a déterminé, après de longues années de professorat, à écrire cet ouvrage, dont le *plan est tout différent* de celui des ouvrages similaires que nous connaissons.

Notre Théorie musicale est divisée en *deux parties*, et suivie d'un *questionnaire*, par *demandes et réponses*, lesquelles correspondent aux divers chapitres de l'ouvrage.

La Première Partie comprend les principes les plus indispensables, c'est-à-dire ce qui concerne *l'écriture musicale* en clé de *Sol* et clé de *Fa*; ce qui se rapporte aux *mesures*, aux *intervalles*, aux *gammes*, aux *modes* et aux *genres*, au *rythme*, au *mouvement* et aux *nuances*. On y trouve aussi une *première étude de l'échelle musicale*. — Le tout y est amené *bien graduellement*, en suivant la marche habituelle des études pratiques de solfège.

La Seconde Partie renferme une *deuxième étude de l'échelle musicale* et le *système complet des clés*; les *premières notions de l'harmonie*; un chapitre sur la *modulation*, un autre sur la *transposition*; les diverses manières dont *s'enchaînent les tonalités* (par leurs tétracordes ou leurs accords communs;) les *artifices mélodiques*, le *plain-chant* et les *abréviations*.

Le texte, que nous nous sommes efforcé de rendre aussi clair que possible, est accompagné de nombreux exemples, qui doivent aider à le bien faire comprendre.

Pour ce qui est du Questionnaire, si nous y avons mis *les réponses*, c'est afin d'en *faciliter l'étude* à l'élève et de *simplifier la tâche* du professeur. — En effet, certaines *réponses* sont difficiles à *formuler*, notamment, quand il s'agit de *définitions*. La plupart des élèves ne sauraient le faire avec toute la *netteté* désirable; et, pour le professeur lui-même, cela l'obligerait à un *travail* qu'il nous saura bon gré de lui épargner. (Un autre avantage de ce système, c'est de permettre *aux parents* qui surveillent l'éducation musicale de leurs enfants, de faire répéter à ceux-ci les leçons qu'ils ont dû apprendre.)

Afin de mettre la première partie de ce questionnaire à la portée des plus jeunes élèves, nous avons, le plus possible, répondu *brièvement* à des *questions développées*.

EXEMPLE

> D. — Quel est l'art qui a pour objet d'exprimer des sentiments et d'éveiller des sensations
> par le moyen des sons?
>
> R. — *C'est la musique.*

Mais, si l'on a affaire à des élèves plus âgés et d'une intelligence plus cultivée, il sera toujours facile de *retourner la question*, en la posant ainsi:

> D. — Qu'est-ce que la musique?
>
> R. — *C'est l'art qui a pour objet d'exprimer des sentiments et d'éveiller des sensations par le moyen des sons.*

N.-B. — Avant de donner aux élèves une leçon à apprendre dans le Questionnaire, le professeur devra lire, à haute voix, le *texte* qui y correspond, dans la **Théorie** proprement dite, et attirer leur attention sur *les exemples*, au fur et à mesure qu'ils se présenteront. (Il est bien entendu que les élèves auront texte et exemples sous les yeux, de manière à tirer de la leçon le meilleur profit possible.)

EMILE DURAND

ÉMILE DURAND.   THÉORIE MUSICALE

INTRODUCTION

A.—La **musique** est l'art d'exprimer des sentiments et d'éveiller des sensations par le moyen des **sons**.

B.—Les sons qui produisent de la musique sont appelés **sons musicaux**.

C.—Les sons musicaux sont plus ou moins *bas* ou **graves**, plus ou moins *hauts* ou **aigus**; leur **durée** est plus ou moins *longue*; leur **force**, plus ou moins *grande*.

D.—On nomme **intonation** les rapports de *hauteur des sons*; on nomme **mesure** ou **rythme** leurs rapports de *durée*; on nomme **intensité** la *force* plus ou moins grande qu'on leur donne.

E.—Les **sons musicaux** peuvent être produits *un à un et successivement*; on peut en faire entendre *plusieurs à la fois*.

F.—La **mélodie** est une *suite de sons musicaux* formant un sens agréable pour l'oreille et satisfaisant pour l'esprit.

G.—On nomme **accord** l'union de plusieurs sons qui, entendus en même temps, produisent un effet **harmonieux**.

H.—L'**harmonie** est la science des *accords*; une *suite d'accords* produit de l'**harmonie**.
(La *mélodie* et l'*harmonie* sont à la musique ce que le *dessin* et la *couleur* sont à la peinture.)

I.—La musique composée pour les *voix* se nomme **musique vocale** ou **musique de chant**.
(Celle qui doit être chantée par *un grand nombre de voix* est appelée aussi *musique chorale* ou *chœur*.)

J.—La musique composée pour un ou plusieurs *instruments* se nomme **musique instrumentale**. (Celle qui doit être exécutée par un *grand nombre de musiciens* jouant de *divers instruments* s'appelle aussi *musique d'orchestre* ou *musique symphonique*.)

K.—On nomme **solo**, un *morceau de musique* ou seulement un *fragment de morceau* dont la partie principale doit être exécutée par *une seule voix* ou *un seul instrument*.
(Un *solo* peut être *avec* ou *sans accompagnement*.)

L.—Toute musique écrite pour *plusieurs voix* ou *plusieurs instruments*, ou pour des *voix* et des *instruments* réunis, se nomme **musique d'ensemble**.

QUESTIONNAIRE, N°s 1 à 12.

Paris, ALPHONSE LEDUC, Éditeur.   A.L.8200.   Gravé chez Alphonse Leduc.

PREMIÈRE PARTIE

ÉCRITURE MUSICALE ou NOTATION

§ 1.— *L'écriture musicale* est appelée **notation**.

§ 2.— Les **signes** de la *notation musicale* se divisent en deux classes principales, qui sont: 1º les signes d'**intonation**, 2º les signes de **durée**.

§ 3.— Les principaux signes d'intonation sont: 1º la **portée**; 2º les **notes**; 3º les **clés**.

(Ces trois signes sont *indispensables* pour indiquer le *degré de hauteur* des sons; l'absence de l'un rendrait les deux autres inintelligibles; il est donc nécessaire de les étudier tous les trois de front.)

PORTÉE

§ 4.— La **portée** est la réunion de *cinq lignes horizontales* qui se comptent de *bas en haut*.

La première ligne est donc *celle du bas*.

§ 5.— Les espaces compris *entre les lignes* de la portée se nomment **interlignes**; on les compte également de *bas en haut*. (Les *interlignes* sont au nombre de *quatre*.)

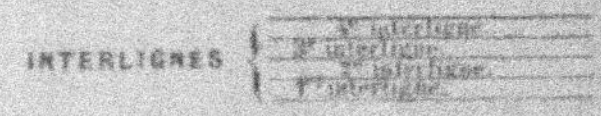

§ 6.— On ajoute, au besoin, au-dessus ou au-dessous de la portée, de **petites lignes supplémentaires** pour en augmenter l'étendue.

NOTES

§ 7.— Les **notes** sont les *caractères* dont on se sert pour représenter les *sons*.

§ 8.— Il y a plusieurs **figures de notes**, savoir:

la **ronde**, ○; la **blanche**, ♩ ou ♩; la **noire**, ♩ ou ♩; la **croche**, ♪ ou ♪; etc.

§ 9.— Lorsqu'on veut *unir en un seul groupe* deux ou plusieurs croches qui se suivent, on remplace les *crochets* par une *barre* qui relie ces croches l'une à l'autre.

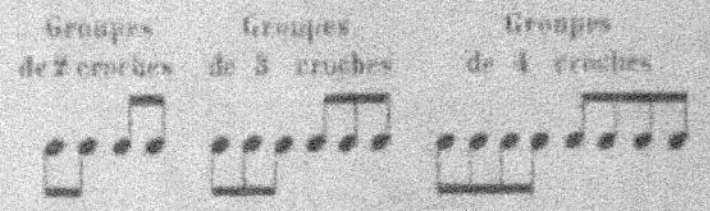

§ 10.— Ces *différentes figures* n'indiquent, par elles-mêmes, que la *valeur relative* des notes comme *durée*.

§ 11.— Ce qui détermine le *degré de hauteur relative* des sons, c'est la *position* que les notes occupent *sur la portée*.

Voici les *diverses manières* de placer les notes *sur la portée*:

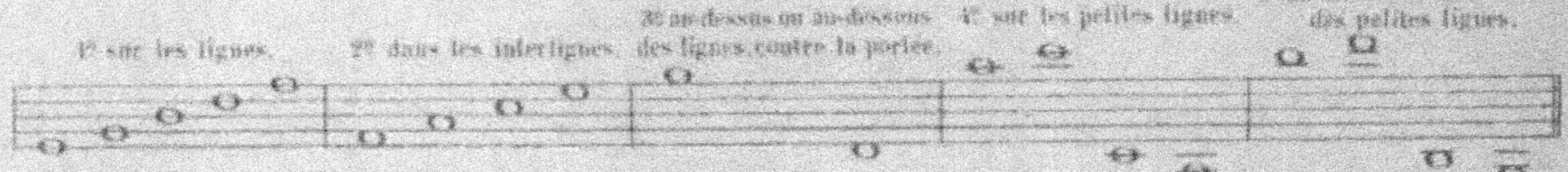

§ 12.—Pour exprimer les *rapports de hauteur des sons*, on donne aux *notes* les *noms de*

QUESTIONNAIRE. N.ᵒˢ 13 à 29

CLÉS

§ 13.—Pour indiquer la position que doivent occuper les notes sur la portée, on se sert d'une figure appelée **clé**.

§ 14.—La **clé** porte le *nom d'une note*; elle se pose sur *l'une des lignes* de la portée; elle détermine la *position de la note* dont elle porte le *nom*, et par celle-ci, la *position des autres notes*.

§ 15.—Outre la position des notes sur la portée, la *clé* indique exactement le *degré de hauteur* des sons qu'elles représentent.

§ 16.—Il y a *trois sortes de clés*, savoir:

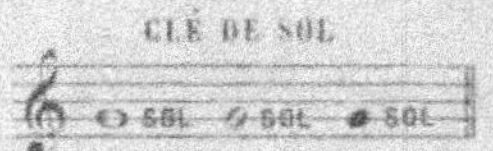

§ 17.—De ces trois clés, la plus usitée est la **clé de sol** posée sur la 2ᵈᵉ ligne. Avec cette clé, *toute note placée sur la 2ᵈᵉ ligne* s'appelle **sol**, quelle que soit sa figure.

§ 18.—Ce **sol** de la 2ᵈᵉ ligne est la 5ᵐᵉ *note de la série ascendante* que nous avons donnée plus haut. Pour trouver la *1ʳᵉ note de cette série*, sur la portée, il suffira donc de *descendre de cinq degrés*, y compris le **sol** (point de départ) et en passant par les notes **fa, mi, ré**, pour aboutir au **do**, comme dans la *série descendante*.

§ 19.—Si l'on remonte graduellement à partir de ce **do**, les *sept notes* se succèdent, sur la portée, de la façon suivante:

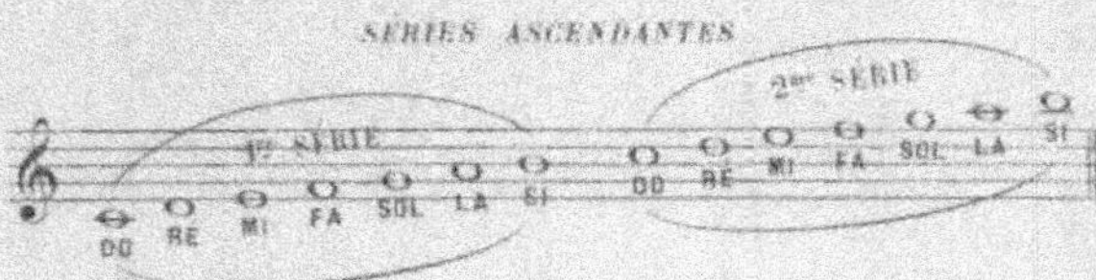

§ 20.—En continuant à monter de la même manière, on recommence une *série de notes* pareille à la première, mais plus élevée.

§ 21.—En poursuivant cette *marche ascendante*, on pourrait former d'*autres séries semblables* de plus en plus aigües.

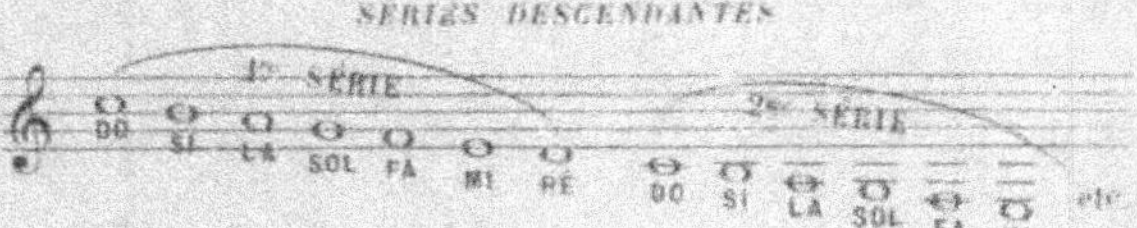

§ 22.—De même, on formerait plusieurs *séries descendantes*, en prenant les notes en *sens inverse*.

De tout ce qui précède, on peut conclure:

§ 23.—1° que les **notes** sont à la fois des *signes d'intonation* et des *signes de durée*. (*Signes d'intonation*, par leur *position* sur la portée; *signes de durée* par leurs *formes diverses*.)

§ 24.—2° que pour figurer *des sons* montant ou descendant *par degrés*, les notes se placent alternativement *sur les lignes* et *dans les interlignes*.

§ 25.—3° enfin, que *deux notes* placées à *8 degrés* l'une de l'autre portent toujours le **même nom**, et que, grâce à cette circonstance, *sept noms de notes* suffisent pour exprimer *tous les sons*.

QUESTIONNAIRE N° 2 30 à 40

DE LA GAMME et DES DEGRÉS

§ 26.—Lorsque toutes les notes se succèdent en *montant par degrés* du **do** grave au **do** aigu, ou en *descendant de même* du **do** aigu au **do** grave, elles forment ce qu'on appelle une **gamme**: *gamme ascendante* en montant, *gamme descendante* en descendant.

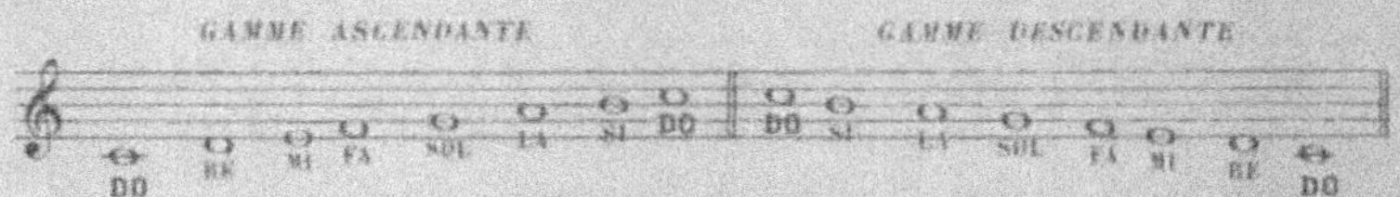

§ 27.—Chacune des notes de la gamme se nomme **degré**. La gamme contient donc **huit degrés**, que l'on compte *du grave à l'aigu*. (Toutefois, le 8ᵐᵉ degré n'étant que la *répétition du 1ᵉʳ*, il n'y a, en réalité, que, *sept degrés tout-à-fait différents*.)

§ 28.—On compare la *gamme* à une *échelle de sons*, et l'on dit indifféremment: échelle ou gamme. La *gamme* est, en effet, une **échelle de sons** montant ou descendant par *degrés*.

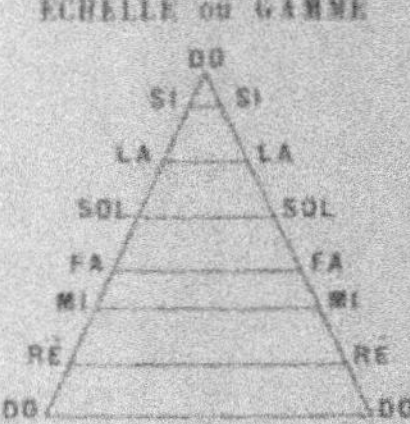

§ 29.—Bien que les notes qui composent la **gamme** soient échelonnées, sur la portée, d'une *manière uniforme* pour l'œil, la différence d'intonation n'est pas la même entre toutes ces notes. De **mi** à **fa** et de **si** à **do** la distance est *plus petite de moitié* que de **do** à **ré**, de **ré** à **mi**, de **fa** à **sol**, de **sol** à **la** et de **la** à **si**. Pour ces dernières, la distance est **d'un ton**, tandis que, pour les premières, elle n'est que d'un **demi-ton**.

§ 30.—Une gamme de *huit degrés*, comme celle que nous donnons plus haut (§ 26), se compose de *cinq tons* et *deux demi-tons* ainsi répartis:

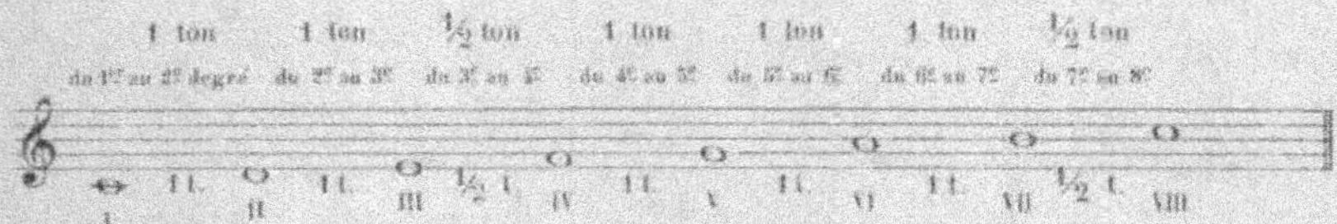

N.-B. — Désormais, nous indiquerons par des *chiffres romains* les *différents degrés* de la gamme.

§ 31.—Cette gamme, dont les *demi-tons* sont placés du **3me** au **4me** degré et du **7me** au **8me**, est appelée **gamme diatonique majeure**, ou, plus simplement, **gamme majeure**. (On verra, aux §§ 148 à 158 les raisons qui font donner à la *gamme* ces deux qualifications.)

QUESTIONNAIRE N°s 44 à 59

VALEUR RELATIVE des FIGURES de NOTES

§ 32.—La **ronde** est l'*unité* de valeur; la **blanche** est la *moitié* de la ronde; la **noire** en est le *quart*, et la **croche** le *huitième*.

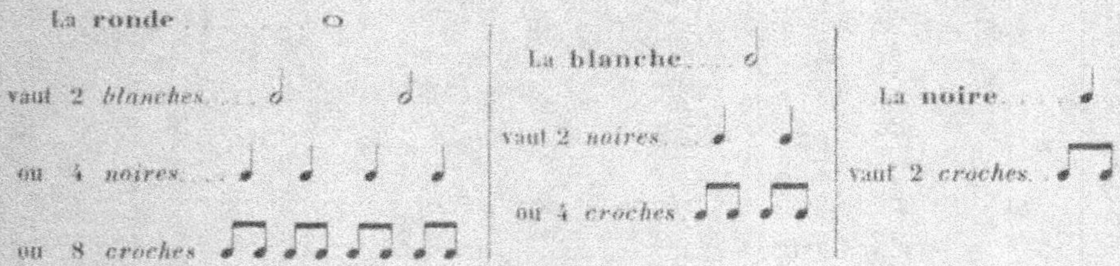

§ 33.—Toutes ces valeurs *divisibles par deux* sont appelées **valeurs simples**.

QUESTIONNAIRE N°s 60 à 68

DES SILENCES

§ 34.—Les **silences** sont des signes destinés à remplacer les notes, pour indiquer qu'il faut *se taire momentanément.*

§ 35.—L'*interruption momentanée des sons* est plus ou moins longue, selon la *valeur de durée* que représente la **figure du silence.**

§ 36.—Chaque **silence** correspond, comme *durée,* à une *valeur de note.*

La **pause** ⬓ équivaut à la **ronde** ;
on la place *au-dessous* d'une ligne (la 4ᵐᵉ, de préférence.)

La **demi-pause** ⬒ équivaut à la **blanche** ;
on la place *au-dessus* d'une ligne (la 3ᵐᵉ, de préférence.)

Le **soupir** ⨎ équivaut à la **noire** ;

Le **demi-soupir** ⨎ équivaut à la **croche.**
(Ces deux derniers signes se placent indifféremment sur la portée, mais, autant que possible, *vers le milieu.*

La **pause**	La **demi-pause**	Le **soupir**	Le **demi-soupir**
vaut 2 *demi-pauses*	est *une moitié* de la pause;	est le *quart* de la pause;	est le *huitième* de la pause,
ou 4 *soupirs*	elle vaut 2 *soupirs*	la *moitié* de la *demi-pause;*	le *quart* de la demi-pause,
ou 8 *demi-soupirs*	ou 4 *demi-soupirs.*	il vaut 2 *demi-soupirs.*	la *moitié* du soupir.

QUESTIONNAIRE. Nᵒˢ 69 à 75

Des **MESURES**, des **BARRES** de **MESURE** et des **TEMPS**

§ 37.—Un morceau de musique quelconque se divise par *petits fragments* qu'on appelle **mesures.**

§ 38.—On figure les mesures au moyen de *lignes verticales* qui traversent la portée de distance en distance et qu'on nomme **barres de mesure.**

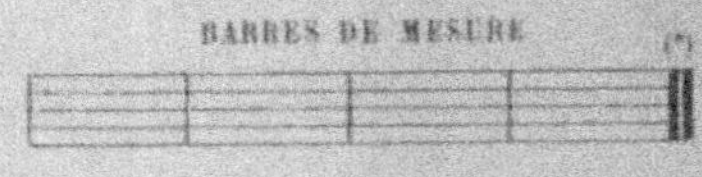

§ 39.—Ces **barres de mesure** forment des sortes de *cases* qu'on remplit de *notes* ou de *silences* pour une somme de *valeurs* déterminée.

(*) La fin d'un morceau s'indique toujours par une *double-barre.*

§ 40.—Cette *somme de valeurs* est toujours *la même* pour la *même espèce* de mesure; elle constitue ce qui s'appelle *une mesure*.

Ainsi, en supposant que la **ronde** représente cette *somme de valeurs*, on pourrait remplir chaque mesure de l'une des manières suivantes:

§ 41.—Une mesure se divise elle-même en *courtes parties d'égale durée* qu'on appelle **temps.** Sauf de rares exceptions, les mesures sont à *deux,* à *trois* ou à *quatre temps.*

§ 42.—**Un temps** peut se diviser en *deux* ou en *trois* parties égales, selon l'espèce de la mesure.

§ 43.—La division par *deux* s'appelle division **binaire**, et la division par *trois*, division **ternaire.**

§ 44.—Un temps est *divisible par deux* lorsqu'il se compose d'une **valeur simple** comme la *blanche,* la *noire* ou la *croche;* et, dans ce cas, on l'appelle **temps simple** ou temps **binaire.**

§ 45.—Les mesures dont les *temps sont simples* sont appelées **mesures simples.**

CHIFFRES INDICATEURS DES MESURES

§ 46.—En général, on indique les différentes mesures par **deux chiffres superposés**, en forme de *fraction*, comme $\frac{2}{4}$, $\frac{3}{4}$, $\frac{3}{8}$, etc.

§ 47.—On les désigne par l'énoncé de ces *deux chiffres;* ainsi, l'on dit: mesure à **deux-quatre;** mesure à **trois-quatre;** mesure à **six-huit.**

§ 48.—Le *chiffre inférieur,* le dénominateur, représente une *fraction de la ronde,* si ce n'est la *ronde* elle-même (ce qui est très rare); le *chiffre supérieur,* le numérateur, indique *combien de fois* cette fraction de ronde est contenue *dans une mesure.*

§ 49.—L'ensemble de ces *deux chiffres* exprime donc la **somme de valeurs** que doit contenir chaque mesure, en *notes* ou en *silences.*

§ 50.—Pour le chiffrage des mesures, on représente la **ronde** par le chiffre **1;** la **blanche,** par le chiffre **2;** la **noire,** par **4;** la **croche,** par **8.**

Ainsi, les chiffres $\frac{2}{4}$ représentent *deux quarts* de la ronde ou *2 noires* pour une mesure; les chiffres $\frac{3}{2}$ représentent *trois-moitiés* de rondes ou *3 blanches* pour une mesure; les chiffres $\frac{6}{8}$ représentent *six-huitièmes* de la ronde ou *6 croches* pour une mesure.

§ 51.—En ce qui concerne particulièrement les **mesures simples**, le *chiffre supérieur,* qui est toujours 2, 3 ou 4, représente, en outre, le *nombre des temps.*

§ 52.—On appelle **unité de temps** la valeur de note qui, à elle seule, remplit exactement *un temps de la mesure.*

(Il ne faut pas confondre l'*unité de temps,* qui est tantôt la *blanche,* tantôt la *noire* ou la *croche,* avec l'*unité de valeur,* qui est toujours la *ronde.)*

§ 53.—**Battre la mesure**, c'est en marquer chaque temps par un *mouvement* de la *main* ou du *bras*.

§ 54.—Voici comment on **bat** la mesure à *2 temps:*

On marque le 1er temps, en portant la main de *haut en bas*, c'est-à-dire: en *frappant;*

On marque le 2^{d} temps, en ramenant la main de *bas en haut*, c'est-à-dire: en *levant*.

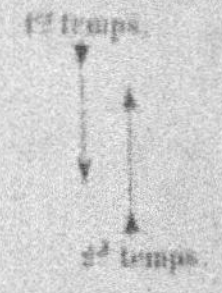

§ 55.—Voici comment on **bat** la mesure à *4 temps:*

le 1er *temps* se marque en *frappant;*
le 2me *temps*, en allant de *droite à gauche;*
le 3me *temps*, en revenant de *gauche à droite;*
le 4me *temps* se marque en *levant*.

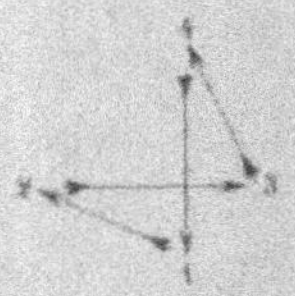

QUESTIONNAIRE, Nos 76 à 101.

MESURES SIMPLES LES PLUS USITÉES à 2 et à 4 temps.

§ 56.—Les mesures simples les plus usitées sont celles dont l'*unité de temps* est la **noire;** c'est-à-dire, celles qui ont une **noire** pour *chaque temps*.

Telles sont les mesures à **deux-quatre** (2 temps.) et **quatre-quatre** (4 temps.)

MESURE A DEUX-QUATRE

§ 57.—La mesure à **deux-quatre** est une mesure simple à 2 temps qui contient, dans sa totalité, la valeur de *deux noires;* ce qui fait, pour chaque temps, une *noire* ou *deux croches*, 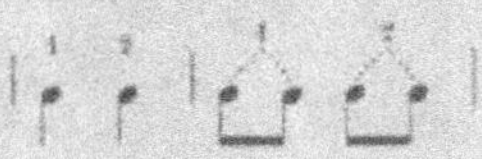 et pour une mesure entière, une *blanche*. 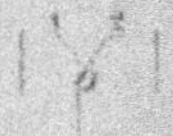

§ 58.—On indique cette mesure par les chiffres $\frac{2}{4}$ qui représentent **deux-quarts** de la *ronde*.

MESURE A DEUX-QUATRE

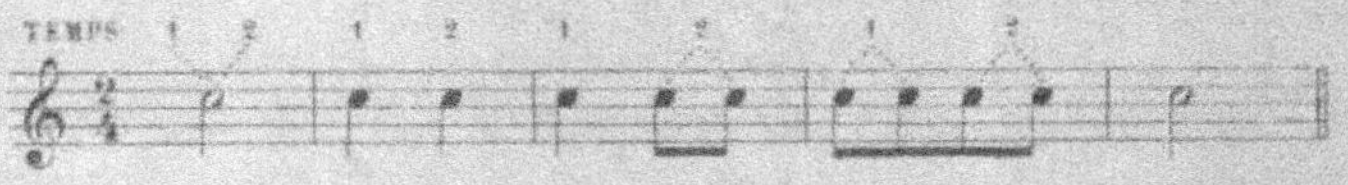

MESURE A QUATRE-QUATRE

§ 59.—La mesure à **quatre-quatre** ou *quatre-quarts* est une mesure simple à 4 temps qui contient, dans sa totalité, la valeur de *quatre noires;* ce qui fait, pour chaque temps, *une noire* ou *deux croches*, 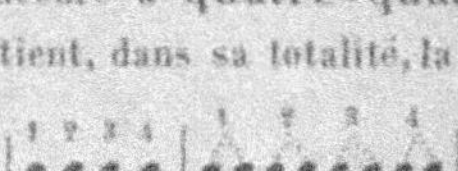 pour 2 temps, *une blanche*, 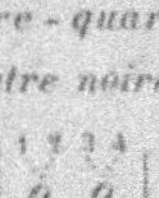 et *une ronde* 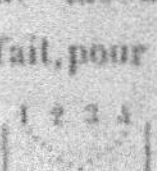 pour une mesure entière.

§ 60.—D'après un usage fort ancien, on indique habituellement cette mesure par un grand C. Quelques auteurs l'indiquent par un **4**, et quelques autres par deux chiffres **4** superposés $\frac{4}{4}$, lesquels représentent **quatre-quarts** de la *ronde*.

MESURE A QUATRE-QUATRE

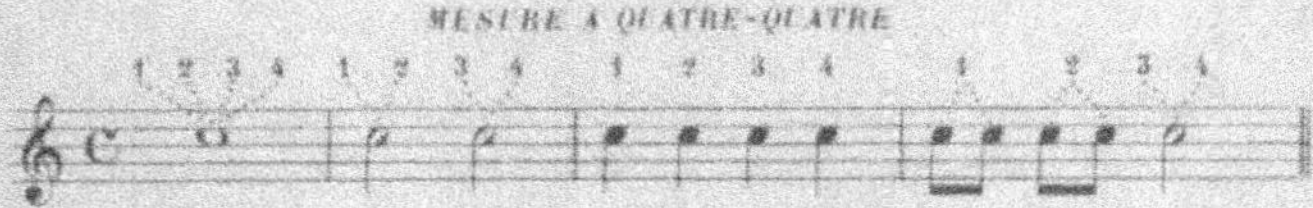

§ 61.—Dans **cette mesure**, comme dans celle à **deux-quatre**, la *noire* vaut **1** temps; la *blanche* en vaut **2**; la *croche*, $\frac{1}{2}$ temps; la *ronde* vaut une mesure à $\frac{4}{4}$ toute entière, c'est-à-dire **4** temps.

§ 62.—Dans ces mêmes mesures, le *soupir* représente le silence d'*un temps*; le *demi-soupir*, le silence d'un *demi-temps*; la *demi-pause*, le silence de *deux temps*; la *pause*, le silence d'une *mesure entière*.

MESURE A DEUX-DEUX

§ 63.—La mesure à **deux-deux** est une mesure simple à **2** temps, qui se compose d'une *blanche* ou de *deux noires* pour chaque temps, soit: *quatre noires* ou une *ronde* pour toute la mesure.

§ 64.—Elle contient la *même somme de valeurs* que la mesure à **quatre-quarts**, avec cette différence que ces valeurs sont réparties, ici, entre *deux temps* au lieu de *quatre*.

§ 65.—*Ces deux mesures* ne diffèrent donc l'une de l'autre que par la manière de *marquer les temps*.

§ 66.—On indique la mesure à **deux-deux** par le chiffre **2** ou, le plus souvent, par un C *barré* ₵.

MESURE A DEUX-DEUX

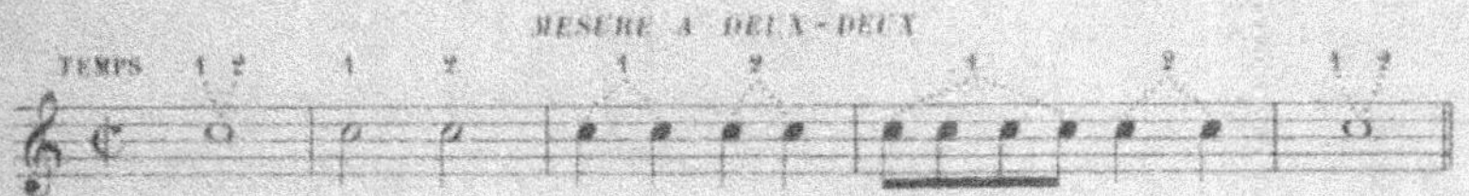

§ 67.—Dans cette mesure:
la *blanche* vaut **1** temps; la *ronde* en vaut **2**; la *noire*, $\frac{1}{2}$ temps, et la *croche*, $\frac{1}{4}$ de temps. La **pause** représente le silence d'*une mesure*; la **demi-pause**, le silence d'*un temps*; le **soupir**, le silence d'*un demi-temps*; le **demi-soupir**, le silence d'*un quart de temps*.

QUESTIONNAIRE, N 102 à 119

DES INTERVALLES

§ 68.—On nomme **intervalle** la *différence de hauteur* qui existe entre deux sous comme *intonation*.

§ 69.—Un intervalle qui va d'une *note grave* à une *note aiguë* est un intervalle *supérieur* ou *ascendant*.

§ 70.—Un intervalle qui va d'une *note aiguë* à une *note grave* est un intervalle *inférieur* ou *descendant*.

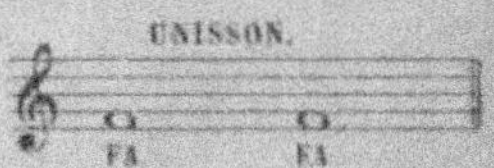

§ 71.—En général, on compte les intervalles du *grave à l'aigu*, à moins que le contraire ne soit spécifié.

§ 72.—*Deux sons* placés au *même degré*, dont l'intonation est *la même*, forment ce qu'on appelle un **unisson**, c'est-à-dire *l'absence d'intervalle* entre deux sons.

§ 73.—Les **intervalles** sont plus ou moins grands: on les mesure par **tons** et par **demi-tons**.

§ 74. Le **ton** est l'unité de mesure des intervalles.

§ 75.—Le **demi-ton** est le *plus petit intervalle* de notre système musical.

§ 76. Deux **degrés** sont **conjoints** lorsqu'ils se succèdent suivant l'ordre qu'ils ont dans la *gamme*.

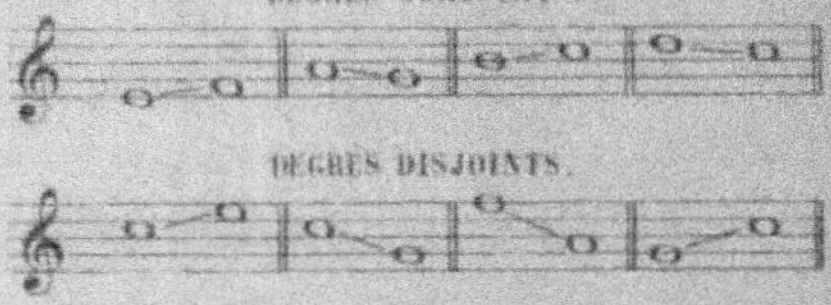

§ 77.—Deux **degrés** sont **disjoints** lorsque, pour passer directement de l'un à l'autre, on *franchit* un ou plusieurs degrés intermédiaires.

§ 78.—On désigne les *divers intervalles* par des **noms** qui expriment la *quantité* de *degrés conjoints* dont ils sont composés.

§ 79.—Un intervalle formé de **deux** degrés conjoints est appelé **seconde**; un intervalle de **trois** degrés. **tierce**: **quatre** degrés donnent une **quarte**; **cinq** degrés, une **quinte**; **six** degrés, une **sixte**; **sept** degrés, une **septième**: **huit** degrés une **octave**; **neuf** degrés, une **neuvième**. On aurait, en poursuivant: la **dixième**, la **onzième**, la **douzième**, etc.

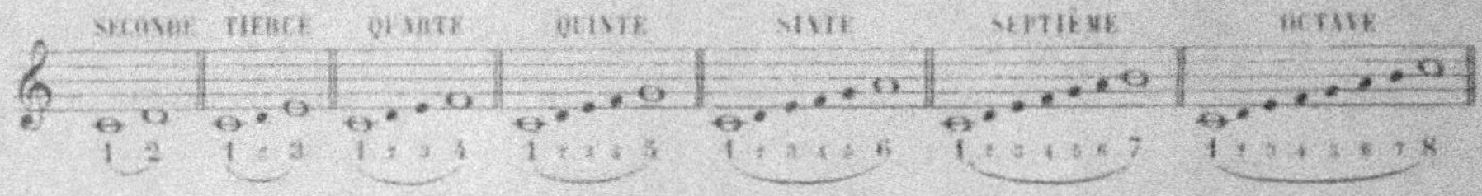

§ 80.—La **gamme majeure**, qui contient *deux espèces* de **secondes** (§ 29) renferme aussi les éléments de *deux espèces* de chacun des intervalles. On y trouve, en effet, deux sortes de **tierces**, de **quartes**, de **quintes**, etc. Seule, l'**octave** est la *même* sur tous les degrés.

§ 81.—Pour désigner les différentes espèces de chaque intervalle, on se sert des qualifications suivantes:

Majeur, qui veut dire *grand*; **Mineur**, qui veut dire *petit*.

Juste, qui s'applique à certains intervalles qui ne peuvent être ni *majeurs* ni *mineurs*.

Augmenté, qui signifie plus grand que *majeur* ou *juste*; diminué, plus petit que *juste* ou *mineur*.

§ 82.—Les intervalles de *seconde, tierce, sixte* et *septième* peuvent être majeurs, mineurs, augmentés ou diminués.

§ 83.—Les intervalles de *quarte, quinte* et *octave* peuvent être justes, augmentés ou diminués.

§ 84.—La gamme majeure contient:

5 *secondes majeures* et 2 *secondes mineures;* — 3 *tierces majeures* et 4 *tierces mineures;*
6 *quartes justes* et une quarte *augmentée;* —— 6 quintes *justes* et une quinte *diminuée;*
4 *sixtes majeures* et 3 sixtes *mineures;* —— 2 septièmes *majeures* et 5 septièmes *mineures;*
7 octaves justes.

COMPOSITION DES DIFFÉRENTS INTERVALLES
fournis par la gamme majeure

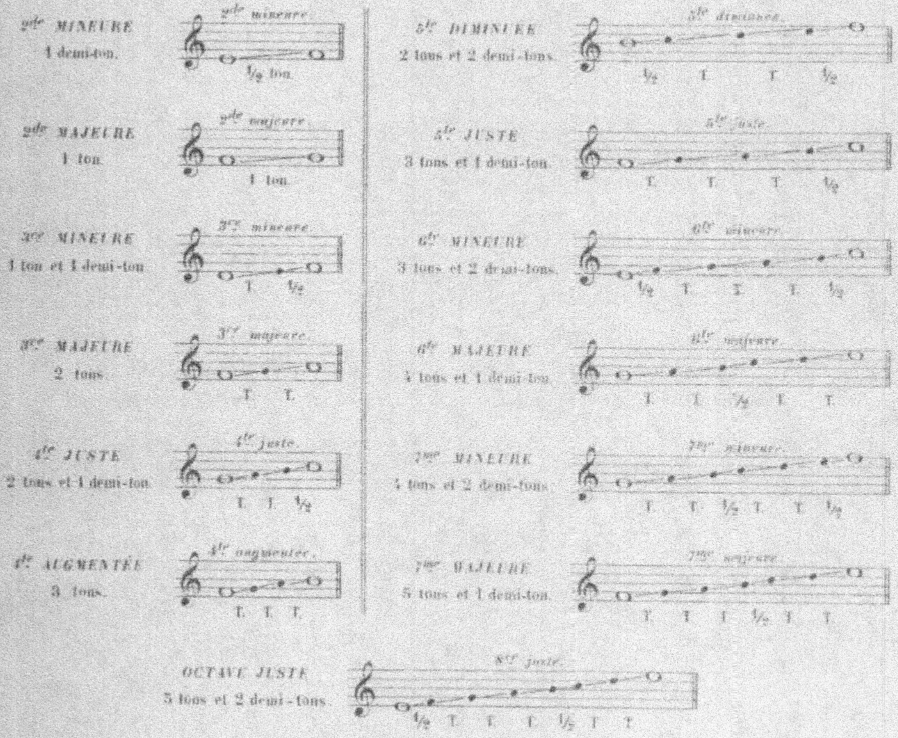

§ 85.—Il est bon de remarquer, qu'en prenant les intervalles dans l'ordre ci-dessus, *leur composition augmente chaque fois d'un demi-ton;* excepté entre la *quarte augmentée* (3 tons) et la *quinte diminuée* (2 tons et 2 demi-tons, l'équivalent de 3 tons.)

QUESTIONNAIRE, Nos 120 à 144

DE LA PLACE QU'OCCUPENT DANS LA GAMME MAJEURE
les divers intervalles qu'elle contient.

QUESTIONNAIRE, N.os 145 à 147

INTERVALLES SIMPLES et INTERVALLES COMPOSÉS

§ 86.—On nomme **intervalle simple** celui *qui ne dépasse pas l'octave juste.*—Tels sont les intervalles de 2ᵈᵉ, 3ᶜᵉ, 4ᵗᵉ, 5ᵗᵉ, 6ᵗᵉ et 7ᵐᵉ.

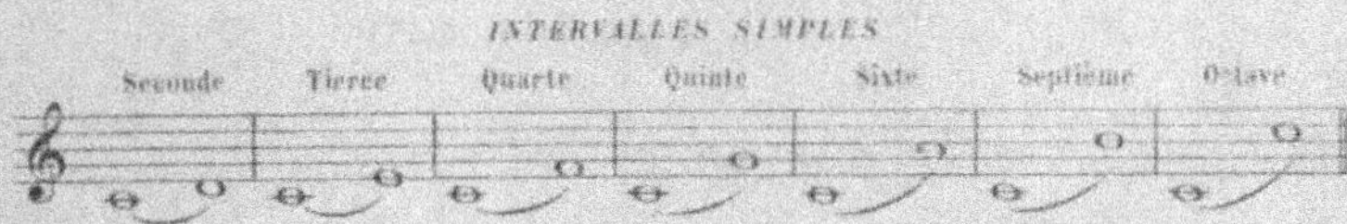

§ 87.—On nomme **intervalle composé** ou **redoublé** celui *qui excède l'octave*, comme la 9ᵐᵉ, la 10ᵐᵉ, la 11ᵐᵉ, etc.

§ 88.—En général, un **intervalle composé** n'est considéré que comme étant la *réplique* d'un **intervalle simple** à une ou plusieurs octaves *au-dessus* ou *au-dessous*, selon que l'intervalle est *supérieur* ou *inférieur*.—Ainsi, en comptant les intervalles de *bas en haut*, la **dixième** est la *réplique* de la **tierce**, la **onzième** est la *réplique* de la **quarte**, etc.

§ 89.—Pour trouver l'**intervalle simple** d'un **intervalle composé**, il n'y a qu'à *retrancher*, du nombre des degrés contenus dans ce dernier, autant de fois 7 que cela est nécessaire pour qu'il n'en reste pas plus de **huit**.

D'après cela,

En retranchant 7 degrés d'une *quinzième*, on reste avec 8 degrés, une *octave*.

En retranchant 2 fois 7 degrés d'une *vingtième*, on reste avec 6 degrés, une *sixte*.

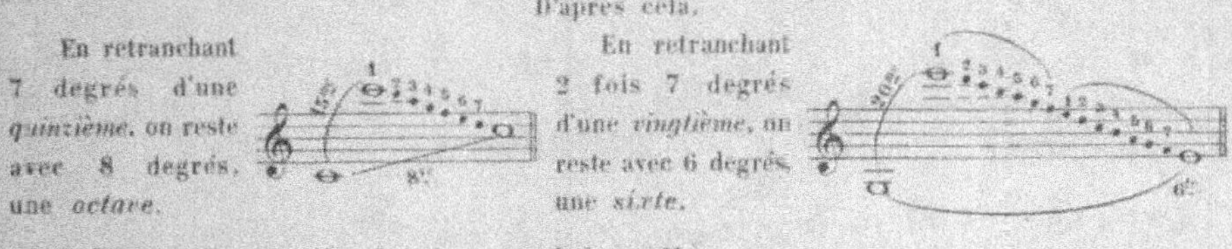

§ 90.—Un **intervalle simple** et son **intervalle composé** sont toujours de la *même espèce* et reçoivent la *même qualification*. Ainsi, la 2ᵈᵉ *majeure* a pour redoublement la 9ᵐᵉ *majeure*; la 4ᵗᵉ *juste* a pour redoublement la 11ᵐᵉ *juste*; etc.

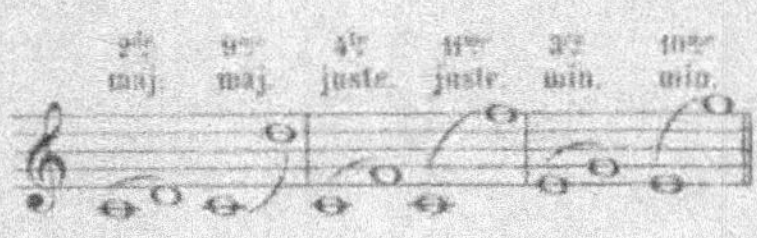

QUESTIONNAIRE, Nᵒˢ 148 à 167

(*) La neuvième joue parfois dans l'harmonie un rôle qui lui est *particulier* et très différent de celui de la *seconde*. Dans ce cas, elle ne saurait être considérée comme la *réplique* de cette dernière.

RENVERSEMENT DES INTERVALLES

§ 91.— *Renverser* un intervalle, c'est porter sa *note grave* à l'aigu ou sa *note aiguë* au *grave*.

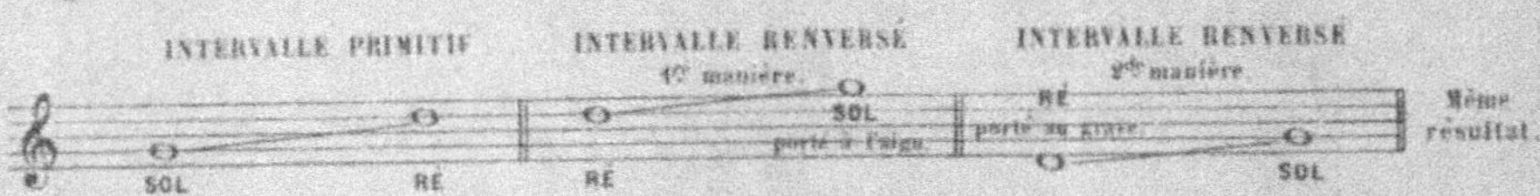

§ 92.— On ne peut renverser que les *intervalles simples*.

§ 93.— Par le renversement,

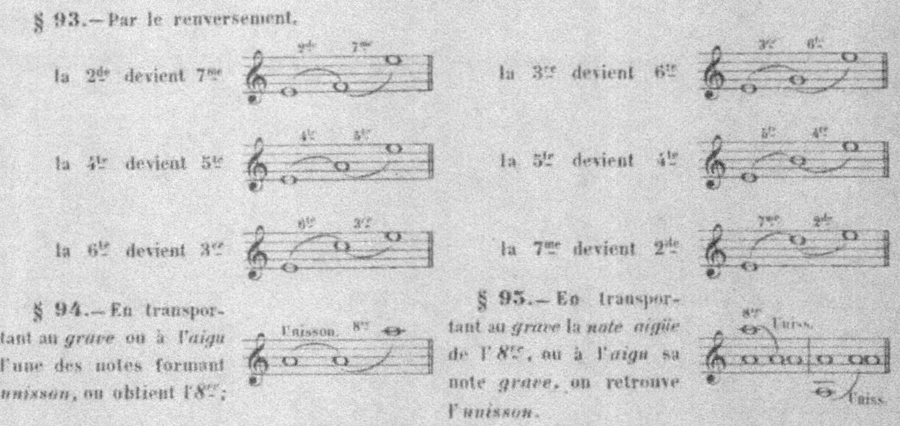

§ 96.— En additionnant les chiffres qui représentent l'*intervalle primitif* et son *renversement*, on trouve invariablement le nombre 9.

Si donc on veut savoir quel est le *renversement* d'un intervalle donné, on n'a qu'à se demander ce qui manque au *chiffre représentatif* de cet intervalle pour faire le nombre 9.

QUALIFICATION DES INTERVALLES RENVERSÉS

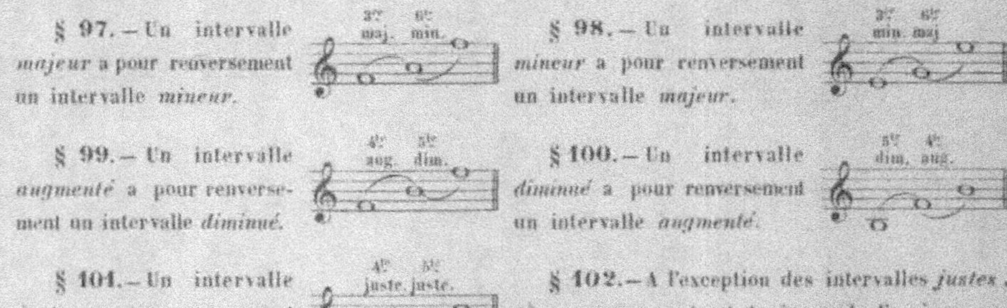

§ 102.— A l'exception des intervalles *justes*, un *renversement* est toujours de l'espèce contraire à celle de son *intervalle primitif*.

§ 103.— Plus l'intervalle primitif est *grand*, plus son renversement est *petit*; plus l'intervalle primitif est *petit*, plus son renversement est *grand*.

QUESTIONNAIRE, Nos 161 à 174

LIAISON d'ACCENTUATION ou COULÉ
et Liaison de Prolongation

§ **104.**—On nomme **accentuation** la manière d'*attaquer*, de *soutenir*, de *lier* ou de *détacher* les *sons*.

§ **105.**—L'**attaque** ou l'*articulation* d'un son, c'est la *production* de ce son à l'*instant même* où elle commence.

§ **106.** La **liaison** est figurée par une ligne courbe ⌒ ou ‿.

Lorsqu'elle porte sur plusieurs notes d'*intonations différentes*, elle signifie qu'il faut les exécuter en *glissant de l'une à l'autre*, sans s'interrompre pour respirer; c'est une **liaison d'accentuation** qu'on nomme **coulé**.

§ **107.**—Lorsque la **liaison** sert à *unir* deux notes de *même nom* et de *même intonation*,

elle signifie que ces *deux notes* n'en doivent faire *qu'une*, à laquelle on donne la durée des *deux valeurs* ainsi soudées; c'est alors une **liaison de prolongation**.

§ **108.**—On peut *souder ensemble* autant de valeurs de notes que l'on veut, grâce aux **liaisons de prolongation**. Cela donne le moyen d'écrire *toutes les combinaisons de valeurs* qu'on peut imaginer.

§ **109.**—Quand deux ou plusieurs notes à l'*unisson* sont ainsi **liées**, la *première seule* doit être **articulée**. Pendant la durée des autres notes, on doit se borner à **prolonger** le son commencé.

QUESTIONNAIRE, N⁰⁵ 175 à 182

DU POINT D'AUGMENTATION

§ 110.—Un **point** placé après une *note* ou après un *silence* **augmente** la durée de cette note ou de ce silence de la **moitié** de sa valeur primitive.

En conséquence,

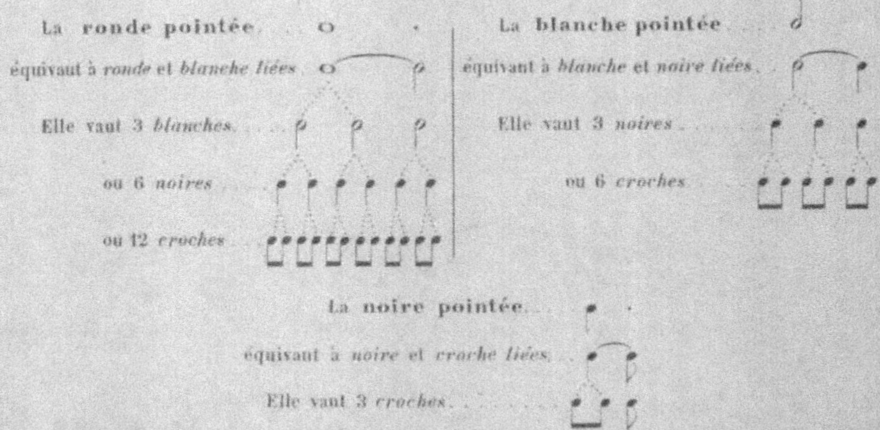

Le **soupir pointé** vaut *un soupir* et *un demi-soupir*.

QUESTIONNAIRE, Nᵒˢ 183 à 188

VALEURS SIMPLES, VALEURS COMPOSÉES

§ 111.— Les notes *non pointées* sont des **valeurs simples**

§ 112.— Les *notes pointées* sont des **valeurs composées**

§ 113.— Les **valeurs simples** sont divisibles par **2** et par les *multiples* de 2, c'est-à-dire par 4, 8, 16, etc. (Voir le tableau page 5.)
C'est ce qu'on appelle la **division binaire**.

§ 114.— Les **valeurs composées** sont divisibles par **3** et par les *multiples* de 3, c'est-à-dire par 6, 12, 24, etc. (Voir le tableau ci-dessus)
C'est ce qu'on appelle la **division ternaire**.

QUESTIONNAIRE, Nᵒˢ 189 à 194

MESURES SIMPLES A 3 TEMPS
les plus usitées.

§ **115.**—De toutes les *mesures simples à 3 temps*, la plus usitée est celle à **trois-quatre**, dont *l'unité de temps* est la **noire** (§ 58)

La mesure à **trois-huit** vient en second lieu.

§ **116.**—Voici comment on bat les mesures à trois temps:

Le *1er temps* se marque par un mouvement de *haut en bas*, obliquant un peu de *droite à gauche*; le *2me* se marque de *gauche à droite* et le *3me*, en *levant*; ces trois mouvements forment le *triangle*.

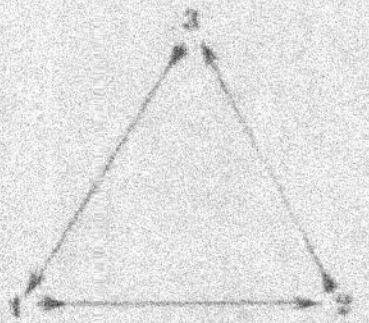

MESURE A TROIS-QUATRE

§ **117.**—La mesure à **trois-quatre** est une mesure simple à 3 temps qui contient, dans sa totalité, la valeur de *trois noires*; ce qui fait:

pour chaque temps, une *noire* ou *deux croches*, | pour *2 temps*, une *blanche*, | et, pour les *3 temps* de la mesure, une *blanche pointée*.

On indique cette mesure par les chiffres $\frac{3}{4}$ qui représentent **trois-quarts** de la *ronde*.

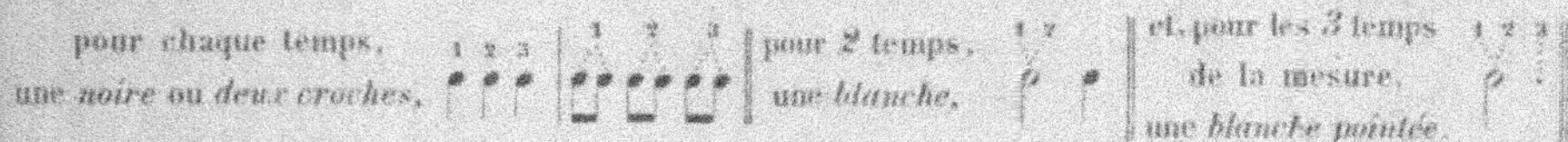

MESURE A TROIS-HUIT

§ **118.**—La mesure à **trois-huit** est une mesure simple à 3 temps qui contient, dans sa totalité, la valeur de *trois croches*; ce qui fait:

une *croche* pour chaque temps, | une *noire* pour *2 temps*, | une *noire pointée* pour les 3 temps de la mesure.

On indique cette mesure par les chiffres $\frac{3}{8}$ qui représentent **trois-huitièmes** de *ronde*.

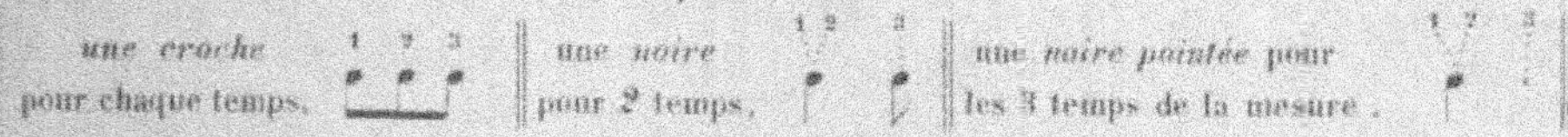

§ **119.**— *OBSERVATION*. —Les mesures simples à *2 et à 4 temps* sont *les seules* qui soient absolument **binaires**, parce que la *totalité de la mesure* y est *divisible* par *deux*, comme chacune de ses parties. Tandis que, dans les mesures simples à *3 temps*, si chaque temps est divisible par *deux*, il n'en est pas de même de la *totalité de la mesure*, qui n'est divisible que par *trois* ou les multiples de *trois*.

QUESTIONNAIRE, N°s 195 à 200

TONALITÉ ou TON — NOM des DEGRÉS de la GAMME

§ 120.—Le mot **ton**, dont on se sert pour désigner la distance qu'il y a entre certains degrés (§ 29) est employé aussi, par abréviation du mot **tonalité**, pour exprimer l'*ensemble des notes d'une gamme*, quel que soit, d'ailleurs, l'ordre dans lequel elles se succèdent.

§ 121.—Le *premier degré* de la gamme est appelé **tonique**, parce que c'est la *note la plus importante* de la **tonalité** ou du **ton**.

§ 122.—C'est par le *nom* de la **note tonique** qu'on désigne le *ton* et la *gamme*.

Ainsi, la *gamme* suivante, que l'on connaît déjà, s'appelle **gamme de do**, parce que sa *première note* ou **tonique** est un **do**; et l'on appelle **ton de do**, *l'ensemble des notes de cette gamme* se succédant dans un ordre quelconque.

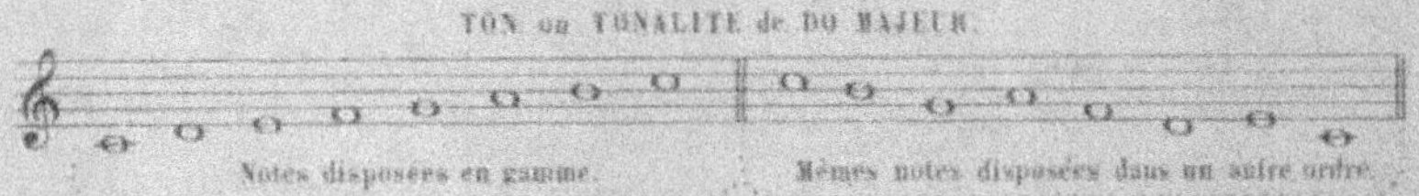

§ 123.—La différence qui existe entre les mots **ton** et **gamme** est donc celle-ci:

Pour qu'il y ait **gamme**, il faut que *tous les sons de la tonalité* se succèdent *dans un ordre progressif*, en montant ou en descendant par *degrés conjoints*; tandis que le mot **ton** n'implique *aucun ordre de succession* des sons.

§ 124.—On vient de voir que la *première note* d'une gamme se nomme **tonique**.

Chacun des autres degrés reçoit aussi **un nom**, qui exprime le *rôle* qu'il joue dans la tonalité ou, tout au moins, le *rang* qu'il y occupe.

§ 125.—Le *2ᵈ degré* s'appelle **sus-tonique**; le 3ᵐᵉ, **médiante**; le 4ᵐᵉ, **sous-dominante**; le 5ᵐᵉ, **dominante**; le 6ᵐᵉ, **sus-dominante**; le 7ᵐᵉ, **note sensible**, ou simplement, **sensible**. (Le 8ᵐᵉ degré, n'étant que la reproduction du 1ᵉʳ à l'octave, se nomme comme lui, *tonique*.)

§ 126.—Le 1ᵉʳ, le 3ᵐᵉ et le 5ᵐᵉ degrés, entendus à la fois, forment une *harmonie* qu'on appelle **accord parfait**.

§ 127.—La **tonique** est la *base* de cet accord parfait; le 5ᵐᵉ degré y *domine*; de là, son nom de **dominante**; le 3ᵐᵉ degré tient *le milieu* entre le 1ᵉʳ et le 5ᵐᵉ; de là, son nom de **médiante**, (qui veut dire: *au milieu*.)

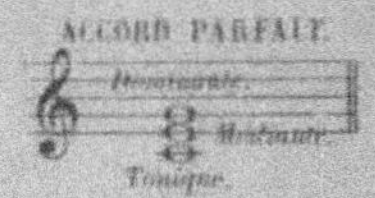

§ 128. Le *7ᵐᵉ degré* s'appelle **note sensible**, par la raison, qu'ayant une tendance à monter à la tonique, il fait parfaitement *sentir le ton* en obéissant à cette tendance.

§ 129.—Le *2ᵈ degré* se nomme **sus-tonique**, parce qu'il se trouve juste *au-dessus* de la tonique; le 4ᵐᵉ et le 6ᵐᵉ sont appelés **sous-dominante** et **sus-dominante**, parce que l'un est *au-dessous* et l'autre *au-dessus* de la **dominante**.

SIGNES D'ALTÉRATION

DIÈSE, BÉMOL, BÉCARRE.

§ **130.**—On peut partager en *deux demi-tons* chacun des espaces d'*un ton* qu'on trouve entre certaines notes, comme de **do** à **ré**, de **ré** à **mi**, etc. (§ 29)

Pour cela, il faut ajouter *un son intermédiaire* entre ces deux notes.

On obtient ce *son intermédiaire* en modifiant l'*intonation* de l'une ou l'autre des notes à distance d'*un ton*.

Cette modification apportée dans l'intonation d'une note s'appelle **altération**.

§ **131.**—Il y a deux manières de *partager un ton* en deux demi-tons; savoir:

1º en *haussant* d'un demi-ton la *note inférieure* pour la rapprocher de la note supérieure;

2º en *baissant* d'un demi-ton la *note supérieure* pour la rapprocher de la note inférieure.

Dans le premier cas, l'**altération** est **supérieure** ou *ascendante*;

dans le second cas, l'**altération** est **inférieure** ou *descendante*.

§ **132.**—On indique l'*altération supérieure* au moyen du **dièse** représenté par ce signe ♯;

§ **133.**—On indique l'*altération inférieure* au moyen du **bémol** représenté par cet autre signe ♭.

§ **134.**—On appelle **note naturelle** celle qui n'est sous l'empire d'aucun *signe d'altération*.

(Les *sept notes* de la gamme de *do majeur* sont des *notes naturelles*.)

§ **135.**—Pour ramener à son *état naturel* une note précédemment *altérée*, on emploie ce 3ᵐᵉ signe ♮ qu'on nomme **bécarre**.

§ **136.**—Un **signe d'altération** se place *devant la note* qu'on veut *altérer*; il ne change ni le *nom* ni la *position* de cette note sur la portée;

ainsi, que le **sol** de la 2ᵉ ligne soit **diésé** ou **bémolisé**, ce sera toujours un **sol**, toujours il sera placé sur la 2ᵉ ligne; seulement, pour le désigner, on dira, selon le cas: **sol dièse, sol bémol, sol bécarre.**

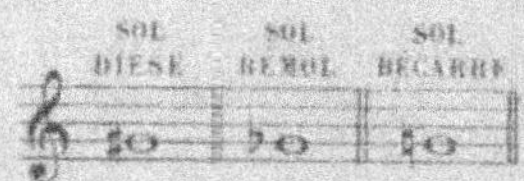

§ **137.**—L'effet d'un **signe d'altération** placé devant une note s'étend à *toutes les notes du même nom* qui lui succèdent dans la *même mesure*, sans qu'il soit nécessaire de renouveler ce signe.

Ainsi, pour que tous les **fa** de l'exemple suivant soient **diésés**, il suffit de mettre *un dièse* devant le *premier*.

§ **138.**—Si les *altérations supérieures* s'appellent aussi **altérations ascendantes**, c'est qu'elles ont une *tendance à monter*.

§ **139.**—Si les *altérations inférieures* se nomment aussi **altérations descendantes**, c'est qu'elles *tendent à descendre*.

§ **140.**—Par cette raison, on emploie, de préférence, les *altérations supérieures* pour *monter* et les *altérations inférieures* pour *descendre*.

EXEMPLES.

Pour *monter* de **sol** à la par *demi-tons*, on se servira du **sol dièse.**

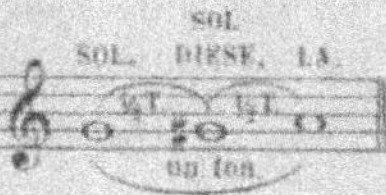

Pour *descendre* de **la** à **sol** par *demi-tons*, on se servira du **la bémol.**

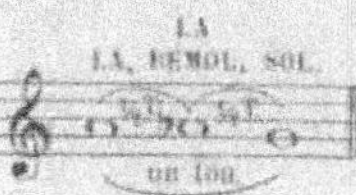

DEMI-TON DIATONIQUE et DEMI-TON CHROMATIQUE

§ 141.—Un ton se compose toujours de *deux demi-tons d'espèces différentes*, quelle que soit la manière dont on le partage.

Ces deux espèces de *demi-tons* se nomment **demi-ton diatonique** et **demi-ton chromatique**.

§ 142.—Le **demi-ton diatonique** est celui qui se trouve entre deux notes de **noms différents**,

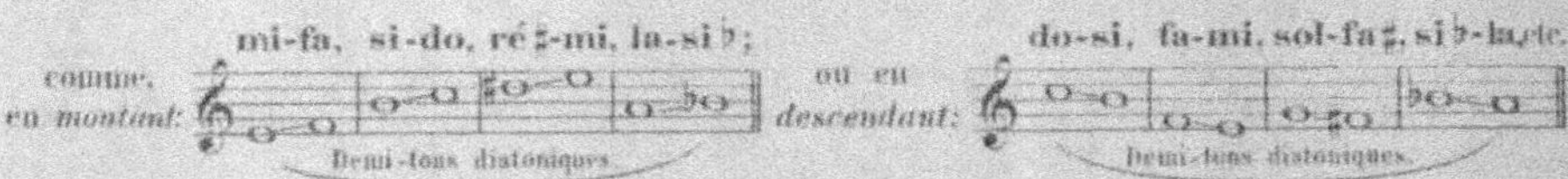

§ 143.—Le **demi-ton chromatique** est celui qui se trouve entre deux notes de **même nom**,

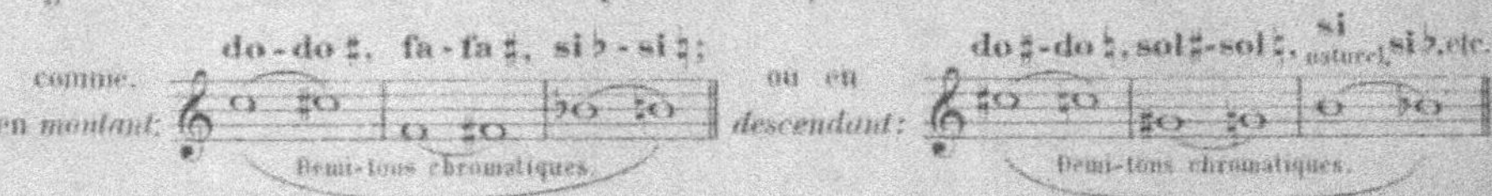

§ 144.—Ces deux *demi-tons* ne sont pas égaux; il y a entre eux la différence d'un 9me de ton qu'on appelle **comma**.

§ 145.—Le demi-ton *diatonique* se compose de **quatre commas** et le demi-ton *chromatique* de **cinq**.

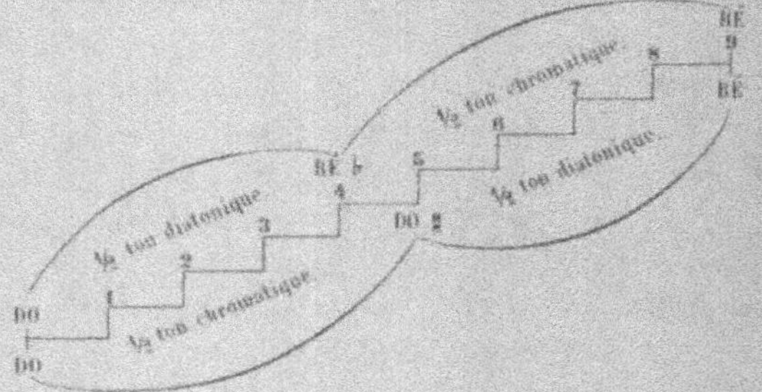

§ 146.—La construction des *instruments à clavier*, comme le **piano** et l'**orgue**, ne permettant pas de faire cette minime différence, on la partage par la moitié, ce qui donne des demi-tons égaux de *4 commas et demi* chacun.

§ 147.—Des deux *demi-tons* composant le *ton*, si le premier est **chromatique**, le second sera **diatonique**.

Si au contraire, le premier est **diatonique**, le second sera **chromatique**.

Des GENRES et des GAMMES DIATONIQUES et CHROMATIQUES
des Modes Majeur et Mineur

§ 148.—Il y a en musique *deux genres principaux*: le genre diatonique et le genre chromatique.

§ 149.—Le genre diatonique a pour base la *gamme* où l'on procède par *tons* et *demi-tons diatoniques*, laquelle est appelée gamme diatonique.

§ 150.—Le genre chromatique a pour base la *gamme* où l'on procède par *demi-tons chromatiques* et *diatoniques*, laquelle est appelée gamme chromatique.

§ 151.—La *musique* entièrement composée d'éléments fournis par la *gamme diatonique* est, par cela même, du genre diatonique.

§ 152.—La *musique* qui renferme des *éléments chromatiques*, c'est-à-dire des *notes n'appartenant pas à la gamme diatonique*, est du genre chromatique.

§ 153.—Il y a deux sortes de *gammes diatoniques*: celle de mode majeur et celle de mode mineur.

§ 154.—Le mode, c'est la manière d'être d'une *gamme*.

§ 155.—Ce qui caractérise le *mode d'une gamme*, c'est la nature de la tierce et de la sixte du 1ᵉʳ degré de cette gamme.

§ 156.—Quand la tierce et la sixte de la *tonique* sont majeures, la gamme est du mode majeur.

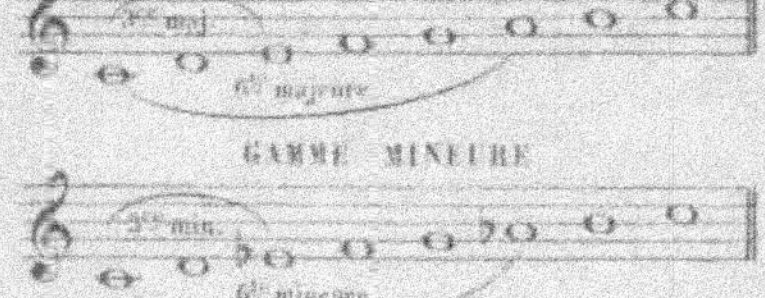

§ 157.—Quand la tierce et la sixte de la *tonique* sont mineures, la gamme est du mode mineur.

§ 158.—Les gammes ci-dessus sont donc des gammes diatoniques, l'une de *mode majeur*, l'autre de *mode mineur*. Mais, pour abréger, on les appelle plus simplement, gamme majeure et gamme mineure.

§ 159.—Le 3ᵐᵉ et le 6ᵐᵉ degrés sont appelés notes modales, parce que ce sont eux qui caractérisent le mode.

§ 160.—Il est à remarquer: 1º que ces *deux notes modales* sont à la *tierce supérieure des notes tonales*, 1ᵉʳ et 4ᵐᵉ degrés. 2º que dans le mode *majeur* ces tierces sont *majeures*, et qu'elles sont *mineures* dans l'autre mode.

QUESTIONNAIRE, Nᵒˢ 231 à 245

GAMME ET TON DE LA MINEUR

(TONS RELATIFS)

§ 161. — Nous connaissons la **gamme de do** dont *toutes les notes sont naturelles.*

Cette gamme est **diatonique**, parce qu'elle procède par *tons et demi-tons diatoniques* (§ 149);

de plus, elle est de **mode majeur**, et sa *première tierce* DO MI et sa *première sixte* DO LA sont **majeures.** (§ 156)

§ 162. — Si, au lieu de partir de la note *do*, on commençait une *gamme* en partant de la note *la*,

tout en ne se servant que des *notes naturelles*, sa 1ʳᵉ *tierce* LA DO et sa *première sixte* LA FA étant *mineures*,

le **mode** de cette gamme serait **mineur**. (§ 157)

§ 163. — Mais, la gamme de *la mineur* ainsi construite ne différant de celle de **do majeur** que par son point de départ, on confondrait facilement ces deux tonalités l'une avec l'autre.

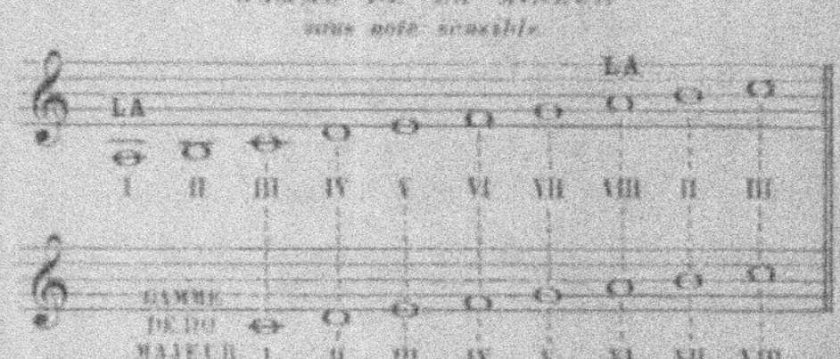

§ 164. — Aussi, pour mieux faire *sentir* le ton de *la mineur*, pour qu'il ne soit pas confondu avec celui de *do majeur*, on rapproche le **sol** du **la** en le *haussant d'un demi-ton* par le moyen du **dièse**.

§ 165. — Cette *altération ascendante* du 5ᵐᵉ degré de **do majeur** a pour double but d'ôter à ce degré sa qualité de *dominante* et d'en faire une *note sensible* pour le ton de *la mineur*.

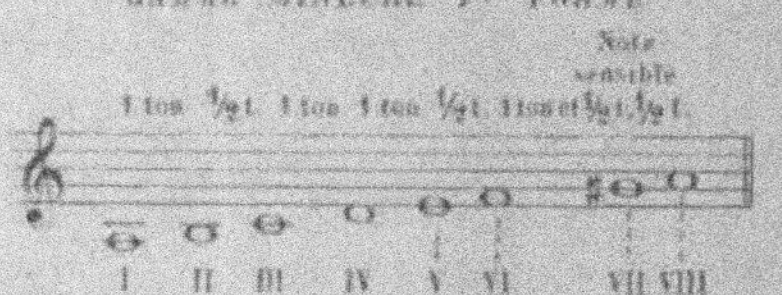

§ 166. — Dans cette **gamme**, que nous appellerons *gamme mineure 1ʳᵉ forme*,(*) il y a 3 espaces *d'un ton*, 3 espaces *d'un demi-ton*, et 1 espace *d'un ton et demi*.

§ 167. — Les *demi-tons* se trouvent du 2ᵐᵉ au 3ᵐᵉ degré, du 5ᵐᵉ au 6ᵐᵉ et du 7ᵐᵉ au 8ᵐᵉ; l'espace *d'un ton et demi* se trouve du 6ᵐᵉ au 7ᵐᵉ; les espaces *d'un ton*, entre les degrés 1 et 2, 3 et 4, 4 et 5.

§ 168. — La *grande relation* qui existe entre le ton de *la mineur* et celui de *do majeur*, ainsi qu'entre leurs **gammes respectives**, les a fait qualifier de **tons relatifs** et **gammes relatives.**

§ 169. — Le ton de *la mineur* est donc le *relatif de do majeur*, et réciproquement, le ton de *do majeur* est le *relatif de la mineur*.

§ 170. — La *tonique* du relatif mineur est à une *tierce mineure* (1 ton ½) au-dessous de la *tonique* du relatif majeur.

(*) On verra plus loin, page 28, qu'il y a une seconde manière de faire la *gamme mineure.*

§ 171. — La contexture de cette **gamme mineure** fournit les éléments de *plusieurs interval-les* qui ne se rencontrent pas entre les notes de la *gamme majeure*.

Ce sont:

1° La SECONDE AUGMENTÉE; 1 ton et 1 demi-ton chrom. — 2° La SEPTIÈME DIMINUÉE; 3 tons et 3 demi-tons diaton. — 3° La QUINTE AUGMENTÉE; 3 tons et 1 demi-ton diaton. et 1 demi-ton chrom. — 4° La QUARTE DIMINUÉE; 1 ton et 2 demi-tons dist.

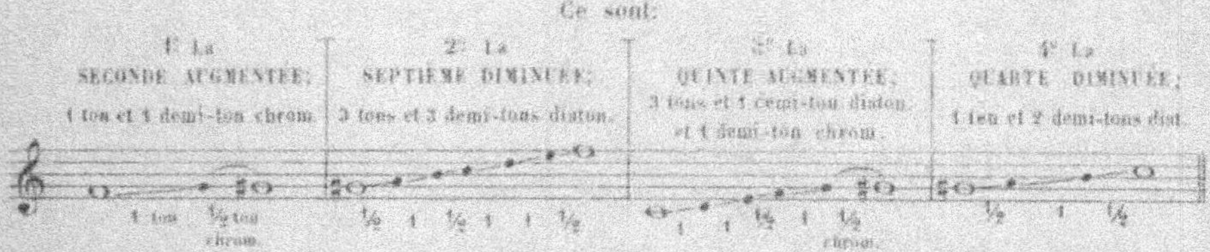

TABLEAU

de tous les intervalles qui peuvent se produire entre les différents degrés de la gamme mineure 1re forme

QUESTIONNAIRE, Nos 246 à 268

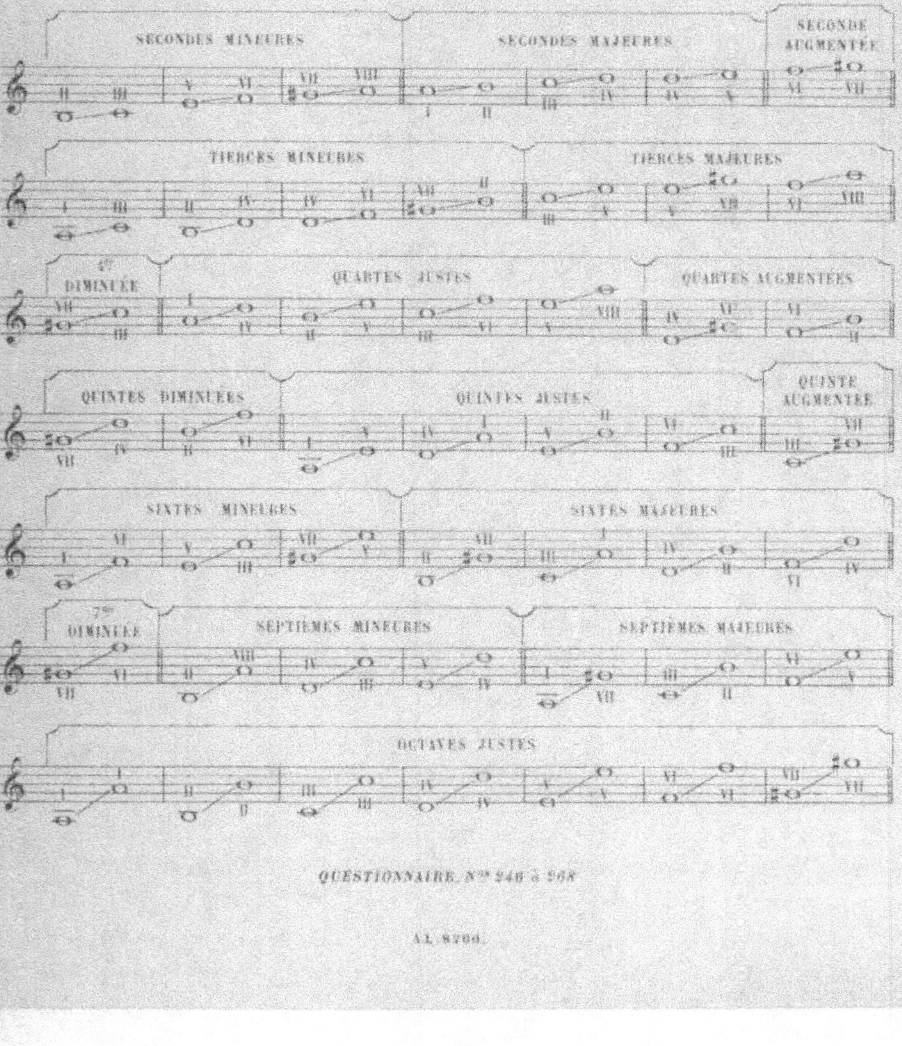

GAMMES MAJEURES des TONALITÉS USITÉES
ordre de succession des Dièses et des Bémols.

§ 172.—On peut faire une *gamme majeure* en prenant pour **tonique** une autre note que le **do**.

§ 173.—Si nous avons donné tout d'abord la gamme de *do majeur*, c'est qu'elle est la *seule* qui se compose entièrement de *notes naturelles*, et qu'elle est, par cela même, la plus simple des gammes majeures, auxquelles elle sert de **modèle**.

§ 174.—Pour construire d'*autres gammes* sur le modèle de *do majeur*, et afin que les *tons* et les *demi-tons* y soient disposés comme dans la gamme modèle, on est obligé d'*altérer* une ou plusieurs notes par le **dièse** ou par le **bémol**.

GAMMES MAJEURES
dont la formation exige l'emploi d'un ou plusieurs Dièses

REMARQUES

§ 175.—En augmentant en nombre, les **dièses** se présentent dans cet ordre: **fa, do, sol, ré, la, mi, si**, c'est-à-dire par *quartes justes* en **descendant** ou *quintes justes* en **montant**.

§ 176.—Les **tonalités** dont le nombre des *dièses* va en augmentant se succèdent également par *quintes justes* en **montant** ou *quartes justes* en **descendant**.

§ 177.—Chaque *dièse nouveau* s'applique invariablement au *7me degré* de la nouvelle gamme; il rend ce 7me degré **note sensible** en le portant à *un demi-ton* au-dessous du 8me.

GAMMES MAJEURES
dont la formation exige l'emploi d'un ou plusieurs Bémols

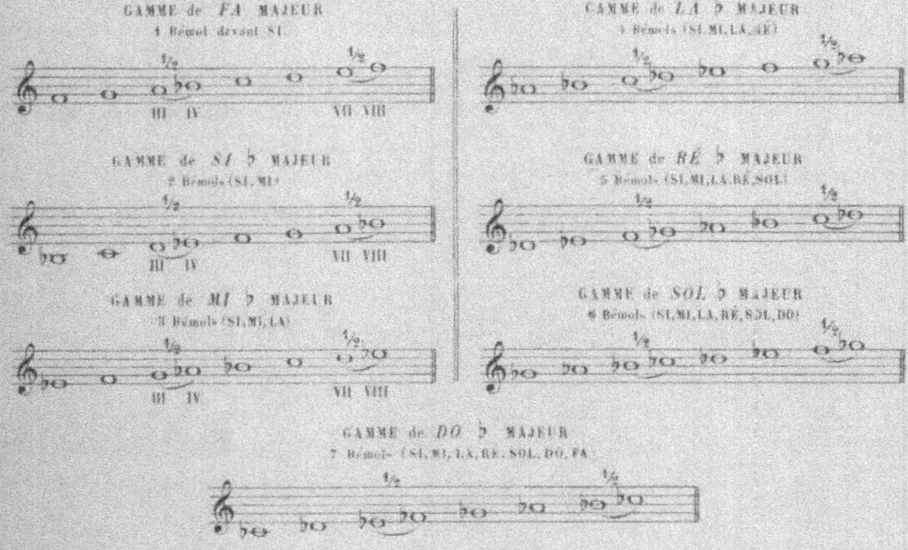

REMARQUES

§ **178.**—En augmentant en nombre, les **bémols** se présentent dans cet ordre: **si, mi, la, ré, sol, do, fa,** c'est-à-dire par *quartes justes* en **montant** ou *quintes justes* en **descendant.**

§ **179.**—Les **tonalités** dont le nombre des *bémols* va en augmentant se succèdent également par *quintes justes* en **descendant** ou *quartes justes* en **montant.**

§ **180.**—Chaque *bémol nouveau* s'applique invariablement au 4me *degré* de la nouvelle gamme; il rapproche des *degrés inférieurs* ce 4e degré qui, sans cela, en serait trop éloigné, et le met à la place qui lui convient comme **sous-dominante.**

§ **181.**—La série des **dièses** et celle des **bémols** se produisent en *sens inverse.*

Série des **Dièses** — *FA, DO, SOL, RÉ, LA, MI, SI*

Série des **Bémols** — *SI, MI, LA, RÉ, SOL, DO, FA*

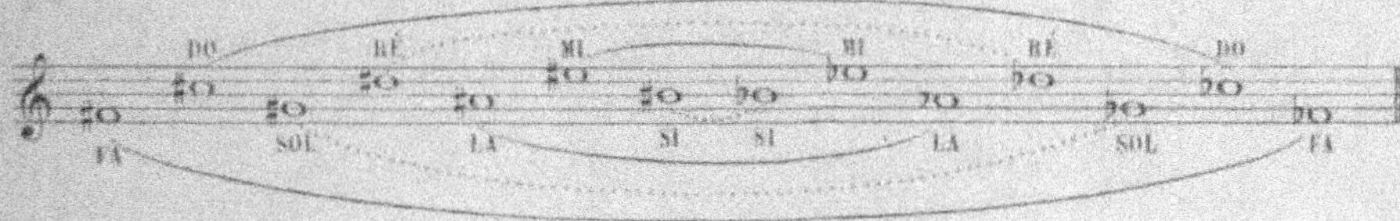

QUESTIONNAIRE, N°s 269 à 282

ALTÉRATIONS ACCIDENTELLES—ALTÉRATIONS CONSTITUTIVES
Armature de la Clé – Double-Dièse et Double-Bémol

§ 182.— Les *signes d'altération* qui se présentent *accidentellement* devant les notes, dans le cours d'un morceau, ne sont que des *altérations accidentelles* ou plus simplement, des **accidents**.

§ 183.— L'effet d'un **accident** ne se prolonge pas au-delà de la mesure dans laquelle il est placé. (§ 127)

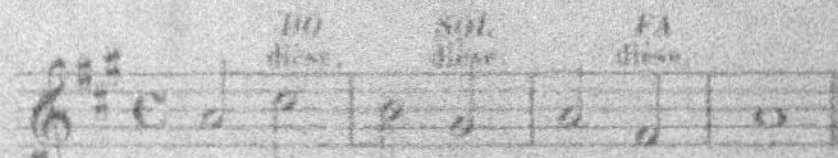

§ 184.— Les *altérations* qui concourent à la formation d'une *gamme diatonique* sont, relativement à cette gamme, des **altérations constitutives** (*dièses constitutifs, bémols constitutifs*.)

§ 185.— Pour ne pas être obligé de *répéter* les *altérations constitutives*, chaque fois que se présentent les notes sur lesquelles elles agissent, il est d'usage de les placer au *commencement de la portée*, immédiatement *après la clé*.

§ 186.— L'effet d'un *signe d'altération* posé à la clé est *permanent*; il agit, non-seulement sur la note qui occupe la ligne ou l'interligne où lui-même est placé, mais encore sur *toutes les notes* du *même nom*, à quelque hauteur qu'elles se trouvent, sur la portée ou hors de la portée.

§ 187.— Les signes d'altération ainsi placés constituent ce qu'on appelle l'**armature de la clé**.

§ 188.— **Armer la clé**, c'est placer à sa suite les *signes d'altération* qu'exige la *tonalité* employée.

§ 189.— On n'*arme* jamais la clé de plus de *sept dièses* ou de *sept bémols*, c'est-à-dire d'un dièse ou d'un *bémol* pour chacune des *sept notes*.

§ 190.— Pour *élever* d'un demi-ton chromatique une note déjà *diésée*, ou pour *élever* de deux demi-tons chromatiques une note naturelle, on se sert du **double-dièse**, représenté par l'une de ces figures: ♯♯, ✹, ✗.

§ 191.— Pour *abaisser* d'un demi-ton chromatique une note *bémolisée*, ou pour *abaisser* de deux demi-tons chromatiques une note naturelle, on se sert du **double-bémol**, représenté par ce signe: ♭♭.

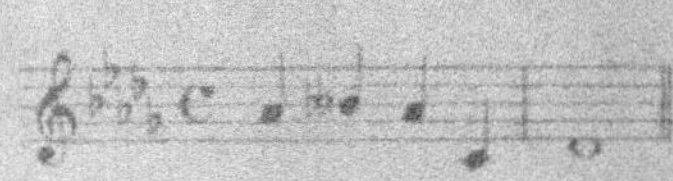

§ 192.— Le *double-dièse* et le *double-bémol* ne se mettent jamais à la clé.

§ 193.— Le *bécarre* doit être considéré comme *altération descendante*, chaque fois qu'il sert à annuler accidentellement un *dièse constitutif*; il doit être considéré comme **altération ascendante** lorsqu'il sert à annuler accidentellement un *bémol constitutif*.

QUESTIONNAIRE, Nos 283 à 296

(*) L'effet des *altérations accidentelles* ne se prolongeant pas au-delà d'une mesure, le dièse du 1er exemple (2me mesure) et le bémol du 2d exemple n'étaient pas indispensables. C'est ce qu'on appelle un *dièse* et un *bémol de précaution*. Il est souvent utile d'user de cette précaution pour ne laisser aucun doute dans l'esprit du lecteur.

GAMMES ET TONS RELATIFS

§ 194.—Nous avons vu (§ 168-170) que le ton de do majeur a pour **relatif** celui de *la mineur*, placé à *sa tierce mineure inférieure*.

§ 195.—*Chacun* des autres *tons majeurs* a aussi son *relatif mineur* placé à la *même distance*.

§ 196.—*Un ton majeur* et son *relatif mineur* ont toujours la **même armature**.
Ils ne diffèrent que par l'*altération ascendante* du 5me degré du mode majeur, qui produit la *note sensible* de la gamme mineure.

§ 197.—Cette *altération* ne se met jamais à la clé, bien qu'elle soit considérée comme étant **une altération constitutive**.

TABLEAU DES GAMMES RELATIVES

GAMME MINEURE 2de FORME

§ **198.**—Toutes les *gammes mineures* contenues dans le tableau qui précède sont construites sur le *modèle* de celle en **la** que nous avons donnée à la page 22 § 165.

Elles sont donc de *1re forme*, comme ce modèle (revoir les §§ 166 et 167.)

§ **199.**—Cette *1re forme* de la *gamme mineure* est la meilleure dans la plupart des cas, parce qu'elle donne bien la *véritable expression du mode*, avec sa *sixte mineure* et sa *note sensible*.

Mais elle a l'inconvénient de produire plusieurs intervalles *diminués* ou *augmentés* souvent *défectueux*, soit au point de vue *mélodique*, soit au point de vue *harmonique*.

§ **200.**—Pour parer à cet inconvénient, on a imaginé une *2de forme* de la *gamme mineure*, qu'on obtient en *haussant* d'un demi-ton chromatique le *6me degré* dans la gamme ascendante, et en *abaissant* de la même quantité le *7me degré* dans la gamme descendante.

On a, par ce moyen, une gamme où l'on ne procède que par secondes *majeures* et *mineures*.

GAMME MINEURE 2de FORME

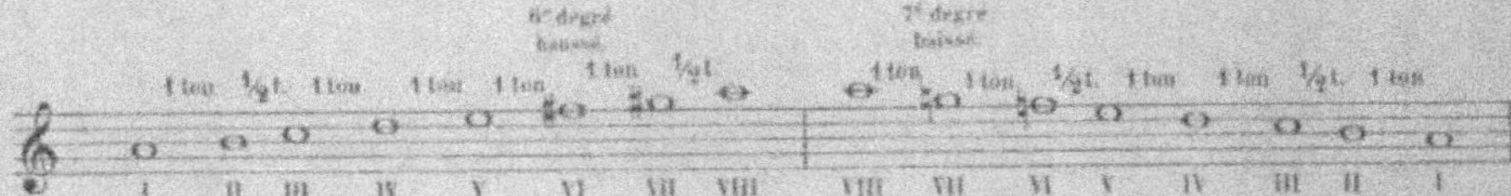

§ **201.**—La gamme mineure *2de* forme ne contient que *deux demi-tons*, qui se trouvent du 2me au 3me degré et du 7me au 8me en montant; du 6me au 5me et du 3me au 2me en descendant.

En comparant les *deux formes de la gamme mineure*,

on peut faire les remarques et observations suivantes:

§ **202.**—Les *cinq premiers degrés* de ces deux gammes sont identiquement *semblables*, en descendant comme en montant.

§ **203.**—La *gamme ascendante* 2de forme ne diffère de la 1re que par son *6me degré haussé*; la *gamme descendante*, que par son *7me degré baissé*. (Celle-ci est alors *sans note sensible*, et le *7me degré baissé* prend le nom de *sous-tonique*.)

§ **204.**—La *seconde augmentée*, qui se trouve entre le 6me et le 7me degré de la gamme mineure 1re forme, est remplacée par une *seconde majeure*, dans la *2de forme* de cette gamme.

§ **205.**—Avec la faculté de *hausser* le 6me degré dans la *gamme ascendante* et de *baisser* le 7me dans la *gamme descendante*, on obtient certains *dessins mélodiques* et certains *accords* qui seraient impossibles sans cela. (*)

(*) Voir notre *Traité complet d'Harmonie*, pages 172, 173 et 174.

§ 206.—Mais, si la *2de forme* de la gamme mineure offre quelques avantages, elle a aussi de graves inconvénients: par exemple, celui de *détruire l'un des signes distinctifs* du mode, en substituant la *sixte majeure* à la *sixte mineure* dans la gamme ascendante, et aussi, de *priver de sa note sensible* la gamme descendante.

§ 207.—Au reste, cette *2de forme* de la gamme mineure ne doit être considérée que comme le *complément de la 1re*, et ne s'employer qu'accidentellement, pour certains cas particuliers.

§ 208.—Par l'emploi judicieux des *deux formes* de la gamme mineure, on peut obtenir une grande variété dans la *mélodie* et dans l'*harmonie*.

QUESTIONNAIRE, Nos 301 à 315

A QUELS SIGNES ON PEUT RECONNAÎTRE
les diverses tonalités d'après l'armature de la clé

TONS SANS ARMATURE

§ 209.—Lorsqu'il n'y a *rien à la clé*, on est en do majeur ou en la mineur.

TONS DIÉSÉS

§ 210.—Le *dernier dièse* posé à la clé est toujours la **note sensible** du ton majeur. (§ 177)

Par conséquent,

§ 211.—La **tonique** du mode *majeur* se trouve à un demi-ton au-dessus du dernier dièse posé à la clé.

TONS BÉMOLISÉS

§ 212.—Le *dernier bémol* posé à la clé est toujours la **sous-dominante** ou 4me degré du ton majeur. (§ 180)

Par conséquent,

§ 213.—La **tonique** du mode *majeur* se trouve à une quarte juste au-dessous du dernier bémol.

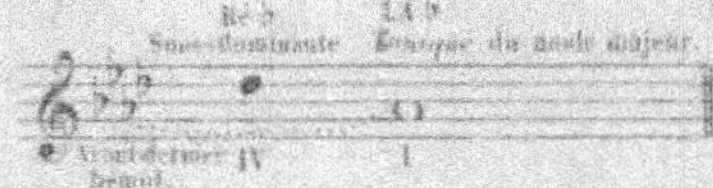

§ 214.—Or, on peut remarquer, dans l'exemple précédent, que la **tonique** est l'*avant-dernier* des bémols posés à la clé.

Il en est toujours ainsi dès qu'il y a *plus d'un bémol*.

Cette remarque donne lieu à la règle suivante:

§ 215.—Lorsqu'il y a *plusieurs bémols* à la clé, la **tonique** du *mode majeur* est toujours l'**avant-dernier bémol** de l'armature.

§ 216.—Le **ton majeur** étant connu, il suffit de descendre d'une *tierce mineure* (1 ton et ½ ton diatonique) pour trouver le **ton mineur** relatif.

QUESTIONNAIRE, Nos 316 à 322

MOYENS A EMPLOYER POUR TROUVER L'ARMATURE
qui convient à tel ou tel ton proposé

TONS MAJEURS

§ 217. — Se rappeler: 1° Qu'on ne met *rien à la clé* pour le ton de **do** majeur;

2° Que le ton de **fa** majeur exige le **si** *bémol.*

En dehors de ces *deux cas particuliers,* on peut établir les règles suivantes:

ARMATURE EN DIÈSES

§ 218. — Quand la **tonique** du mode majeur est une *note naturelle* autre que le **do** et le **fa** (qui font exception,) c'est qu'il faut *un ou plusieurs dièses* à la clé.

§ 219. — A plus forte raison faut-il des **dièses**, quand la **tonique** est une *note diésée (fa ♯* ou *do ♯*) Or, en descendant *d'un demi-ton* à partir de la **tonique** du mode majeur, on trouve sa note sensible, *dernier dièse* de l'armature (§ 210.)

Ce *dernier dièse* étant connu, il n'y a plus qu'à *compter les dièses* jusqu'à celui-là, dans l'ordre **fa, do, sol, ré, la, mi, si**, pour savoir ce qu'il faut à la clé.

EXEMPLE

On veut connaître l'*armature* du ton de **mi** naturel majeur.

Pour cela, on descend d'un *demi-ton diatonique* à partir du **mi**; on y trouve le **ré dièse**, note sensible. On compte les *dièses* jusqu'à celui-là *(fa, do, sol, ré)* et l'on voit qu'il faut **4 dièses** à la clé pour le ton de **mi** naturel majeur.

ARMATURE EN BÉMOLS

§ 220. — Quand la **tonique** du mode majeur est une *note bémolisée,* c'est qu'il faut des **bémols** à la clé.

Or, cette *tonique bémolisée* est toujours l'*avant-dernier bémol* de l'armature.

Il suffit donc de *compter les bémols* jusqu'à celui-là, et d'en *ajouter un* à ceux qu'on a comptés, pour savoir combien il en faut à la clé.

EXEMPLE

On veut connaître l'*armature* du ton de **sol** *bémol* majeur.

Pour cela, on compte les *bémols* jusqu'à **sol** *(SI, MI, LA, RÉ, SOL,)* on en ajoute *un* à ceux-là *(SI, MI, LA, RÉ, SOL, DO)* et l'on voit qu'il faut **6 bémols** à la clé pour le ton de **sol bémol** majeur.

TONS MINEURS

§ 221. — *Deux tons relatifs* ayant toujours *les mêmes altérations constitutives,* le moyen le plus simple à employer pour savoir quelle est l'**armature** qui convient à un **ton mineur,** c'est de se reporter à son **relatif majeur,** lequel se trouve à la *tierce mineure supérieure.*

§ 222. — La **tonique** du relatif majeur étant connue, il n'y a plus qu'à se servir des procédés indiqués ci-dessus. (§§ 217 à 220.)

EXEMPLES

TON DE *LA NATUREL MINEUR*

Le *ton relatif* de **la** mineur est **do** majeur, qui n'a *rien à la clé.* (§ 217)

En conséquence, il n'y a *rien à la clé* en **la** mineur.

TON DE *SI* NATUREL *MINEUR*

Le *ton relatif* de **si** mineur est **ré** majeur.—Il faut donc des *dièses* à la clé.(§ 218) — A *un demi-ton diatonique* au-dessous du **ré**, on trouve le **do** *dièse*.—En comptant les *dièses* jusqu'au **do** *(fa, do)* on reconnait qu'il faut **deux dièses** à la clé.

TON DE *DO* NATUREL *MINEUR*

Le *ton relatif* de **do** mineur est **mi bémol** majeur.—Il faut donc des *bémols* à la clé (§ 220) Le **mi** est l'avant-dernier de ces bémols; en le dépassant *d'un*, on trouve: **si, mi, la, trois bémols.**

En conséquence, le ton de **do** mineur demande **trois bémols** à la clé.

QUESTIONNAIRE. N° 323 à 332

A QUELS SIGNES ON PEUT DISTINGUER UN TON MINEUR
de son relatif majeur et réciproquement

§ **223.**—On sait que la *note sensible* du ton mineur est obtenue par *l'altération ascendante* du 5ᵐᵉ degré du ton majeur, et que, par conséquent, *cette note n'est pas dans le même état* en majeur qu'en mineur.

§ **224.**—Ainsi, en supposant que la *dominante* du ton majeur soit une *note naturelle*, il faudra la **diéser** pour en faire la *note sensible* du ton mineur.

§ **225.**—Si la *dominante* du ton majeur est une *note bémolisée*, de par l'armature de la clé, il faudra, pour en faire la *note sensible* du ton mineur, annuler le *bémol* par le **bécarre.**

§ **226.**—De sorte, que cette *note sensible* ne se montre jamais sans être précédée d'un **signe d'altération**, ce qui permet de l'apercevoir très facilement.

§ **227.**—Or, c'est ordinairement la *présence de la note sensible du ton mineur*, dans les premières mesures du morceau, qui fait reconnaître qu'on est dans le **ton mineur;**

et c'est *l'absence de cette note sensible*, jointe à la *présence de la dominante du ton majeur*, qui indique qu'on est dans le **ton majeur.**

§ **228.**—Cette manière de discerner le ton est simple et facile, mais elle est *loin d'être infaillible*. Aussi, est-il bon de *s'assurer du ton*, en regardant la *dernière note* du morceau, qui doit être la **tonique** elle-même, sauf de très rares exceptions.

§ **229.**—Enfin, pour quiconque possède *l'instinct musical* et le *sentiment de la tonalité*, le plus sûr moyen de s'assurer du ton, est encore de **chanter** (mentalement ou effectivement) *les premières mesures* du morceau, en se demandant *à quelle note* il faudrait aboutir pour donner *un sens tout-à-fait terminé* à la phrase musicale.

Cette note est, nécessairement, la **tonique** cherchée.

§ **230.**—Il est d'autres moyens de discerner *avec certitude* le ton d'un morceau; mais, l'application de ces moyens exigeant des notions d'harmonie que nous ne possédons pas encore, nous ne les indiquerons que plus loin, à la page 78.

QUESTIONNAIRE. N° 333 à 336

CONVERSION d'une GAMME MAJEURE en GAMME MINEURE
et inversement d'une Gamme mineure en Gamme majeure

TONS HOMONYMES

§ 231.—On a vu (§§ 155 à 157) que ce qui caractérise le *mode d'une gamme*, c'est la nature de la *tierce* et de la *sixte* du 1ᵉʳ degré; quand la *tierce* et la *sixte* de ce 1ᵉʳ degré sont *majeures*, le **mode est majeur**; quand elles sont *mineures*, le **mode est mineur**.

§ 232.—Il suffit donc d'*abaisser d'un demi-ton chromatique* le 3ᵐᵉ et le 6ᵐᵉ degrés d'une *gamme* majeure, pour la rendre **mineure**.

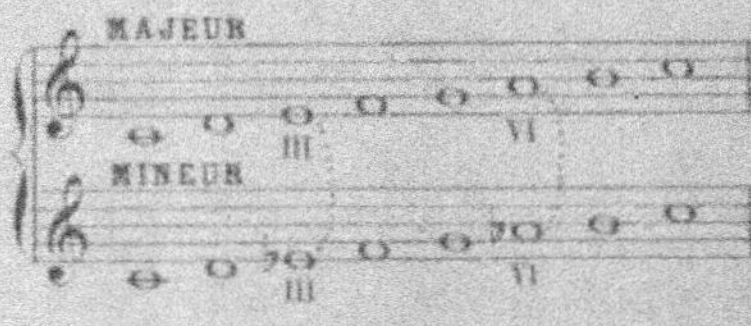

§ 233.—Et inversement, il suffit d'*élever d'un demi-ton chromatique* le 3ᵐᵉ et le 6ᵐᵉ degrés d'une *gamme* mineure, pour la rendre **majeure**.

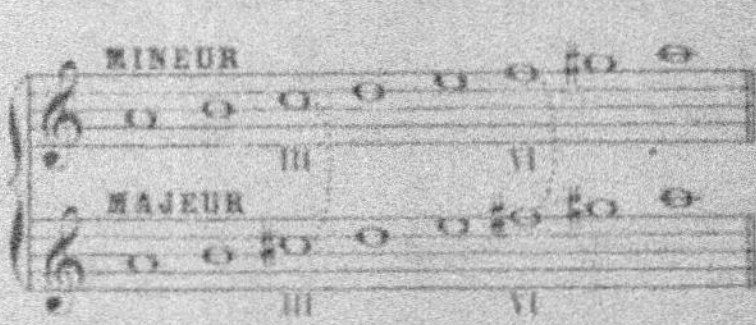

§ 234.—Bien que les gammes de *modes différents* établies sur *une même tonique* n'aient, habituellement, que **deux notes dissemblables**, elles ont **trois altérations** de différence dans l'armature de la clé.

§ 235.—Cela tient à ce que le *ton mineur* (dont l'*altération* produisant la note sensible *ne se met pas à la clé*) prend la *même armature* que son *relatif majeur*.

§ 236.—Deux tons de *modes différents*, établis sur une *même tonique*, comme **ré** majeur et ré mineur, sont appelés **tons homonymes**.

§ 237.—Un **ton majeur** a toujours, dans l'armature de la clé, **3 dièses** *de plus* ou **3 bémols** *de moins* que son **homonyme mineur**;

ou l'équivalent: **2 dièses** *de plus* et **1 bémol** *de moins*;

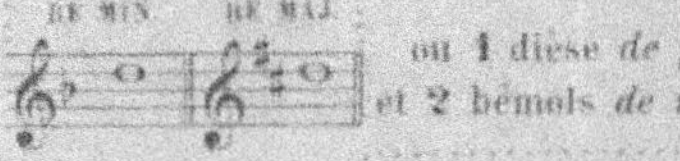

ou **1 dièse** *de plus* et **2 bémols** *de moins*.

§ 238.—Un **ton mineur** a toujours, dans l'armature de la clé, **3 bémols** *de plus* ou **3 dièses** *de moins* que son **homonyme majeur**;

ou l'équivalent: **2 bémols** *de plus* et **1 dièse** *de moins*;

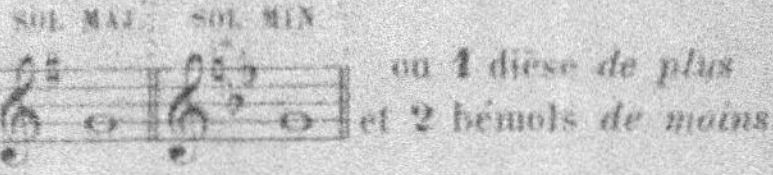

ou **1 dièse** *de plus* et **2 bémols** *de moins*.

QUESTIONNAIRE, Nᵒ 339 à 350.

(*) Quand on retranche de l'armature un ou plusieurs signes d'altérations, on met des bécarres à la place de ces signes.

DU RYTHME

§ **239.**—Les innombrables combinaisons auxquelles se prête *le mélange des diverses valeurs de notes et de silences* sont exprimées par le mot **rythme**.

§ **240.**—Les mots **mesure** et **rythme**, qui ont une certaine corrélation, n'expriment pas, cependant, tout-à-fait la même chose.

§ **241.**—La **mesure** est en quelque sorte le *cadre*, régulier, uniforme, mesuré en un mot, dans lequel peuvent entrer les **rythmes** les plus divers, les plus variés.

§ **242.**—Effectivement, outre les divisions principales par *deux* et par *trois* qu'on nomme *rythme binaire* et *rythme ternaire*, il y a les *rythmes* de valeurs égales, ceux de valeurs inégales; les *rythmes* naturels, faciles, réguliers; les *rythmes* tourmentés, difficiles, irréguliers; les *rythmes* dansants, entraînants; des *rythmes* originaux, des *rythmes* bizarres, etc, etc.

§ **243.**—Il y a encore des **rythmes caractéristiques**, comme ceux de la *marche*, du *galop*, de la *barcarolle*, du *boléro*, de la *tarentelle*, du *menuet*, etc, etc.

§ **244.**—Pour qu'un **rythme** soit *bien caractérisé*, il est indispensable de donner à la mesure le **mouvement** qui convient; car, si l'on exécutait un morceau *trop vite* ou *trop lentement*, on lui ferait perdre une grande partie de son caractère propre.

§ **245.**—Le **mouvement** a donc une importance capitale.

DU MOUVEMENT

§ **246.**—On appelle **mouvement** le degré de *vitesse* ou de *lenteur* qu'on donne à la *mesure*.

§ **247.**—Entre le mouvement *le plus lent* et le mouvement *le plus vif*, il y a une infinité d'autres mouvements.

§ **248.**—Pour indiquer d'une manière *exacte* et *absolue* tous ces mouvements, on se sert d'un instrument de précision, aujourd'hui fort en usage, qu'on appelle **métronome**.

Il existe actuellement *deux systèmes de métronomes*; l'un (celui de MAËLZEL) a pour principe les mouvements d'un *balancier*; l'autre (celui de M. LÉON ROQUES) est basé sur la régularité des oscillations d'un *pendule*. Tous les deux sont pourvus d'une *échelle numérotée*.

Le *mouvement du métronome* est indiqué, sur la musique, par une *figure de note* (simple ou composée) accompagnée d'un *numéro*. Ce numéro correspond à l'un de ceux que contient l'échelle métronomique; il exprime le *nombre d'oscillations* que doit effectuer le *balancier* ou le *pendule* dans l'espace d'*une minute*, et chaque oscillation représente la *durée* qu'on doit donner à la *note figurée* dans l'indication du mouvement.

APPLICATION. Supposons cette indication (♩=40) qui signifie: *blanche égale 40*.

Placez le *pendule* ou le *contre-poids* du *balancier* à la hauteur du N.º 40 de l'échelle, mettez le système en mouvement et donnez à la *blanche* ou à ses *équivalents* la durée d'une oscillation.

§ 249.— On indique aussi les différents **mouvements** par des mots parfois français, plus souvent **italiens**, qu'on place en tête du morceau, ou, s'il survient quelque *changement de mouvement*, à l'endroit où ce changement se produit.

Voici les termes les plus usités, avec leur signification et leurs abréviations.

MOUVEMENTS DE MOINS EN MOINS LENTS			MOUVEMENTS DE PLUS EN PLUS VIFS		
Lento		*Lent.*	**Moderato**	Mod^to	*Modéré.*
Largo		*Large.*	**Allegretto**	All^tto	*Assez gai, assez vif.*
Larghetto		*Moins large que le largo.*	**Allegro**	All^ro	*Gai, mouvement vif.*
Adagio		*A l'aise, posément.*	**Presto**		*Très vif.*
Andante	And^te	*En allant, encore assez lent.*	**Prestissimo**	Prest^mo	*Extrêmement vif.*
Andantino	And^no	*Un peu moins lent que l'Andante.*	**Vivace** ou **Vivo**		*idem.*

Autres termes qui indiquent à la fois le *mouvement*
et le *caractère* du morceau.

Grave	*Grave.*		**Agitato**	*Agité.*
Maestoso	*Majestueux.*		**Mosso**	*Animé.*
Tempo giusto	*Mouvement juste, précis.*		**Con moto**	*Avec mouvement, avec entrain*

MODIFICATIONS APPORTÉES AUX MOUVEMENTS

Rallentando	Rall.	*En ralentissant.*	**Animato**		*Animé.*
Ritardando	Ritard.	*En retardant.*	**Accelerando**	Accel.	*En accélérant.*
Ritenuto	Rit. ou Riten.	*En retenant.*	**Più moto** ⎫		
Allargando	Allarg. ⎫		**Più mosso** ⎬		*Plus de mouvement.*
Slargando	Slarg. ⎭ *En élargissant.*		**Stretto**		*Serré.*

Ad libitum	Ad lib.	*A volonté.*	**A tempo**		*En mesure.*
A piacere		*A plaisir.*	**Primo tempo**	1° tempo	*1er mouvement.*
Senza rigore		*Sans rigueur.*	**Stesso tempo**		*Même mouvement.*

POINT D'ORGUE et POINT D'ARRÊT

§ 250.— Pour **arrêter** momentanément la **marche** de la mesure, pour *interrompre* le *mouvement*, on se sert de ce signe ⌢ ou ⌣ qu'on place au-dessus ou au-dessous d'une *note* ou d'un *silence*.

§ 251.— Appliqué à une *note*, ce signe est appelé **point d'orgue**.

§ 252.— Quand il s'applique à un *silence*, on l'appelle **point d'arrêt**.

§ 253.— Il signifie que la **durée** de la note ou du silence auquel il est affecté doit être **prolongée** pendant un *temps indéterminé*, à la volonté de l'exécutant.

QUESTIONNAIRE, N.os 354 à 363

Des NUANCES et de l'ACCENTUATION

§ 254.—On nomme **nuances** les *différences d'intensité* qu'on donne aux sons.

§ 255.—On indique les **nuances** et l'accentuation (§ 404) parfois par des *mots français*, plus souvent par des *mots italiens* ou par des *signes*.

Voici les mots et les signes les plus usités.

NUANCES

	par abréviation			par abréviation	
Dolce	Dol.	*Doux.*	Mezzo-forte	*mf*	*Demi-fort.*
Piano	*p*	*Faible.*	Sforzando	*sfz*	*En forçant.*
Pianissimo	*pp*	*Très faible.*	Rinforzando	*rfz*	*En renforçant.*
Forte	*f*	*Fort.*	Mezzo-voce	*Mez.-voc.*	*A demi-voix.*
Fortissimo	*ff*	*Très fort.*	Crescendo	*Cresc.*	*En augmentant.*
Forte-piano	*fp*	*Fort, puis faible.*	Decrescendo	*Decresc.*	*En décroissant.*
Piano-forte	*pf*	*Faible, puis fort.*	Diminuendo	*Dim.*	*En diminuant.*

§ 256.—Quelquefois, on indique le *crescendo* par ce signe ⟍⟋, le *decrescendo* ou *diminuendo* par celui-ci ⟋⟍, et la succession du *crescendo* et du *diminuendo* de cette manière ⟍⟋⟍.

ACCENTUATION

Sostenuto	*Soutenu.*	Marcato	*Marqué.*
Legato	*Lié, coulé.*	Leggiero	*Léger.*
Legatissimo	*Très lié.*	Staccato	*Détaché.*

EXPRESSIONS MODIFIANT OU COMPLÉTANT LES PRÉCÉDENTES

Poco	*Peu, un peu.*	Molto più	*Beaucoup plus.*
Poco a poco	*Peu à peu.*	Quasi	*Presque.*
Più	*Plus.*	Non troppo	*Pas trop.*
Poco più	*Un peu plus.*	Ma non troppo	*Mais pas trop.*
Molto	*Très, beaucoup.*	e, ed	*Et.*

§ 257.—On a déjà vu (§ 105) que la **liaison** s'indique par une *ligne courbe*.

§ 258.—Le **détaché** est souvent représenté par des *points ronds* ou *allongés* qu'on place au-dessus ou au-dessous des notes.

§ 259.—Les **points allongés** indiquent un *détaché plus sec* que les points ronds.

§ 260.—On associe parfois les **points ronds** à la **liaison** pour indiquer un *détaché moins prononcé* que les autres.

§ 261.—Lorsqu'on veut qu'une note soit *fortement accentuée*, on met au-dessus ou au-dessous de cette note, l'un des signes suivants, qu'on appelle **accents** > ∧

§ 262.—Si l'on veut que cette note soit, à la fois, *accentuée et détachée*, on ajoute un *point* au milieu de cet accent ⌄

TEMPS FORTS—TEMPS FAIBLES
Syncopes et Contre-temps.

§ 263.—*Tous les temps* d'une mesure ne sont pas également accentués; on les divise en temps *forts*, temps *faibles* et temps *demi-forts*.

§ 264.—Dans toutes les mesures, le 1er temps est *fort* et le 2me est *faible*; s'il y a un 3me temps, il est *demi-fort*, c'est-à-dire, plus fort que le 2me et moins fort que le 1er; s'il y en a un 4me, il est *faible*, comme le 2me.

§ 265.—Si l'on appuie *plus fortement* sur le 1er temps que sur aucun des autres, c'est pour *bien marquer* le commencement de chaque mesure et en mieux faire *sentir le rythme*.

§ 266.—Les divisions de *chaque temps* par 2, par 3 ou par 4, sont dans les *mêmes rapports* d'intensité et d'accentuation que les divisions correspondantes de la mesure elle-même.

Ainsi, la 1re partie d'un temps est la *plus forte*; la 2me et la 4me sont *faibles*; la 3me est *demi-forte*.

§ 267.—En général, la distribution des *valeurs de notes et de silences* dans la mesure est combinée de telle sorte que chaque temps y conserve son *accentuation normale*, comme dans les exemples suivants:

§ 268.—Quelquefois, cependant, on *renverse* l'ordre naturel de cette accentuation par l'emploi des **syncopes** et des **contre-temps**.

§ 269.—Une **syncope** est une note qui, *commencée* sur un *temps faible* ou sur la *partie faible* d'un temps, se *prolonge* sur un *temps plus fort* ou sur une partie de temps *plus forte*.

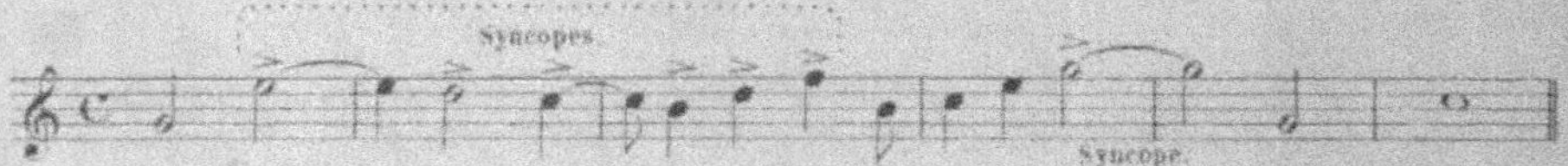

§ 270.—On nomme *syncope égale* ou *syncope régulière* celle dont les deux parties sont d'égale valeur.

§ 271.—On nomme *syncope brisée* celle dont la 2de partie est *plus courte* que la première.

§ 272.—On nomme *syncope boiteuse* celle dont la 2de *partie* est *plus longue* que la première.

(Sauf exception, ce *genre de syncope* est considéré comme *mauvais* et n'est pas admis dans le *style sévère*.)

§ 273.—Lorsqu'une note *attaquée au temps faible* est suivie d'un *silence au temps fort*, et, par conséquent, ne s'y prolonge pas, ce n'est plus une *syncope*, mais un **contre-temps**.

§ 274.—Quand un morceau est attaqué sur un temps *autre que le premier* ou sur la *partie faible* d'un temps quelconque, il n'est pas indispensable de compléter la 1re mesure par les silences qui précèdent l'attaque; on peut donc *supprimer ces silences* et faire *incomplète* cette 1re mesure.

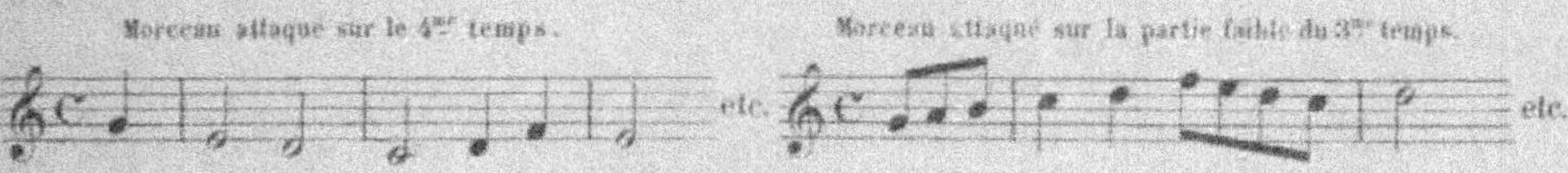

QUESTIONNAIRE, N°s 373 à 386.

Des REPRISES, des RENVOIS, du DA CAPO
et des Doubles-Barres ou Barres de Séparation.

§ 275.—Ainsi que nous l'avons fait observer au bas de la page 6, on indique la fin d'un morceau par une **double-barre**, laquelle est parfois surmontée du mot **Fin**.

On se sert aussi de la **double-barre**, qu'on appelle alors **barre de séparation**, dans les cas suivants:

1° entre les *diverses parties* du morceau;

N.-B.—On peut placer la barre de séparation dans le courant d'une mesure. (Voir les exemples précédents.)

§ 276.—Quand la *double-barre* est accompagnée de **deux points** à *gauche* :‖ cela veut dire qu'on doit *recommencer* le passage qu'on vient d'exécuter; c'est ce qu'on appelle faire une **reprise**. (Voir les 4 premières mesures de l'exemple suivant.)

§ 277.—Lorsque **deux points** sont placés à la *droite* de la *double-barre* ‖: ils marquent l'endroit d'où l'on doit *reprendre*, quand, plus tard, on trouve *deux autres points* placés à la *gauche* d'une seconde *double-barre* :‖ (Voir l'exemple suivant, aux lettres B et C.)

§ 278.—Si la *terminaison d'une reprise* doit être modifiée la seconde fois qu'on l'exécute, on ajoute, à la suite de la reprise, la mesure ou les mesures modifiées, et l'on accompagne ces mesures des mots: 1ʳᵉ fois | 2ᵈᵉ fois | en **italien**: *prima volta, seconda volta* | 1ª volta | 2ª volta |

En pareil cas, on doit *sauter*, la 2ᵈᵉ fois, ce qui est indiqué comme devant être exécuté la 1ʳᵉ.

§ 279.—Pour indiquer le *retour* d'un endroit à un autre, on se sert également de *signes* comme ceux-ci: § ✚ ※ ℰ lesquels sont appelés **renvois**, parce que, en effet, ils **renvoient** à des *signes semblables* qu'on a dû rencontrer précédemment.

§ 280.—Le **renvoi** est quelquefois accompagné des mots italiens *al segno* qui signifient *au signe*.

§ 281.—Les lettres D. C. qu'on rencontre, soit *à la fin d'un morceau*, soit à tout autre endroit, sont les initiales des mots italiens **Da Capo** qui veulent dire *de la tête*. Cela signifie qu'il faut reprendre le *motif du commencement* et le continuer jusqu'au mot **Fin**.

MESURES COMPOSÉES LES PLUS USITÉES
à 2, à 3 et à 4 temps.

§ 282.—Les mesures dont les *temps* sont *composés* (divisibles par 3) sont des **mesures composées.**

Les *mesures composées* dérivent des *mesures simples.*

§ 283.—Chaque *mesure simple* a sa *mesure composée*, et réciproquement.

§ 284.—Le *nombre des temps* est toujours *le même* pour une mesure *simple* et sa mesure *composée.*

§ 285.—Pour transformer une mesure simple en mesure composée, il suffit d'ajouter *un point* à la *note* du *temps simple.*

Si cette note du *temps simple* est **une noire**, celle du *temps composé* sera une **noire pointée.** (C'est la division *ternaire* substituée à la division *binaire.*)

En conséquence,

les *mesures simples* à $\frac{2}{4}$, $\frac{3}{4}$ et $\frac{4}{4}$ ou C, ayant pour chaque temps *une noire* ou *deux croches*, leurs *mesures composées* auront *une noire pointée* ou *trois croches* pour chaque temps; ce qui donnera:

1º Pour **deux temps**: (mesure composée de celle à $\frac{2}{4}$)

6 *croches* ou 6 *huitièmes* de ronde, mesure à **six-huit** ($\frac{6}{8}$)

2º Pour **trois temps**: (mesure composée de celle à $\frac{3}{4}$)

9 *croches* ou 9 *huitièmes* de ronde, mesure à **neuf-huit** ($\frac{9}{8}$)

3º Pour **quatre temps**: (mesure composée de celle à $\frac{4}{4}$)

12 *croches* ou 12 *huitièmes* de ronde, mesure à **douze-huit** ($\frac{12}{8}$)

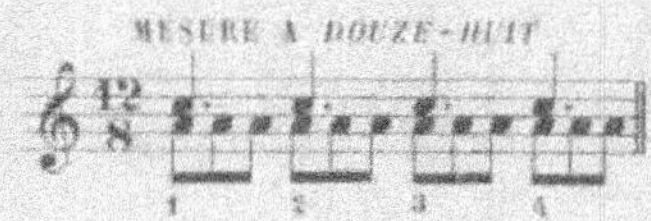

§ 286.— Dans ces mesures,

la *noire pointée* vaut 1 temps; la *blanche pointée* en vaut 2; la *ronde pointée* en vaut 4;

la *croche* vaut $\frac{1}{3}$ du temps, comme on peut le voir dans les exemples précédents.

§ 287.—Il n'y a pas de *figure de note* qui puisse, fût-elle pointée, représenter à elle seule *trois temps* d'une mesure composée quelconque.

§ **288.**—Pour écrire une *tenue* de **3** *temps composés*, on est obligé d'unir, de *souder ensemble*, au moyen d'une liaison, *deux valeurs pointées*: l'une de **2** temps et l'autre d'*un temps*.

Ainsi, pour une mesure à *neuf-huit* toute entière, ou pour **3** temps de la mesure à *douze-huit*, on écrit une *blanche pointée* et une *noire pointée* liées ensemble.

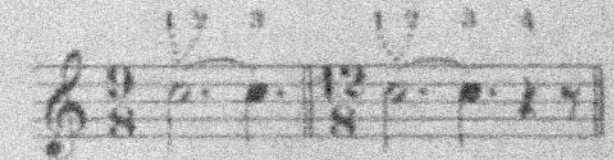

§ **289.**—Nous avons dit précédemment (page 16) que les *valeurs pointées* ou *composées* sont divisibles par **trois**.

§ **290.**—Cependant, les *valeurs pointées* qui représentent **2** temps des *mesures composées* sont, nécessairement, divisibles par **deux**; celles qui en représentent **4** sont divisibles par **deux** et par **quatre**.

Ainsi, dans les mesures à $\frac{6}{8}$, $\frac{9}{8}$ et $\frac{12}{8}$, la *blanche pointée* vaut **2** *noires pointées*;

dans la mesure à $\frac{12}{8}$, la *ronde pointée* vaut **2** *blanches pointées* ou **4** *noires pointées*.

§ **291.**—Mais, la *noire pointée* qui, dans ces mesures, représente la valeur d'*un temps*, n'y est divisible que par 3, 6, 12 etc.

§ **292.**—En résumé, si les *valeurs simples* ne sont régulièrement divisibles que par 2 et par les multiples de 2, les *valeurs composées* peuvent l'être, tantôt par 2 et tantôt par 3 *selon ce qu'elles occupent de place* dans la mesure.

§ **293.**—En comparant les **chiffres indicateurs** d'une *mesure composée* à ceux de la *mesure simple* correspondante, on verra qu'ils sont toujours dans les proportions suivantes.

Le *chiffre supérieur* de la mesure composée est **triple**, et le *chiffre inférieur* est **double** des chiffres correspondants de la mesure simple.

§ **294.**—Donc, pour trouver la *mesure composée* d'une *mesure simple* donnée, il n'y a qu'à **tripler** le *chiffre supérieur* de cette mesure simple et à **doubler** son *chiffre inférieur*.

§ **295.**—Au contraire, pour trouver la *mesure simple* d'une *mesure composée* quelconque, il faut prendre le **tiers** du chiffre supérieur de la mesure composée, et la **moitié** du chiffre inférieur.

EXEMPLES

Trouver la *mesure composée* de celle à **trois-quatre** $\left(\frac{3}{4}\right)$

Pour cela, *tripler* le 3, ce qui donne 9, et *doubler* le 4, ce qui donne 8.

RÉSULTAT. Mesure à **neuf-huit** $\left(\frac{9}{8}\right)$

Trouver la *mesure simple* de celle à **six-huit** $\left(\frac{6}{8}\right)$

Pour cela, prendre le *tiers* de 6 qui donne 2 et la *moitié* de 8 qui donne 4.

RÉSULTAT. Mesure à **deux-quatre** $\left(\frac{2}{4}\right)$

QUESTIONNAIRE, Nᵒˢ 397 à 415

CLÉ DE FA 4ᵐᵉ LIGNE

§ 296.—La *clé de* **fa** posée sur la 4ᵐᵉ ligne de la portée est la plus usitée après la *clé de* **sol**.

§ 297.—Avec cette clé, toute note placée sur la 4ᵐᵉ ligne s'appelle **fa**

§ 298.—En partant du **fa** (ligne de la clé) on trouve les *autres notes*, soit en descendant, soit en montant, dans l'ordre suivant:

§ 299.—Ainsi que nous l'avons dit (§ 15), outre le *nom des notes*, la **clé** indique exactement le *degré de hauteur* des sons qu'elles représentent.

Cette condition était indispensable; car, il ne suffit pas de savoir que telle note se nomme **sol** et telle autre **fa**, puisqu'il y a plusieurs **fa** et plusieurs **sol**. Il est essentiel qu'on sache aussi quel est le **sol** ou le **fa** dont il s'agit.

En attendant que nous expliquions *complètement le système des clés*, nous allons faire voir quels sont les *rapports de hauteur* qui existent entre les notes de la *clé de fa 4ᵐᵉ* et celles de la *clé de sol 2ᵈᵉ*.

Mais, pour bien se rendre compte de ces rapports, il est nécessaire de connaître les *grandes divisions* de l'**échelle des sons** et la position qu'y occupent les *voix humaines* et les principaux *instruments de musique*.

ÉCHELLE GÉNÉRALE DES SONS — ÉCHELLE VOCALE
Régions du Grave, du Médium et de l'Aigu

VOIX HUMAINES — INSTRUMENTS DE MUSIQUE — CLÉS QUI LEUR SONT PROPRES

§ 300.—L'*échelle générale des sons* ou **échelle musicale** se divise en **trois régions** principales; celle du **grave** (bas,) celle du **médium** (milieu) et celle de l'**aigu** (haut.) (*)

§ 301.—L'échelle plus restreinte qui ne comprend que *l'étendue des voix*, s'appelle **échelle vocale**; elle se compose, comme l'*échelle générale* (toutes proportions gardées) des *régions du grave*, du *médium* et de l'*aigu*.

§ 302.—Il y a deux natures de **voix humaines**:
1º les voix d'*hommes*; 2º les voix de *femmes* ou d'*enfants*.

§ 303.—Les voix d'*hommes* sont plus ou moins **graves**; les voix de *femmes* ou d'*enfants* sont plus ou moins **aigües**.

§ 304.—D'une manière générale, on estime que les voix de *femmes* ou d'*enfants* sont placées **à une octave plus haut** que les voix d'*hommes*.

---

§ **305.**—Il y a quatre sortes de voix d'**hommes**: la *Basse profonde* ou *Basse-taille*, la *Basse chantante*, le *Baryton* et le *Ténor*.

§ **306.**—Il y a trois sortes de voix de **femmes** ou d'**enfants**: le *Contralto*, le *Second Dessus* ou *Mezzo-Soprano*, et le *Premier Dessus* ou *Soprano*.

§ **307.**—La **basse** et le **baryton** occupent la région la *plus grave* de l'échelle vocale; le **ténor** et le **contralto** la région du *médium*; le **premier** et le **second dessus**, la région de l'*aigu*.

§ **308.**—Les **voix graves** (*Basse* et *Baryton*) s'écrivent en clé de **fa 4me.**

§ **309.**—Les voix du **médium** et de l'**aigu** s'écrivent parfois sur les *clés de do*;

mais, le plus souvent en *clé de sol*.

§ **310.**—Les instruments graves, comme la *Contre-basse*, le *Violoncelle* et le *Basson*, s'écrivent généralement en clé de **fa 4me.**

§ **311.**—Les instruments aigus, comme la *Flûte*, le *Hautbois* et le *Violon*, s'écrivent toujours en **clé de sol.**

§ **312.**—Pour le **piano**, l'**orgue** ou la **harpe**, on se sert de *deux portées à la fois*: l'une en clé de **fa 4me** pour les notes *graves*, l'autre en clé de **sol 2de** pour les notes *aiguës*.

§ **313.**—On joint ces deux portées ensemble, au moyen d'un trait ayant cette forme: { c'est ce qu'on appelle une **accolade.**

§ **314.**—En comparant l'une à l'autre les *deux portées* ci-dessus, on se fera une idée approximative des *rapports de hauteur* qui existent entre la **clé de sol** et la **clé de fa 4me**, quand on saura que les 2 **do** qui se rencontrent à la *2me mesure* sont à l'**unisson**, qu'il en est de même des 2 **fa** de la *4me mesure*, et que, de plus, les 2 **fa** de la *dernière mesure* sont à **deux octaves** de distance l'un de l'autre.

§ **315.**—Pour se faire une idée *exacte* des rapports de hauteur de ces deux clés, il suffira d'examiner les exemples suivants. On y verra: que d'une *ligne* ou d'un *interligne* quelconque de la clé de **fa** à la *ligne* ou à l'*interligne* qui lui correspond en clé de **sol**, il y a toujours *treize degrés*, c'est-à-dire: *une octave plus une sixte;* soit un intervalle de **treizième**.

§ **316.**—Les notes de la *clé de fa 4ᵐᵉ* sont donc à une **treizième** au-dessous de celles qui occupent la même position en *clé de sol*.

§ **317.**—L'**échelle vocale**, depuis la note la *plus grave* de la voix de **basse** jusqu'à la note la *plus aiguë* du **soprano**, embrasse une étendue d'environ 24 *degrés diatoniques*, ou *trois octaves* plus une *tierce*.

C'est, à peu près, l'étendue totale des *deux portées réunies* de fa 4ᵐᵉ et sol 2ᵈᵉ. Avec ces deux clés seulement, on peut donc écrire pour *toutes les voix*, depuis *la plus grave* jusqu'à *la plus aiguë*.

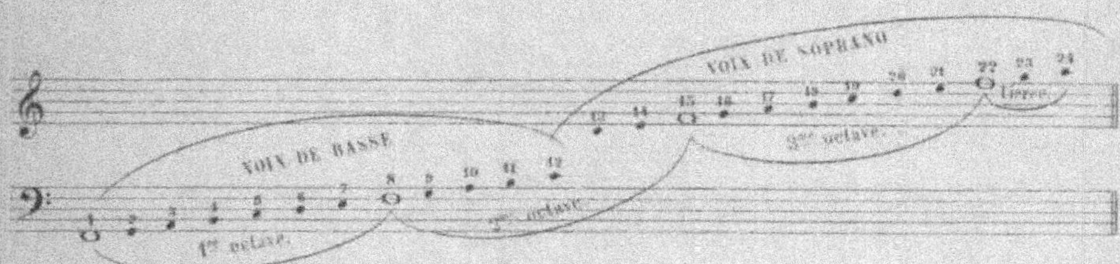

§ **318.**—Mais, l'étendue de chaque voix ne dépassant guère une *treizième*, il est évident qu'une voix quelconque ne pourrait donner, et les *notes graves* de la clé de **fa**, et les *notes aiguës* de la clé de **sol**.

§ **319.**—Aussi, est-il entendu que les **femmes** et les **enfants** doivent chanter à sa *véritable hauteur* la musique écrite en **clé de sol**, et à *une 8ᵛᵉ au-dessus* de la chose écrite, la musique notée en **clé de fa**.

§ **320.**—Et inversement, les **hommes** doivent chanter à *une 8ᵛᵉ au-dessous* de la chose écrite, la musique notée en **clé de sol**, et à sa *véritable hauteur*, celle de la **clé de fa**.

QUESTIONNAIRE, Nᵒˢ 416 à 440

DOUBLE-CROCHE, TRIPLE-CROCHE et QUADRUPLE-CROCHE

§ 321.— Nous connaissons les figures de notes suivantes:

la *ronde* ○, la *blanche* ♩, la *noire* ♩, et la *croche* ♪.

Il y a, en outre:

la **double-croche** ♪ ou ♪, ainsi nommée parce qu'elle a *deux crochets;*

la **triple-croche** ♪ ou ♪, qui en a *trois;* et la **quadruple-croche** ♪ ou ♪ qui en a *quatre.*

§ 322.— Quand on écrit à la suite plusieurs de ces valeurs, on peut, comme pour les *croches* (§ 9) remplacer les *crochets* par *autant de barres.*

DOUBLES-CROCHES TRIPLES-CROCHES QUADRUPLES-CROCHES MÉLANGES DE VALEURS

§ 323.— La double-croche est le *seizième* de la ronde; on la représente par un *seizième* $\frac{1}{16} =$ ♪

La **triple-croche** est la 32ᵐᵉ partie de la *ronde;*

La **quadruple-croche** en est la 64ᵐᵉ partie.

En conséquence,

Il faut: 2 **doubles-croches** 4 8 16
pour une *croche,* pour une *noire* pour une *blanche* pour une *ronde*

Il faut: 2 **triples-croches** 4 8 16
pour une *double-croche* pour une *croche* pour une *noire* pour une *blanche*

32 pour une *ronde.*

Il faut: 2 **quadruples-croches** 4 8 16
pour une *triple-croche* pour une *double-croche* pour une *croche* pour une *noire*

32 pour une *blanche,* 64 pour une *ronde.*

TABLEAU COMPARATIF DES VALEURS SIMPLES

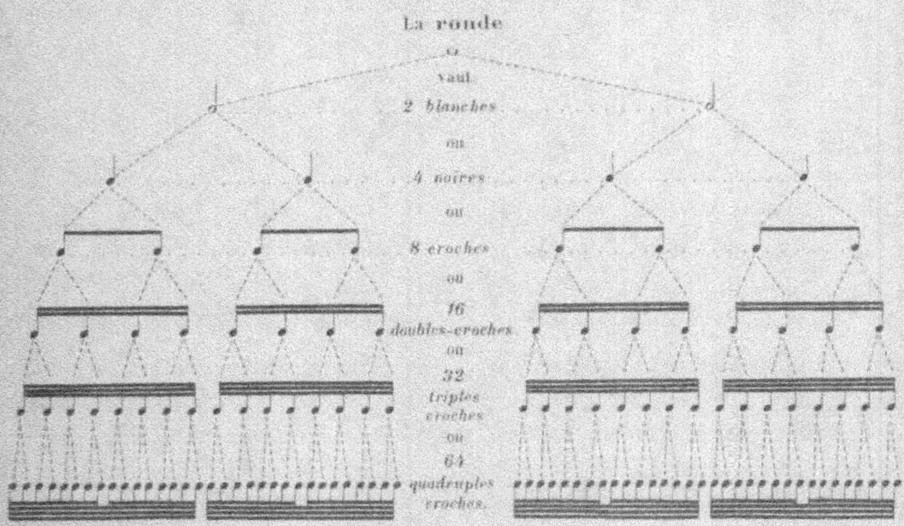

N.-B.—Chacune de ces *figures de notes* vaut la moitié de celle qui est placée immédiatement *au-dessus* dans ce tableau.

QUESTIONNAIRE, N°s 441 à 454

QUART de SOUPIR, HUITIÈME de SOUPIR
et Seizième de Soupir

§ **324.**—Nous connaissons les *silences* suivants:

la *pause*, la *demi-pause*, le *soupir*, le *demi-soupir*

Il y a, en outre:

VALEURS ÉQUIVALENTES

le **quart de soupir** qui équivaut à la **double-croche;**

le **huitième de soupir** qui équivaut à la **triple-croche;**

le **seizième de soupir** qui équivaut à la **quadruple-croche.**

QUESTIONNAIRE, N°s 455 à 469

A L. 8200.

VALEURS POINTÉES (SUITE)

§ 325.—Nous connaissons la *ronde pointée*, la *blanche pointée*, la *noire pointée* et le *soupir pointé*.

Il y a, en outre:

La croche pointée

qui équivaut
à *croche et double-croche liées*: . . . . . elle vaut *3 doubles-croches* . . . . .
(2 pour la *croche* et une pour le *point*.)

La double-croche pointée

qui équivaut
à *double-croche et triple-croche liées*: . . . . elle vaut *3 triples-croches* . . . . .
(2 pour la *double-croche* et une pour le *point*.)

La triple-croche pointée

qui équivaut
à *triple-croche et quadruple-croche liées*: . . . . elle vaut *3 quadruples-croches* . . . . .
(2 pour la *triple-croche* et une pour le *point*.)

§ 326.—Le demi-soupir pointé ⁊· vaut un *demi-soupir* et un *quart de soupir*

le quart de soupir pointé ⁊· vaut un *quart de soupir* et un *huitième de soupir*

le huitième de soupir pointé ⁊· vaut un *huitième de soupir* et un *seizième de soupir*

TABLEAU COMPARATIF DES VALEURS COMPOSÉES

DIVISION BINAIRE (§ 289 à 292)

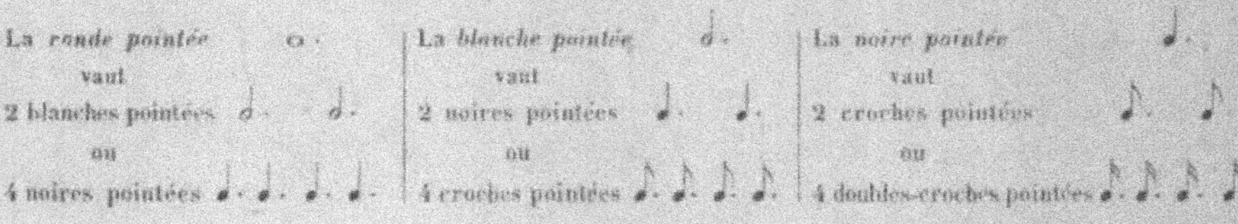

La *ronde pointée* vaut 2 blanches pointées ou 4 noires pointées	La *blanche pointée* vaut 2 noires pointées ou 4 croches pointées	La *noire pointée* vaut 2 croches pointées ou 4 doubles-croches pointées

DIVISION TERNAIRE

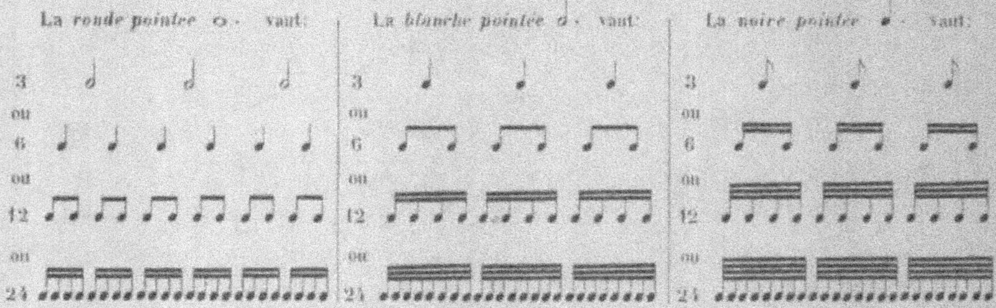

La *ronde pointée* vaut:	La *blanche pointée* vaut:	La *noire pointée* vaut:
3 ou 6 ou 12 ou 24	3 ou 6 ou 12 ou 24	3 ou 6 ou 12 ou 24

DU TRIOLET

§ 327. — Ainsi qu'on l'a vu (§ 114) la *division normale des valeurs simples* est **binaire**, c'est-à-dire par **2** et les *multiples de 2*.

Cependant, il arrive parfois, qu'on remplace, accidentellement, la *division binaire* d'une valeur simple par la *division ternaire*.

Cette division par **3**, d'une *valeur simple* qui ne vaut que **2** habituellement, se nomme **triolet**.

§ 328. — Dans sa forme la plus simple, le **triolet** est un *groupe de 3 notes égales*, qu'on substitue, accidentellement, aux **2** notes de même figure qui divisent, ordinairement, une *valeur simple*.

On indique le **triolet** par un **3** qu'on place au-dessus ou au-dessous du *groupe de 3 notes*.

§ 329. — Les *trois notes* du triolet doivent être exécutées dans *le même laps de temps* que les *deux notes* qu'elles remplacent.

Elles sont donc *plus brèves* que ces dernières.

TRIOLETS et VALEURS ÉQUIVALENTES

Un Triolet en blanches,	Un Triolet en noires,	Un Triolet en croches,
c'est **3** *blanches*	c'est **3** *noires*	c'est **3** *croches*
au lieu de **2**	au lieu de **2**	au lieu de **2**
pour une *ronde*	pour une *blanche*	pour une *noire*

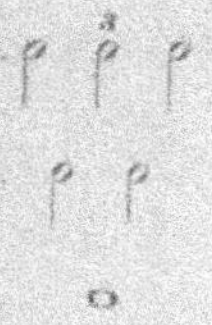

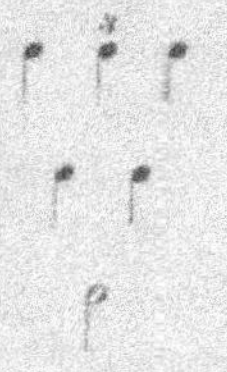

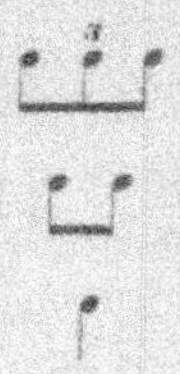

Un Triolet en doubles-croches,	Un Triolet en triples-croches,	Un Triolet en quadruples-croches,
c'est **3** *doubles-croches*	c'est **3** *triples-croches*	c'est **3** *quadruples-croches*
au lieu de **2**	au lieu de **2**	au lieu de **2**
pour une *croche*	pour une *double-croche*	pour une *triple-croche*

QUESTIONNAIRE, N° 463 à 470

DOUBLE-TRIOLET, SIXAIN ou SEXTOLET
Valeurs irrégulières

§ 330.—Un groupe de *six notes* formant *2 triolets* se nomme **double-triolet**. On indique le **double-triolet** par un **6** ou par deux **3** (ce qui vaut mieux.)

§ 331.— Quand un groupe de *six notes* résulte de la *division par* **2** de chacune des notes d'un *triolet simple*, ce n'est plus un *double-triolet*; c'est un **sixain**. On indique le **sixain** par un **6**.

(Certains auteurs appellent ce groupe de 6 notes *sixtolet*, d'autres le nomment *sextolet*.)

§ 332.—Comme on le voit, la différence qu'il y a entre le **sixain** et le **double-triolet** est celle-ci: le **sixain** résulte de la *division par* **2** de chacune des notes d'un triolet simple (§ 331) tandis que le **double-triolet** résulte de la *division* par **3** de chacune des notes d'un groupe de **2**.

§ 333.— Pour éviter toute confusion entre ces *deux groupes*, qui ont le *même nombre* de notes mais des *rythmes différents*, il faudrait, autant que possible, les écrire de manière à ce que la division par **2** et la division par **3** apparussent clairement, comme dans les exemples suivants.

§ 334.—Les *triolets simples*, les *triolets doubles* et les *sixains* ne sont pas toujours formés de 3 ou de 6 notes égales. On peut combiner de diverses manières la *somme des valeurs* dont ils se composent, et même y introduire des *silences*.

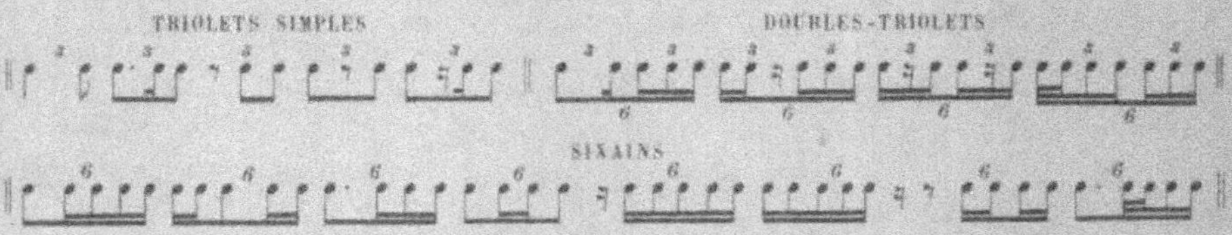

§ 335.—Lorsqu'on substitue, accidentellement, la *division binaire* à la *division ternaire*, on indique cette *division binaire* par un **2** ou un **4**, selon le cas.

§ 336.— On rencontre parfois des *groupes irréguliers* de 5, 7, 9, 10 notes, etc.

Habituellement, ces groupes sont accompagnés du *chiffre* qui indique le *nombre de notes* dont ils sont composés.

DEUX ET TROIS POINTS D'AUGMENTATION

§ 337.—On met parfois **deux points d'augmentation** après une note ou après un silence.

On peut même, au besoin, y mettre un *3me point*; mais ceci se fait rarement.

Chaque *nouveau point* vaut la **moitié** de celui qui le précède.

Le 2d point vaut donc la *moitié* du 1er, et le 3me, la *moitié* du 2me.

D'après cela,

La **ronde** suivie de 2 points équivaut à *ronde, blanche et noire* liées ensemble — Elle vaut 7 *noires*: — 4 pour la *ronde*, 2 pour le 1er point, et une pour le 2d.

La **ronde** suivie de 3 points équivaut à *ronde, blanche, noire et croche* — Elle vaut 15 *croches*: — 8 pour la *ronde*, 4 pour le 1er point, 2 pour le 2me, et une pour le 3me.

La **blanche** suivie de 2 points équivaut à *blanche, noire et croche* liées ensemble — Elle vaut 7 *croches*: — 4 pour la *blanche*, 2 pour le 1er point, et une pour le 2d.

La **blanche** suivie de 3 points équivaut à *blanche, noire, croche et double-croche* — Elle vaut 15 *doubles-croches*: — 8 pour la *blanche*, 4 pour le 1er point, 2 pour le 2me, et une pour le 3me.

La **noire** suivie de 2 points équivaut à *noire, croche et double-croche* liées ensemble — Elle vaut 7 *doubles-croches*: — 4 pour la *noire*, 2 pour le 1er point, et une pour le 2d.

La **noire** suivie de 3 points équivaut à *noire, croche, double-croche et triple-croche* — Elle vaut 15 *triples-croches*: — 8 pour la *noire*, 4 pour le 1er point, 2 pour le 2me, et une pour le 3me.

Le **soupir** suivi de 2 points équivaut à *soupir, demi-soupir et quart de soupir*

Le **demi-soupir** suivi de 2 points équivaut à *demi-soupir, quart de soupir et huitième de soupir*

§ 338.—Un fait remarquable, c'est qu'on ne peut arriver à **doubler** la valeur d'une *note* ou d'un *silence* en y ajoutant des points, *quelqu'en soit le nombre*.

QUESTIONNAIRE, Nos 484 à 489

VALEURS DE NOTES ET SILENCES
en usage dans l'ancienne notation

§ 339.—Les valeurs de notes en usage dans l'ancienne notation étaient:

La **maxime** ▭ , la **longue** ▯ , la **brève** ▱ , la **semi-brève** ◇ et la **minime** ♢

La **maxime** valait 2 *longues* ou 4 *brèves*; la **longue** valait 2 *brèves* ou 4 *semi-brèves*; la **brève** valait 2 *semi-brèves* ou 4 *minimes*; la **semi-brève** valait 2 *minimes*.

§ 340.—De ces *cinq figures de notes*, on n'a conservé que les *trois dernières* dont on a changé la dénomination. De plus, on a modifié la forme de la *semi-brève* et de la *minime*.

La **brève** ▱ est devenue la **note carrée** qui vaut 2 *rondes* 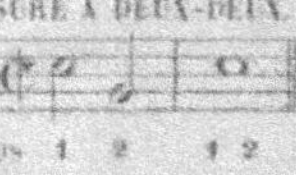

La **semi-brève** ◇ est devenue la **ronde** ○; la **minime** ♢ est devenue la **blanche** ♩

§ 341.— Le *silence* qui correspondait à la *maxime* était le bâton de quatre pauses;

BATON DE 4 PAUSES.

celui qui correspondait à la *longue* était le **bâton de deux pauses.**

BATON DE 2 PAUSES.

QUESTIONNAIRE. Nᵒˢ 490 à 498

MESURES SIMPLES *(SUITE)*
$\frac{2}{2}$, $\frac{3}{2}$ et $\frac{4}{2}$

§ 342.—On sait que les *mesures simples* les plus usitées sont celles à $\frac{2}{4}$, $\frac{3}{4}$ et $\frac{4}{4}$ ou C, dont l'*unité de temps* est la **noire**. (§ 56)

On sait aussi qu'il y a d'autres *mesures simples* qui, au lieu d'une *noire*, ont une **blanche** ou une **croche** pour *unité de temps*. (§ 57)

§ 343.—Les mesures dont l'*unité de temps* est une **blanche** sont:

1º la mesure à **deux-deux**, qu'on connaît déjà (§§ 63 à 66);

MESURE A DEUX-DEUX.

2º la mesure à **trois-deux**, qui se bat à *3 temps*, et qu'on indique par les chiffres $\frac{3}{2}$;

MESURE A TROIS-DEUX.

3º la mesure à **quatre-deux**, qui se bat à *4 temps*, et qu'on indique par les chiffres $\frac{4}{2}$.

MESURE A QUATRE-DEUX

Dans ces mesures:

La *blanche* vaut 1 temps; la *ronde* en vaut 2; la *ronde pointée*, 3; la *noire*, ½ temps; la *croche*, ¼ de temps; etc.

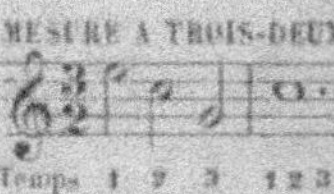
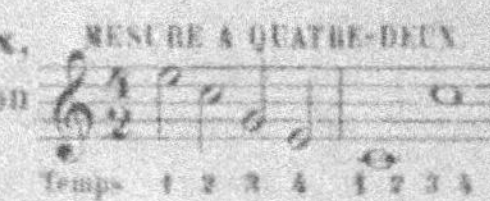

§ 344.—Pour remplir totalement une mesure à **quatre-deux** par *une seule valeur*, il faut se servir de la **note carrée**.

MESURES À $\frac{2}{8}$, $\frac{3}{8}$ ET $\frac{4}{8}$

§ 345.—Les mesures dont *l'unité de temps* est une **croche** sont:

1º la mesure à **deux-huit**, qui se bat à 2 temps, et qu'on indique par les chiffres $\frac{2}{8}$.

2º la mesure à **trois-huit**, qu'on connaît déjà (§ 118)

3º la mesure à **quatre-huit**, qui se bat à 4 temps, et qu'on indique par les chiffres $\frac{4}{8}$.

Dans ces mesures:

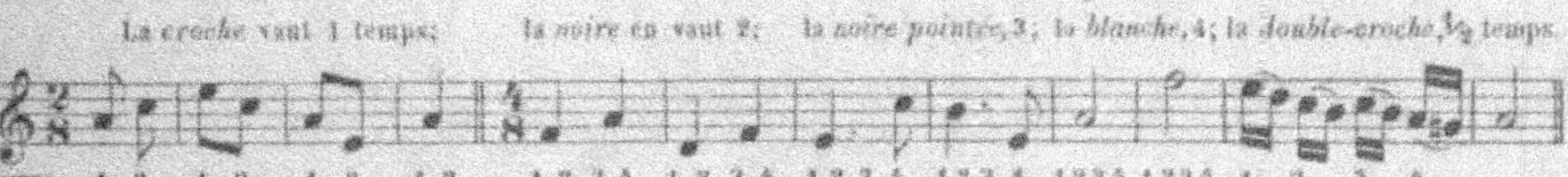

§ 346.—*N.-B.*—La mesure à **quatre-huit**, d'ailleurs fort peu usitée, contient la *même somme de valeurs* que celle à **deux-quatre**, avec cette différence que ces valeurs sont réparties, ici, entre 4 temps au lieu de 2.

§ 347.—La seule des mesures précédentes qui soit d'un usage assez fréquent est celle à **trois-huit**.

MESURES À $\frac{2}{1}$, $\frac{3}{1}$ ET $\frac{4}{1}$

§ 348.—Les mesures à **deux-un, trois-un** et **quatre-un**, dont *l'unité de temps* est la **ronde**, ne se rencontrent guère que dans les **solféges**, et très rarement encore.

Dans ces mesures:

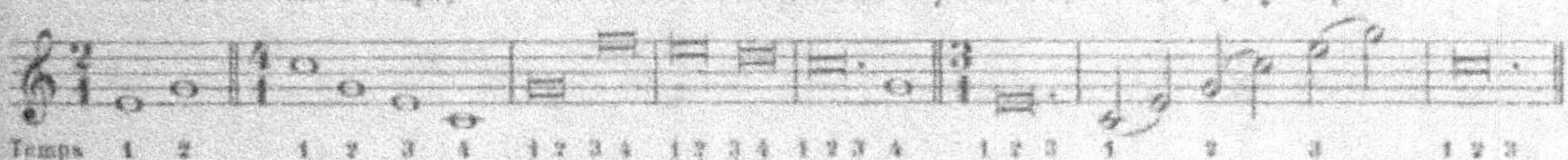

§ 349.—Pour remplir totalement une mesure à **quatre-un** par *une seule valeur*, il faudrait se servir de la **longue**, (§ 339) mais, cette mesure est *complètement abandonnée* dans la pratique.

QUESTIONNAIRE, Nᵒˢ 499 à 517

MESURES COMPOSÉES *(SUITE)*
$\frac{6}{4}$, $\frac{9}{4}$ et $\frac{12}{4}$

§ **350.**— Les mesures à *six-quatre*, *neuf-quatre* et *douze-quatre* sont les mesures composées de celles à *deux-deux*, *trois-deux* et *quatre-deux*.

Ces mesures composées ont *une blanche pointée* ou *trois noires* pour chaque temps.

Ce qui donne :

1° pour une mesure à **six-quatre** (2 temps)
2 *blanches pointées* ou 6 *noires* ;
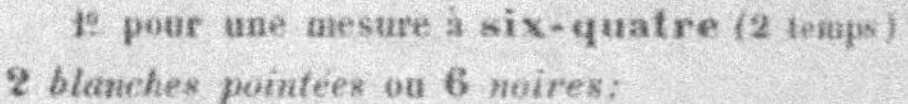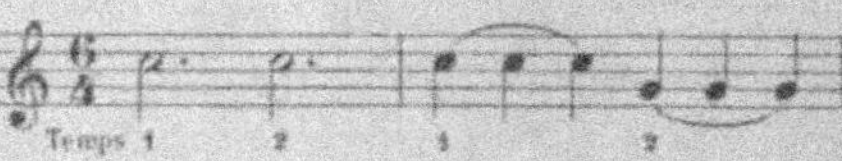

2° pour une mesure à **neuf-quatre** (3 temps)
3 *blanches pointées* ou 9 *noires* ;

3° pour une mesure à **douze-quatre** (4 temps)
4 *blanches pointées* ou 12 *noires*.

Dans ces mesures :

§ **351.**— Pour une mesure à *neuf-quatre* toute entière, ou pour 3 temps de la mesure à *douze-quatre*, il faut une *ronde pointée* et une *blanche pointée* liées ensemble. (§ 288)

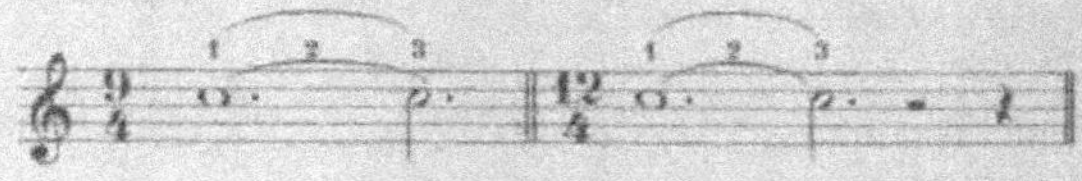

MESURES A $\frac{6}{16}$, $\frac{9}{16}$ ET $\frac{12}{16}$

§ 352.—Les mesures à *six-seize*, *neuf-seize* et *douze-seize* sont les mesures composées de celles à *deux-huit*, *trois-huit* et *quatre-huit*.

Ces mesures composées ont *une croche pointée* ou *trois doubles-croches* pour chaque temps.

Ce qui donne :

1° pour une mesure à **six-seize** (2 temps) 2 *croches pointées* ou 6 *doubles croches* :

2° pour une mesure à **neuf-seize** (3 temps) 3 *croches pointées* ou 9 *doubles croches* :

3° pour une mesure à **douze-seize** (4 temps) 4 *croches pointées* ou 12 *doubles croches*.

Dans ces mesures :

La *croche pointée* vaut 1 temps ; la *noire pointée* en vaut 2 ; la *blanche pointée* en vaut 4 ; la *double-croche*, 1 tiers de temps ;

la *triple-croche*, 1 sixième ;   la *quadruple-croche*, 1 douzième.   Pour 3 temps, il faut une *noire pointée* et une *croche pointée* liées.

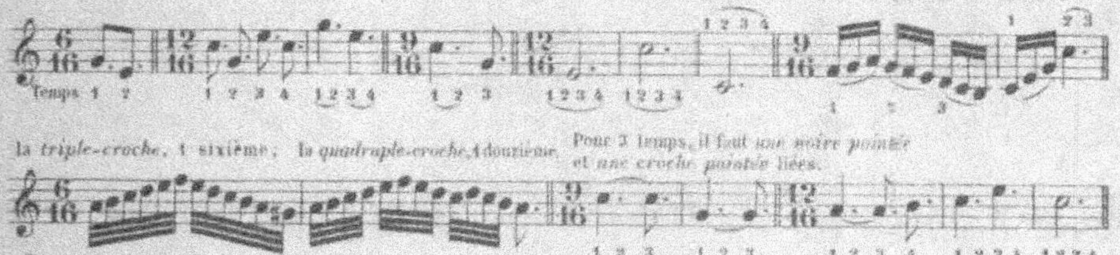

MESURES A $\frac{6}{2}$, $\frac{9}{2}$ ET $\frac{12}{2}$

§ 353.—Les mesures à *six-deux*, *neuf-deux* et *douze-deux* sont les mesures composées de celles à *deux-un*, *trois-un* et *quatre-un*.

Ces mesures composées ont, pour chaque temps, une *ronde pointée* ou 3 *blanches* ou 6 *noires* ou 12 *croches*.

MESURE A SIX-DEUX.

QUESTIONNAIRE, N°S 518 à 525.

TABLEAU GÉNÉRAL
de toutes les mesures simples et composées
à 2, à 3 et à 4 temps.

GAMMES CHROMATIQUES DES DEUX MODES

§ 354.—Ainsi qu'on l'a vu déjà (§ 150) on appelle **gamme chromatique** une échelle de sons procédant entièrement par *demi-tons*.

§ 355.—Avec la faculté qu'on a d'employer les *altérations ascendantes* ou les *altérations descendantes* pour partager en deux demi-tons chacun des espaces d'un ton contenus dans une *gamme diatonique*, on peut faire les **gammes chromatiques** de plusieurs manières plus ou moins différentes.

§ 356.—Mais, quelles que soient les *altérations* employées, il est indispensable de passer toujours par **tous les degrés diatoniques** du *ton* et du *mode* où l'on est, afin de conserver le sentiment de ce *ton* et de ce *mode*.

§ 357.—On sait, qu'en thèse générale, on se sert préférablement des *altérations supérieures* pour monter et des *altérations inférieures* pour descendre (§ 140).

En suivant rigoureusement ce principe, la *gamme chromatique de mode majeur* serait ainsi construite.

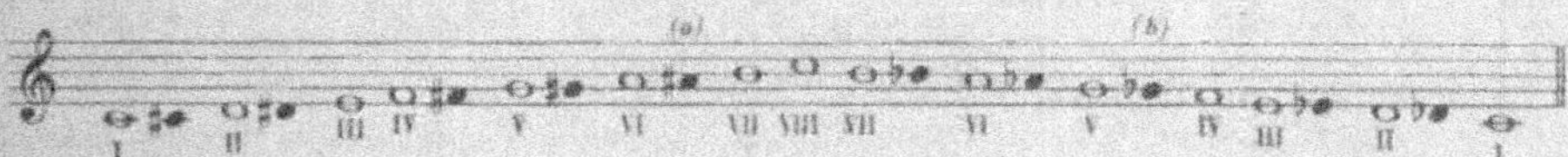

§ 358.—Cependant, pour des raisons qui sont plus spécialement du ressort de l'*harmonie*, il est généralement préférable de remplacer: 1° l'*altération ascendante* du 6me degré (*la* ♯) par l'*altération descendante* du 7me degré (*si* ♭); 2° l'*altération descendante* du 5me degré (*sol* ♭) par l'*altération ascendante* du 4me (*fa* ♯).

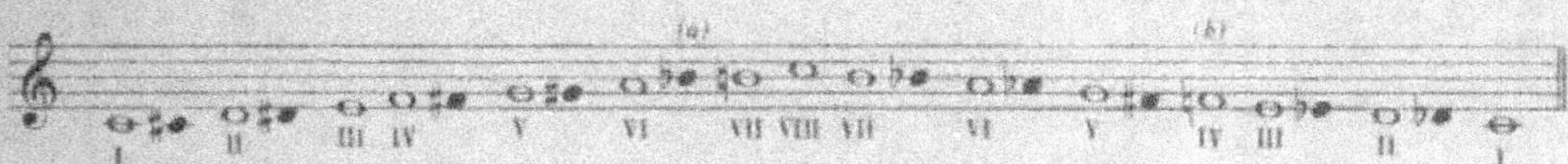

§ 359.—Cette seconde manière de faire la gamme chromatique est plus **tonale** que la première, parce que le *si bémol* et le *fa dièse* appartiennent comme notes diatoniques aux tons de **fa** majeur et **sol** majeur qui ont une grande *parenté* avec celui de *do majeur*, tandis que le *la dièse* et le *sol bémol* appartiennent à des tonalités qui en sont fort *éloignées*.

N.-B.—Quant à employer les *altérations inférieures* pour *monter* et les *altérations supérieures* pour *descendre*, cela ne peut se faire qu'à la condition de *changer constamment de ton*. Aussi, ce genre de *gamme chromatique* est-il rarement applicable.

GAMME PAR DEMI-TONS PEU USITÉE.

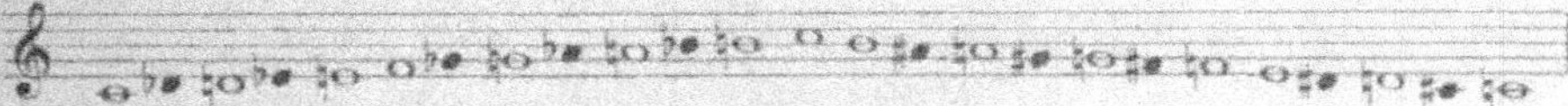

§ **360.**—Comme la *gamme chromatique* de mode majeur, celle de **mode mineur** peut se faire de deux manières.

Voici la *plus tonale* de ces deux gammes:

DO MINEUR (1re manière)

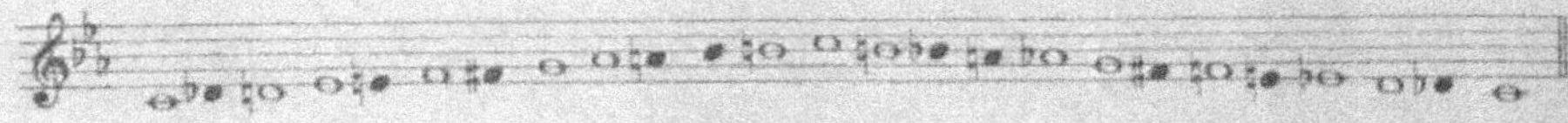

REMARQUES

§ **361.**—Ainsi construite, la *gamme chromatique ascendante* de **do mineur** se compose exactement des *mêmes notes* que celle de **mi bémol majeur** sa gamme relative.

En *descendant*, elle est *semblable* à celle de **do majeur**.

La règle du § 140 y est fort peu observée.

§ **362.**—La seconde manière de faire la *gamme chromatique* du *mode mineur* (plus conforme à la règle du § 140, mais rarement applicable) diffère de la première en ce qu'on y emploie l'*altération ascendante* du **1er** degré pour *monter*, et l'*altération descendante* du **5me** degré pour *descendre*.

DO MINEUR (2de manière)

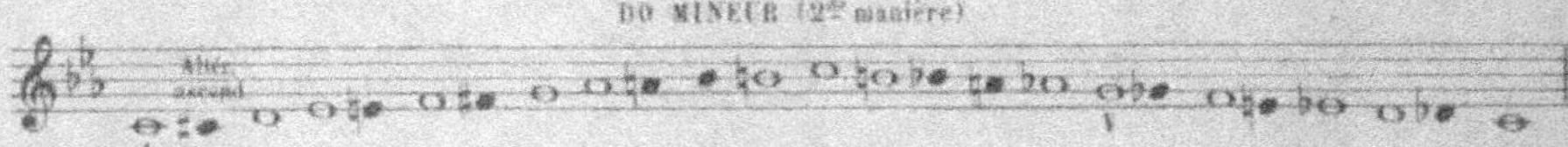

§ **363.**—Quelle que soit la manière dont on la fait,

Une *gamme chromatique* d'une *octave* se compose toujours de **13 sons** formant *12 demi-tons*, dont 7 sont *diatoniques* et 5 sont *chromatiques*.

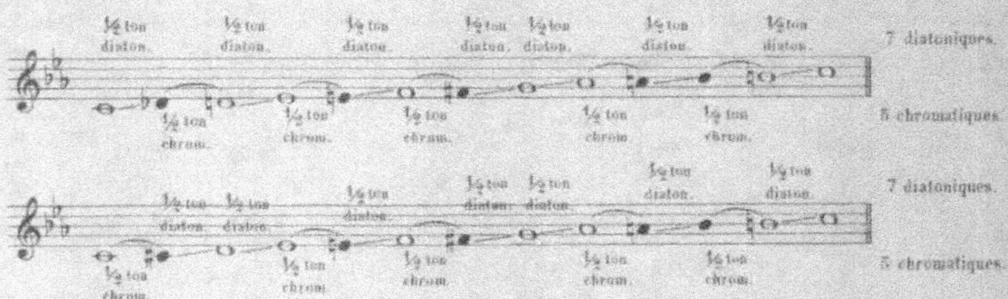

QUESTIONNAIRE, Nos 526 à 534

NOTES et INTERVALLES DIATONIQUES et CHROMATIQUES

§ **364.**—Une *note* est **diatonique** lorsqu'elle fait *partie de la gamme diatonique* du ton existant au moment de son émission; elle est **chromatique** lorsqu'elle est *étrangère à cette gamme*.

§ **365.**—Dans tous les exemples du chapitre précédent, les **rondes** représentent les *notes diatoniques*; les **points noirs** représentent les *notes chromatiques*.

§ **366.**—Une note peut être **diatonique** dans un ton et **chromatique** dans un autre.

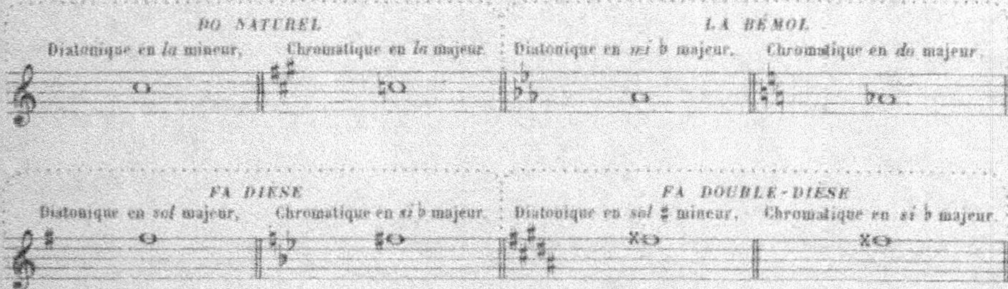

§ **367.**— Les **altérations** employées dans les gammes chromatiques n'impliquent aucune idée de *modulation*.

§ **368.**— On nomme **intervalle diatonique** celui qui est formé par deux notes pouvant appartenir à *une même gamme diatonique*.

(Tous les *intervalles diatoniques* sont compris dans les tableaux pages 11, 12, 23.

§ **369.**— On nomme **intervalle chromatique** celui dont les deux notes ne peuvent appartenir à la même *gamme diatonique*, et qu'on ne peut former, dans aucun ton, sans le secours d'une **altération**.

TABLEAU DES INTERVALLES CHROMATIQUES

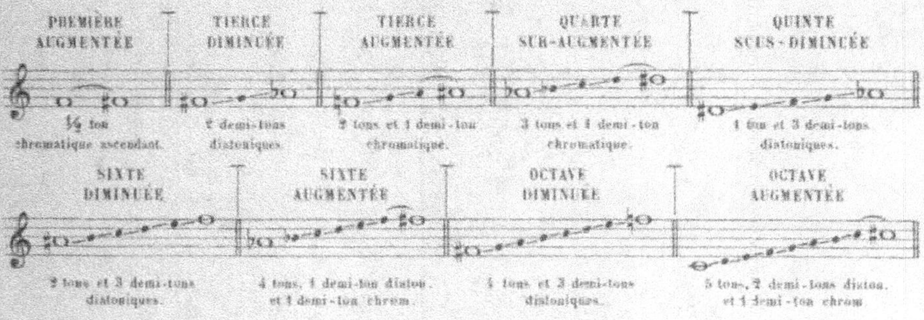

QUESTIONNAIRE, Nos 535 à 540

ENHARMONIE

NOTES et INTERVALLES SYNONYMES ou ENHARMONIQUES

§ 370.— On nomme **enharmonie** le rapport qui existe entre deux notes telles que *do* ♯ et *ré* ♭, *la* ♭ et *sol* ♯, *si* ♯ et *do* naturel, qui se jouent sur *la même touche* au piano et à l'orgue, et dont, conséquemment, *l'intonation est la même* sur ces instruments à clavier, bien que, rigoureusement, il dût y avoir entre elles la différence minime *d'un comma*. (§ 144)

§ 371.— Les *notes enharmoniques* sont appelées aussi **notes synonymes.**

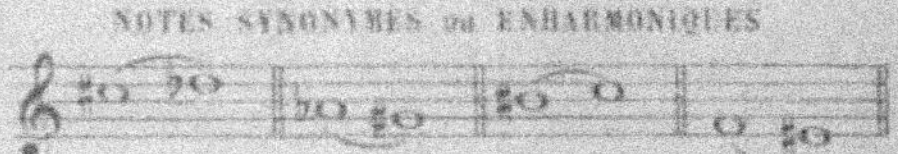

§ 372.— Quand on passe *d'une note à sa synonyme*, il y a, nécessairement, **transition**, c'est-à-dire, *changement de ton*.

§ 373.— Les *transitions enharmoniques* sont considérées comme formant un *troisième genre:* le **genre enharmonique.**

OBSERVATIONS.— Si de telles *transitions* se présentaient plusieurs fois, dans une *phrase musicale*, celle-ci pourrait être considérée comme étant effectivement du **genre enharmonique**; mais, d'ordinaire, *l'enharmonie* ne se pratique guère qu'*accidentellement* et, dès lors, cela ne saurait constituer un *genre*.

Il est très rare, en effet, qu'on puisse dire d'un morceau qu'il est du *genre enharmonique*, à moins que ce ne soit une *étude* spéciale sur *l'enharmonie*.

§ 374.— On nomme *intervalles synonymes* ceux dont la seule différence réside dans les *rapports enharmoniques* des notes qui les forment, comme:

1º la *seconde majeure* **si-do** ♯ et la *tierce diminuée* **si-ré** ♭, qui se composent de *deux demi-tons* chacune;

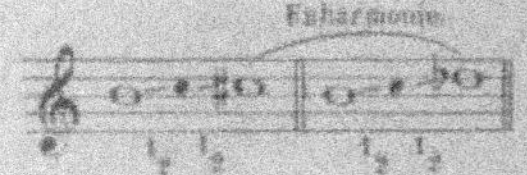

2º la *tierce augmentée* **do-mi** ♯ et la *quinte sous-diminuée* **si** ♯ **-fa** naturel qui se composent l'une et l'autre de *cinq demi-tons*.

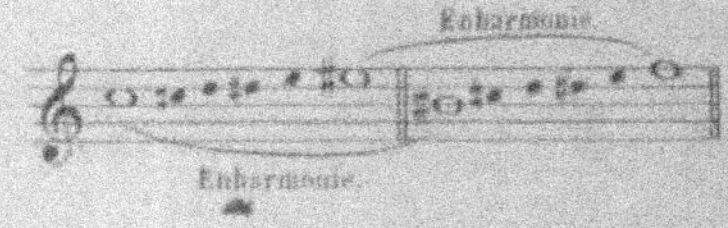

3º la *quarte augmentée* **fa-si** et la *quinte diminuée* **fa-do** ♭ qui se composent de *six demi-tons* chacune.

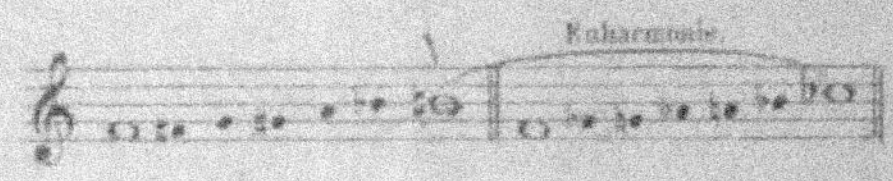

§ 375.— De même qu'il n'y a pas *une seule note* qui n'ait une ou plusieurs **enharmoniques**, il n'est pas *un seul intervalle* qui n'ait un ou plusieurs **intervalles synonymes.**

TABLEAU
des Intervalles Synonymes ou Enharmoniques

GAMMES ENHARMONIQUES

§ 376. — Outre la gamme de **do** majeur, qui ne se compose que de *notes naturelles*, nous connaissons **7** *gammes majeures* avec un ou plusieurs **dièses** et **7** *gammes majeures* avec un ou plusieurs **bémols** (pages 24,25)en tout 15 gammes majeures.

Mais, les gammes de **ré ♭** et de **do ♯**, de **sol ♭** et de **fa ♯**, de **do ♭** et de **si** *naturel*, dont toutes les notes sont **synonymes**, exprimant les *mêmes sons*, cela ramène à **12** le nombre des gammes majeures *réellement différentes*.

§ 377. — Deux gammes dont tous les *degrés correspondants* forment **enharmonie**, sont appelées **gammes synonymes** ou **enharmoniques**.

§ 378. — Les règles précédentes sont applicables aux **gammes mineures** comme aux *gammes majeures*.

§ 379. — Les *gammes mineures* **synonymes** sont celles de **si ♭** et **la ♯**, **mi ♭** et **ré ♯**, **la ♭** et **sol ♯**.

§ 380. — Il est à remarquer qu'entre deux tons synonymes il y a toujours 12 altérations constitutives de différence.

GAMMES SYNONYMES OU ENHARMONIQUES

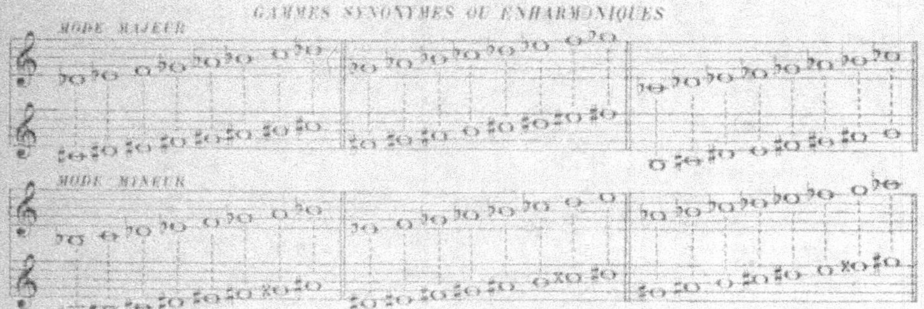

TABLEAU GÉNÉRAL DES INTERVALLES

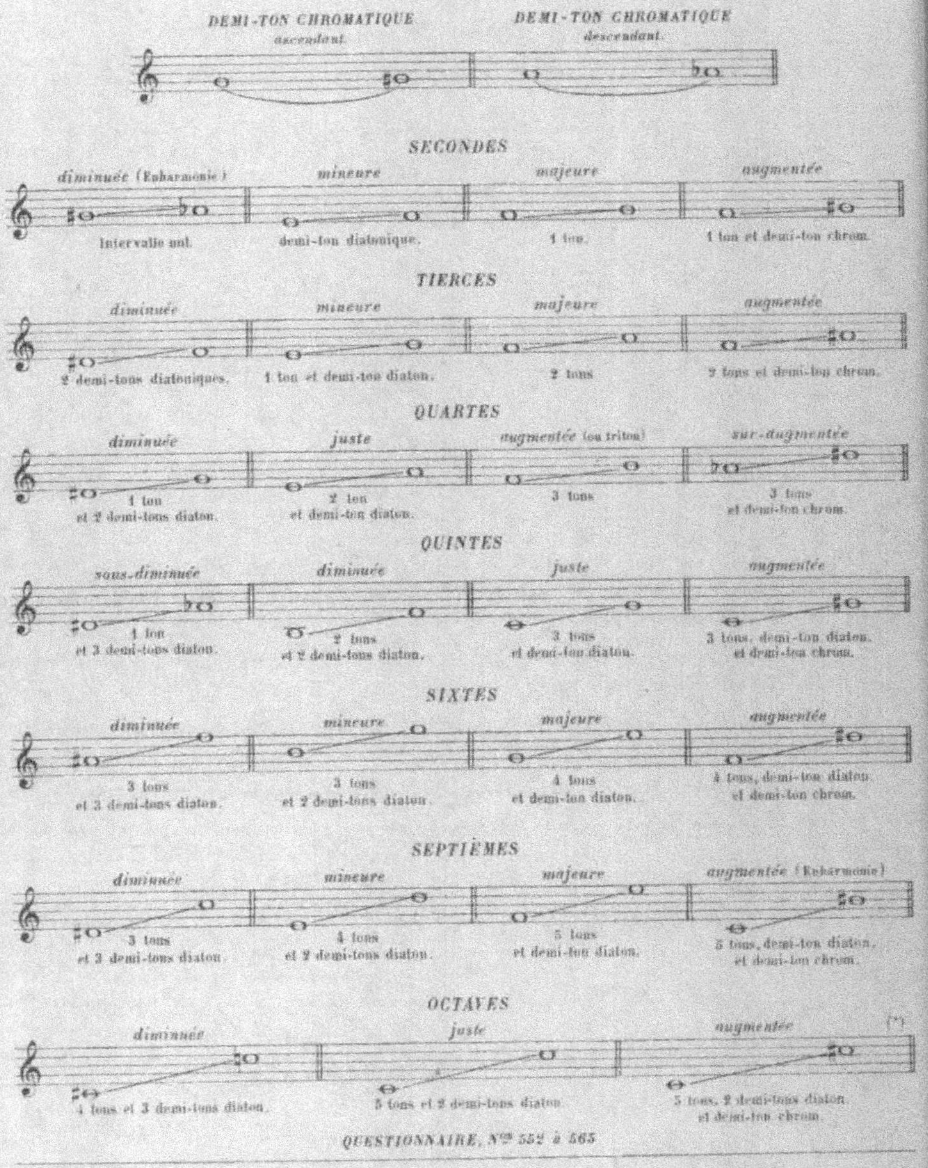

QUESTIONNAIRE, Nᵒˢ 552 à 565

(*) Dans notre *Traité complet d'Harmonie* (page 443) nous donnons un exemple de l'octave *sur-augmentée*, dont nous n'avons pas voulu surcharger ce *tableau*, tant son emploi est rare.

REMARQUES et OBSERVATIONS
sur la Composition et la Classification des Intervalles

La *composition* et la *classification* des *intervalles* peuvent donner lieu à bien des remarques et abréviations, et entr'autres à celle-ci:

§ 381.—Les intervalles qui reçoivent la qualification de **juste** ne peuvent être ni *majeurs* ni *mineurs*; et réciproquement, ceux qui reçoivent les qualifications de **majeur** et **mineur** ne peuvent porter celle de *juste*.

§ 382.—Un intervalle quelconque renferme toujours *un espace diatonique de moins* qu'il n'a de *degrés*. (Ce qu'on entend par *espace diatonique* c'est la distance d'un *ton* ou d'un *demi-ton diatonique* qui sépare *deux degrés conjoints*)

Ainsi, une **quarte** (4 degrés) contient toujours *trois espaces diatoniques*: que cette quarte soit diminuée, juste ou augmentée.

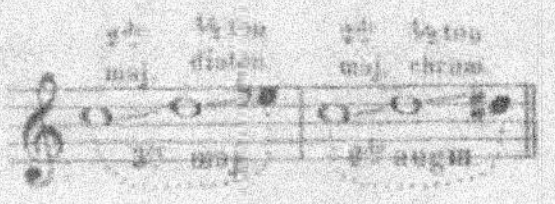

Une **septième** (7 degrés) contient *6 espaces diatoniques*; une **sixte** (6 degrés) en contient 5, etc.

§ 383.—Les différentes sortes de chaque intervalle ayant toujours le *même nombre* d'espaces diatoniques, c'est seulement au moyen des *demi-tons chromatiques* qu'on ajoute ou qu'on retranche, qu'on peut *agrandir* ou *amoindrir* un intervalle, sans changer le nombre de ses degrés ni sa dénomination de *seconde, tierce* ou *quarte*, etc.

En effet, si l'on ajoutait un *demi-ton diatonique* à la **seconde majeure**, on en ferait une **tierce mineure**: (Ce ne serait donc plus une *seconde*); tandis qu'en lui ajoutant un *demi-ton chromatique*, on fait de la seconde majeure une **seconde augmentée**.

Si l'on retranchait d'une **quarte juste** un *demi-ton diatonique*, on en ferait une **tierce majeure**: (Ce ne serait donc plus une *quarte*); tandis qu'en en retranchant un *demi-ton chromatique*, on fait de la quarte juste une **quarte diminuée**.

§ 384.—Un **ton** se composant de deux demi-tons d'espèces différentes, § 144.

Si on lui retire son *demi-ton chromatique*, il ne reste de ce ton que le *demi-ton diatonique*; | si on lui retire son *demi-ton diatonique*, il n'en reste que le *demi-ton chromatique*.

§ 385.—Si l'on ajoute à un *demi-ton diatonique* le *demi-ton chromatique* contigu, supérieur ou inférieur, et réciproquement, la somme de ces *2 demi-tons d'espèces différentes* forme **un ton**.

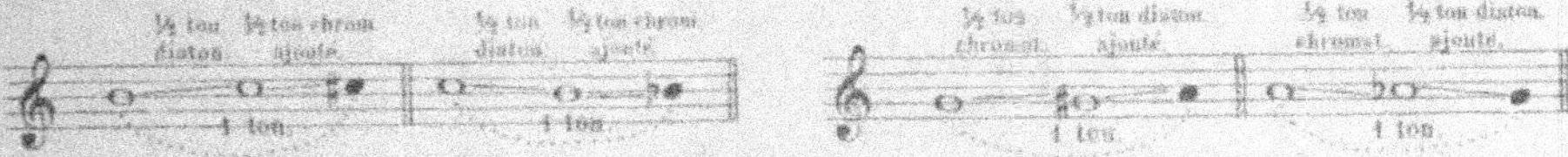

§ 386.—Mais, la somme de deux demi-tons de *même espèce* ne peut jamais former **un ton**.

§ 387.—On agrandit un intervalle, soit en **haussant** sa note supérieure d'*un demi-ton chromatique*, soit en baissant sa note inférieure de la même quantité.

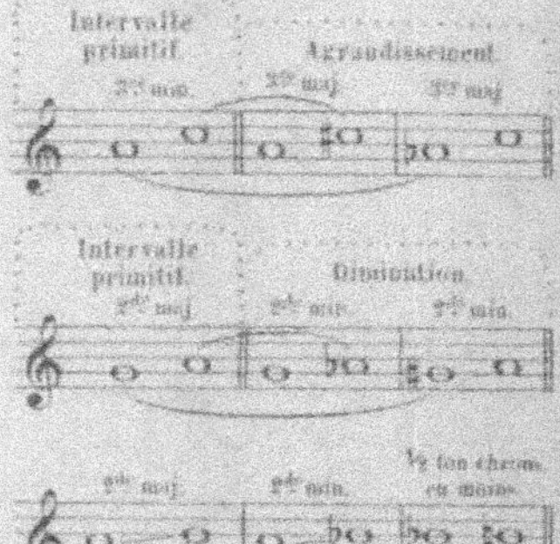

§ 388.—On rend plus petit un intervalle, soit en **baissant** d'*un demi-ton chromatique* sa note supérieure, soit en **haussant** de la *même quantité* sa note inférieure.

§ 389.—Un intervalle **mineur** a un demi-ton *chromatique* de moins que s'il était **majeur**.

§ 390.—Un intervalle **diminué** a un demi-ton *chromatique* de moins que s'il était **mineur** ou **juste**, et deux demi-tons *chromatiques* de moins que s'il était **majeur**.

§ 391.—Un intervalle **augmenté** a un demi-ton *chromatique* de plus que s'il était **majeur** ou **juste**, et deux demi-tons *chromatiques* de plus que s'il était **mineur**.

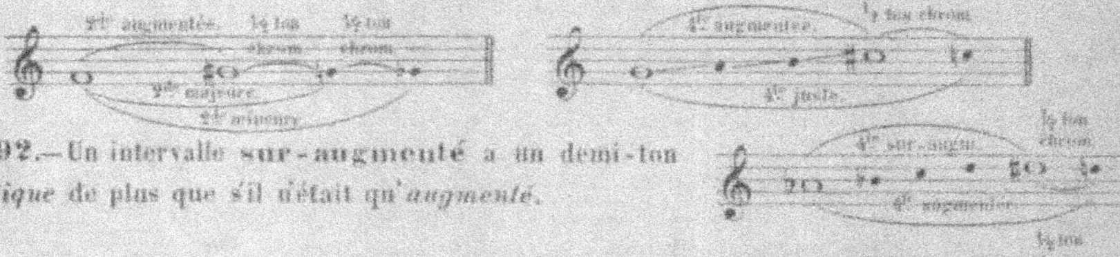

§ 392.—Un intervalle **sur-augmenté** a un demi-ton *chromatique* de plus que s'il n'était qu'*augmenté*.

§ 393.—Un intervalle **sous-diminué** a un demi-ton *chromatique* de moins que s'il n'était que *diminué*.

Ainsi que nous le disions plus haut, ce sont donc des demi-tons **chromatiques** qu'on ajoute ou qu'on retranche pour agrandir ou amoindrir un intervalle.

§ 394.—Un intervalle simple a autant de tons et de demi-tons qu'il en manque à son renversement pour faire les *cinq tons* et les *deux demi-tons* dont se compose l'*octave juste*.

EXEMPLES

La *sixte mineure* ayant pour renversement la *tierce majeure*, et celle-ci se composant de *deux tons*, il en résulte que la *sixte mineure* doit contenir *deux tons de moins* que l'*octave juste*, soit *trois tons* et *deux demi-tons*.

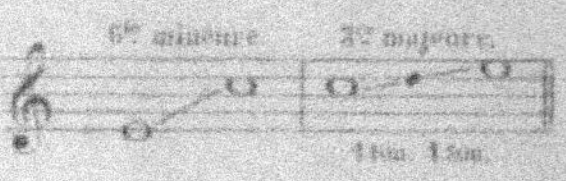

La *quinte diminuée* ayant pour renversement la *quarte augmentée*, et celle-ci se composant de *trois tons*, il en résulte que la *quinte diminuée* doit contenir *trois tons de moins* que l'*octave juste*, soit *deux tons* et *deux demi-tons*.

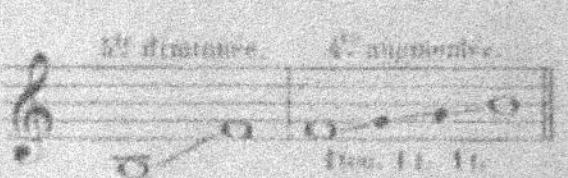

QUESTIONNAIRE, Nᵒˢ 466 à 480

DES MOYENS A EMPLOYER
pour reconnaître les diverses espèces d'intervalles
ainsi que la composition d'un intervalle donné

§ 395.—Pour reconnaître la *nature des intervalles* qui existent entre telles ou telles notes, de même que pour se rendre compte de la *composition* en tons et demi-tons de tel ou tel intervalle, on peut procéder de diverses manières.

§ 396.—L'emploi de certains moyens exige une connaissance approfondie des **gammes usitées** et de leur structure. En conséquence, on ne saurait trop les pratiquer pour se les rendre familières.

§ 397.—Il est également important de se rappeler, qu'à partir de la *tonique d'une gamme majeure*, tous les intervalles sont **majeurs** ou **justes** (page 12). Ces intervalles étant bien connus, peuvent servir de *pierres de touche* pour apprécier et évaluer tous les autres.

COMMENT ON PEUT PROCÉDER
pour trouver la composition d'un intervalle

§ 398.—Lorsque l'intervalle dont on doit trouver la composition n'est désigné que sous une *appellation générale*, telle que: *quinte juste, sixte majeure, septième mineure*, etc, on peut, s'il s'agit d'un **intervalle diatonique** (§ 385) en emprunter un exemple aux tons faciles de **do** *majeur* ou de **la** *mineur*, et passer par leurs *degrés diatoniques* pour compter les tons et les demi-tons dont se compose cet intervalle.

DÉMONSTRATION AU MOYEN D'EXEMPLES

Pour savoir de quoi se compose la **septième majeure**, nous nous disons: Dans le mode majeur, la 7ᵐᵉ de la tonique est *majeure* (page 12), prenons donc pour exemple la 7ᵐᵉ qu'il y a de **do** à **si**, et comptons:

de **do** à **ré**, 1 ton;

de **ré** à **mi**, 1 ton;

de **mi** à **fa**, . . . ½ ton diatonique;

de **fa** à **sol**, 1 ton;

de **sol** à **la**, 1 ton;

de **la** à **si**, 1 ton;

TOTAL 5 tons et ½ ton diatonique.

Pour savoir de quoi se compose la **sixte mineure**, nous nous disons: Dans le mode mineur, la 6ᵗᵉ de la tonique est *mineure* (§ 157), prenons donc pour exemple la 6ᵗᵉ qu'il y a de **la** à **fa**, et comptons:

de **la** à **si**, 1 ton;

de **si** à **do**, . . . ½ ton diatonique;

de **do** à **ré**, 1 ton;

de **ré** à **mi**, 1 ton;

de **mi** à **fa**, . . . ½ ton diatonique;

TOTAL: 3 tons et 2 demi-tons diatoniques.

§ 399.—S'il s'agissait d'un *intervalle chromatique* (§ 385), on pourrait encore se servir de l'une de ces gammes, à la condition d'en *altérer une ou deux notes* pour obtenir l'intervalle voulu.

EXEMPLE

Pour savoir de quoi se compose la **sixte augmentée**, nous nous disons:

Il y a une *6ᵗᵉ majeure* de **do** à **la**, pour en faire une *6ᵗᵉ augmentée*, nous n'avons qu'à hausser le **la** au moyen du dièse, et nous comptons:

de **do** à **ré**, 1 ton; de **ré** à **mi**, 1 ton; de **mi** à **fa**, ½ ton diatonique;

de **fa** à **sol**, 1 ton; de **sol** à **la**, 1 ton; de **la** à **la** ♯, ½ ton chromatique;

TOTAL: 4 tons, ½ ton diatonique et ½ ton chromatique.

§ 400.—Si l'intervalle est désigné par le *nom des deux notes* dont il est formé, comme de **fa ♯** à **ré**, de **si ♭** à **mi**, etc. le mieux est d'aller directement à l'*une des gammes* auxquelles ces deux notes peuvent appartenir, et de passer par les *degrés diatoniques* de cette gamme pour compter les *tons* et les *demi-tons* qui se trouvent d'une note à l'autre.

§ 401.— En pareil cas, on se sert préférablement de la *plus simple* de ces gammes, et autant que possible du *mode majeur* qui, comme on le sait, est moins compliqué que le *mode mineur*.

§ 402.—Cependant, on peut se servir de ce *dernier mode*, quand il s'agit d'intervalles tels que la *quarte* et la *septième diminuées*, qui font partie de sa gamme diatonique.

§ 403.—Enfin, quand les *deux notes* de l'intervalle désigné ne peuvent appartenir à *une même gamme diatonique*, on doit rechercher l'une des tonalités dans lesquelles peuvent entrer ces *deux notes*, l'une *diatoniquement*, l'autre *chromatiquement*, et passer par les *degrés diatoniques* de cette tonalité pour faire le calcul des *tons* et *demi-tons*.

DÉMONSTRATION AU MOYEN D'EXEMPLES

Pour connaître la composition et l'espèce de l'intervalle qu'il y a de **ré ♯** à **si**, nous nous disons :— Les deux notes **ré ♯** et **si**, font partie du ton de **mi** *majeur*. Passons donc par les degrés diatoniques de ce ton, et nous trouverons :

de **ré ♯** à **mi**, ... ½ ton diatonique;

de **mi** à **fa ♯**, 1 ton;

de **fa ♯** à **sol ♯**, 1 ton;

de **sol ♯** à **la**, . . . ½ ton diatonique;

de **la** à **si**, 1 ton;

TOTAL : 3 tons et 2 demi-tons diat.

Ce qui produit une **sixte mineure**.

Pour connaître la composition et l'espèce de l'intervalle qu'il y a de **la ♭** à **fa ♯**, nous nous rappellerons que le **la ♭** est note diatonique en **mi ♭** majeur, et que le **fa ♯** fait partie de la *gamme chromatique ascendante* de ce ton, et, passant par les degrés de **mi ♭** majeur, nous trouverons :

de **la ♭** à **si ♭**, 1 ton;

de **si ♭** à **do**, 1 ton;

de **do** à **ré**, 1 ton;

de **ré** à **mi ♭**, ½ ton diatonique;

de **mi ♭** à **fa**, 1 ton;

de **fa** à **fa ♯**, . . ½ ton chromatique;

TOTAL : 4 tons, ½ ton diatonique et ½ ton chromatique.

Ce qui produit une **sixte augmentée**.

§ 404.— Cette manière de reconnaître la *nature d'un intervalle*, par le *nombre de tons et de demi-tons* dont il est composé, donne, évidemment, des résultats certains. Mais elle exige une assez grande mémoire, puisqu'elle suppose qu'on sait par cœur la *composition* de chacun des *nombreux intervalles* contenus dans le tableau de la page 60.

En outre, l'opération est relativement *longue*, quand l'intervalle à apprécier est *grand*; par exemple, quand il s'agit d'une **sixte** ou d'une **septième**.

§ 405.— Pour ces grands intervalles, on peut baser son calcul sur leur *renversement*, lequel est d'autant *plus petit* et facile à évaluer que l'intervalle primitif est *plus grand*. (§ 103)

Ce moyen est bien *plus rapide* que le précédent.

APPRÉCIATION D'UN INTERVALLE D'APRÈS SON RENVERSEMENT

§ 406. — Pour apprécier un intervalle d'après son renversement, il faut se rappeler :

1° que les deux *chiffres* représentant l'intervalle primitif et l'intervalle renversé font en somme le nombre 9.

2° qu'à l'exception des intervalles *justes* qui, comme on le sait, ne produisent que des intervalles *justes*, un renversement est toujours de l'**espèce contraire** à celle de son *intervalle primitif.*

DÉMONSTRATION AU MOYEN D'EXEMPLES

Pour savoir ce qu'il y a de **fa ♯** à **mi**, nous renversons l'intervalle, ce qui nous donne **mi, fa ♯**.

De **mi** à **fa ♯**, 1 ton : *seconde majeure;* donc, de **fa ♯** à **mi, septième mineure.**

Pour savoir ce qu'il y a de **ré ♭** à **si ♭**, nous renversons l'intervalle, ce qui nous donne **si ♭, ré ♭**.

De **si ♭** à **ré ♭**, 1 ton et ½ ton diat. : *tierce mineure;* donc, de **ré ♭** à **si ♭, sixte majeure.**

§ 407. — On le voit, par ce moyen, il suffit de bien connaître les *petits intervalles* de **secondes, tierces** et **quartes** pour trouver tous les autres par le *renversement.* Le calcul des intervalles se fait ainsi très rapidement.

NOTE GRAVE DE L'INTERVALLE
prise pour Tonique d'une Gamme Majeure

§ 408. — Chaque fois que la *note grave* d'un intervalle peut être prise pour **tonique** d'une *gamme majeure usitée*, il est facile de reconnaître la *nature de cet intervalle*, en le comparant à *celui* qui se trouve naturellement au-dessus de la tonique supposée.

Pour cela, il suffit de se rappeler, une fois de plus, que tous les *intervalles supérieurs* qui partent de la *tonique* d'une *gamme majeure* sont *majeurs* ou *justes;* et prendre ces intervalles comme *points de comparaison.*

DÉMONSTRATION AU MOYEN D'EXEMPLES

Pour savoir ce qu'il y a de **mi ♭** à **la** naturel, nous nous disons :

En **mi ♭** majeur, on fait le **la ♭**, 4te juste ; le *la* naturel, *plus haut d'un demi-ton chromatique,* forme donc **4te augmentée** sur **mi ♭**.

Pour savoir ce qu'il y a de **si** à **la dièse,** nous nous disons :

En **si** majeur, le **la** est dièse ; c'est donc une **septième majeure** qu'il y a de **si** à **la dièse.**

Pour savoir ce qu'il y a de **fa** à **ré bémol,** nous nous disons :

En **fa** majeur, on fait le **ré** naturel, 6te majeure ; le **ré ♭**, *plus bas d'un demi-ton chromatique,* forme donc **sixte mineure** sur **fa.**

HAUSSER ou BAISSER MENTALEMENT
d'un demi-ton chromatique, les deux notes dont se composent certains intervalles
pour en apprécier plus facilement la composition et l'espèce

§ **409.**—Si la *note grave* de l'intervalle à évaluer ne peut servir de **tonique** à l'une des *tonalités majeures usitées*, comme seraient le **mi ♯**, le **si ♯**, le **fa ✗** ou le **mi ♭♭**, on peut s'aider d'un moyen qui consiste, selon le cas, à *hausser* ou à *baisser*, mentalement, d'un demi-ton chromatique les *deux notes* de cet intervalle et à voir ce qu'il y a entre ces deux notes ainsi *élevées* ou *abaissées*.

Il est clair que, ces deux notes ayant été haussées ou baissées *de la même quantité*, la distance qui, primitivement, existait entre elles, sera restée *la même*.

DÉMONSTRATION AU MOYEN D'EXEMPLES

Pour savoir ce qu'il y a de **mi ♯** à **do ✗**, nous abaissons ces deux notes d'un demi-ton chromatique, ce qui donne **mi** naturel et **do ♯**.

Or, de **mi** naturel à **do ♯** il y a une *sixte majeure:*—C'est donc une **sixte majeure** qu'il y a de **mi ♯** à **do ✗**.

Pour savoir ce qu'il y a de **si ♭♭** à **fa ♭**, nous élevons ces deux notes d'un demi-ton chromatique, ce qui donne **si ♭** et **fa** naturel.

Or, de **si ♭** à **fa** naturel il y a une *quinte juste:*—C'est donc une **quinte juste** qu'il y a de **si ♭♭** à **fa ♭**.

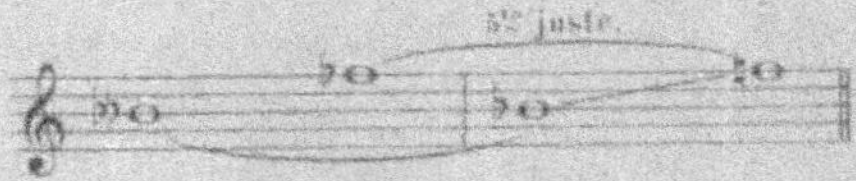

Pour savoir ce qu'il y a de **do ✗** à **mi ♯**, nous abaissons ces deux notes d'un demi-ton chromatique, ce qui donne **do ♯** et **mi** naturel.

Or, de **do ♯** à **mi** naturel il y a une *tierce mineure:*—C'est donc une **tierce mineure** qu'il y a de **do ✗** à **mi ♯**.

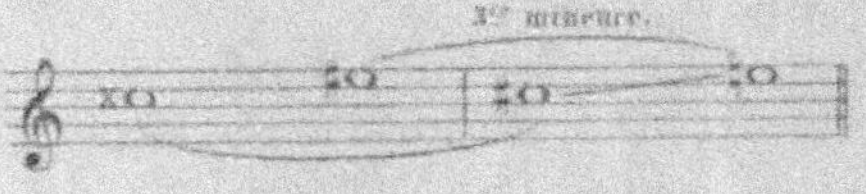

QUESTIONNAIRE, Nᵒˢ 590 à 599

FIN DE LA PREMIÈRE PARTIE

A L STOU.

DEUXIÈME PARTIE

DU DIAPASON et des REGISTRES

§ 410.—Le mot **diapason** a plusieurs applications en musique; mais, dans tous les cas, il se rapporte à la *hauteur des sons.*

§ 411.—On nomme **diapason** un petit instrument qui produit le LA du 2ᵉ interligne de la *clé de sol.* On s'en sert pour *donner le ton* et pour *accorder* les instruments de musique.

§ 412.—C'est le **diapason** qui détermine la *hauteur absolue* des sons.

§ 413.—Le diapason dont l'usage est obligatoire pour tous les établissements musicaux de l'État est appelé **diapason normal.**

§ 414.—Le **diapason** d'une *voix* ou d'un *instrument,* c'est la *portion de l'échelle musicale* que peut parcourir cette voix ou cet instrument.

§ 415.—Le **diapason** des voix d'*hommes* est *plus grave* que celui des voix de *femmes* ou d'*enfants;* le **diapason** du *violon* est *plus élevé* que celui du *violoncelle,* etc.

§ 416.—Exécuter un morceau à son **vrai diapason,** c'est le jouer ou le chanter à sa *hauteur véritable;* exécuter une note à *une octave* au-dessus ou au-dessous de son **diapason réel,** c'est la faire entendre à *une octave* plus haut ou plus bas qu'elle n'est écrite.

§ 417.—Le *diapason particulier* d'une voix comprend environ *treize degrés diatoniques,* c'est-à-dire, *une octave plus une sixte.* (§ 318)

Mais, à cet égard, on ne peut donner que des *à peu près,* car il y a des voix plus ou moins *longues,* plus ou moins *courtes;* cela varie à l'infini.

§ 418.—Le **diapason** de chaque voix, de même que celui de chaque instrument, se divise **en trois registres:** le registre *grave,* le registre *aigu* et, entre les deux, le registre *moyen.*

§ 419.—On donne aussi le nom de **registres** aux différents jeux de *l'orgue* et de *l'harmonium.*

QUESTIONNAIRE, Nˢ 600 à 606

ÉCHELLE MUSICALE *(2ᵐᵉ ÉTUDE)*
LIGNE D'OCTAVE

§ 420.—L'**échelle musicale** la plus étendue, celle qui comprend, outre les régions du *grave,* du *médium* et de l'*aigu,* une région **sous-grave** et une région **sur-aigüe,** cette échelle musicale embrasse *plus de huit octaves.* Mais les *grandes orgues* seules peuvent atteindre cette immense étendue, et encore faut-il observer que les sons *sous-graves* et *sur-aigus* pris isolément seraient insaisissables comme intonation, et qu'on ne s'en sert que pour renforcer, à l'octave, des sons plus appréciables.

§ 421. — En faisant abstraction des régions *sous-grave* et *sur-aiguë*, et ne tenant compte que des sons qui, par eux-mêmes, ont une intonation bien définie, l'échelle **musicale** contient environ 85 sons accordés par *demi-tons*, c'est-à-dire **sept octaves pleines.**

C'est l'étendue ordinaire des Pianos modernes.

ÉCHELLE DE SEPT OCTAVES

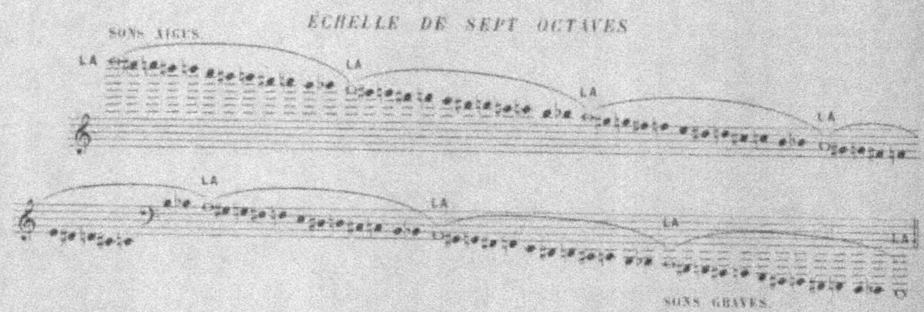

§ 422. — La notation des sons *les plus bas* et des sons *les plus hauts* de cette échelle déjà considérable, nécessitant l'emploi d'un *grand nombre de lignes supplémentaires* qui en rendent la lecture fort difficile, on a souvent recours au procédé suivant:

On écrit les notes *trop hautes* à une octave *au-dessous* et les notes *trop basses* à une octave *au-dessus* de leur *diapason réel;* et l'on indique leur véritable position par l'abréviation, en chiffre, du mot italien *ottava* (8^a) qui veut dire *octave.*

Quand cette abréviation est placée *au-dessus d'une note,* celle-ci doit se faire à *une 8^{ve} plus haut* que la note écrite;

lorsqu'elle est placée *par dessous,* c'est que la note doit se faire à une 8^{ve} *plus bas.*

Il est donc superflu d'ajouter, comme on l'a souvent fait, les mots *alta* (haute) ou *bassa* (basse) au mot *ottava,* à moins que la disposition des notes ne permette pas de placer le signe 8va comme il conviendrait.

§ 423. — Lorsque *deux* ou *plusieurs notes,* se succédant immédiatement, doivent être exécutées *à l'octave,* au lieu de répéter le signe 8va à chaque note, on le met seulement au-dessus ou au-dessous de la *première,* et l'on tire à sa suite une *ligne pointillée* qu'on appelle **ligne d'octave,** laquelle se prolonge jusqu'au moment où les notes reprennent leur *position normale,* ce qu'on indique quelquefois par le mot italien **loco** (lieu), qui veut dire de remettre les choses en place.

QUESTIONNAIRE. N°^{s} 607 à 616

A.L. 8200.

SYSTÈME COMPLET DES CLÉS

§ 424. — On sait que la *clé de sol* se pose sur la **2**de *ligne* de la portée, et la *clé de fa* sur la **4**me. On place également la *clé de fa* sur la **3**me *ligne*.

§ 425. — On a vu (§ 16) qu'il existe une *clé de do*. Cette clé peut se poser sur chacune des *quatre premières lignes;* elle a donc *quatre positions.*

§ 426. — En résumé, la *clé de sol* se place sur la **2**de ligne de la portée;

la *clé de do*, sur la **1**re, la **2**me, la **3**me et la **4**me ligne;

la *clé de fa*, sur la **3**me et la **4**me.

§ 427. — En somme, cela fait *sept positions* de clés; autant qu'il y a de *noms de notes;* lesquelles positions ont été choisies de manière à pouvoir écrire, sur *une seule* et *même ligne* ou dans un *même interligne,* les *sept notes* **do, ré, mi, fa, sol, la, si.**

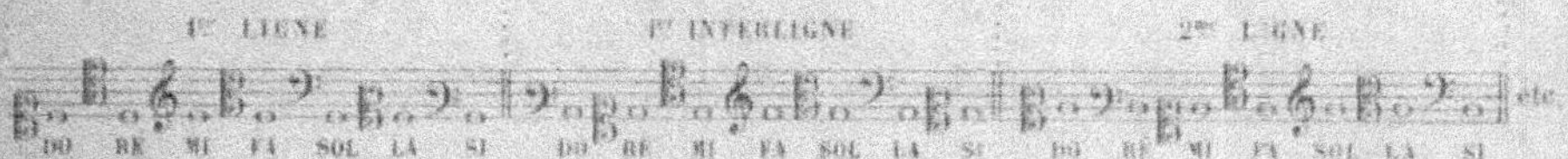

et de manière aussi à ce que chacune les *sept notes,*

do, ré, mi, fa, sol, la, si,

puisse occuper une *position quelconque* de la portée: *ligne* ou *interligne.*

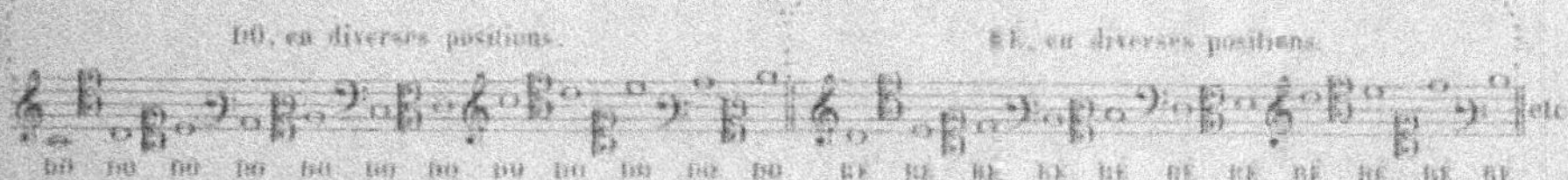

§ 428. — Pour bien comprendre le mécanisme de *toutes ces clés,* et apercevoir clairement les rapports qui existent entre *leurs diverses positions,* le mieux est de les *grouper* sur une *grande portée de onze lignes;* laquelle renferme toutes les *petites portées de cinq lignes* dont on se sert pour écrire la musique, et que, par cette raison, on nomme **portée générale.**

§ 429. — Voici comment on obtient cette *grande portée* de onze lignes:

Le **do** qui se trouve sur une *ligne supplémentaire,* au-dessous de la *clé de sol* et au-dessus de la *clé de fa*, tient juste **le milieu** entre ces deux clés, à *une quinte au-dessous* de la première et à *une quinte au-dessus* de la seconde.

Si l'on prolonge la *ligne du do,* entre les deux portées de *fa* 4me et *sol* 2de, celles-ci se trouvent *reliées ensemble* de manière à ne plus faire qu'*une seule et même portée.* Cette portée comprend les *dix lignes* des deux portées réunies de *sol* 2de et *fa* 4me, plus la *ligne du do* prolongée; ce qui fait bien *onze lignes.*

§ **430.**—La *clé* de **do** trouve sa place sur la 6ᵐᵉ *ligne* ou *ligne du milieu* de la **portée générale**. La *clé* de **fa** y occupe la 4ᵐᵉ *ligne* et la *clé* de **sol** la 8ᵐᵉ.

§ **431.**—Chacune de ces trois clés représente *un point fixe* de l'échelle musicale et ne peut être déplacée.

§ **432.**—Si l'on voit *la même clé* tantôt sur une ligne, tantôt sur une autre dans la portée ordinaire, cela ne tient nullement au déplacement de cette clé, mais bien au choix qu'on a fait de *telles* ou *telles* lignes, prises plus ou moins haut, plus ou moins bas dans la *portée générale*, pour former de *petites portées de cinq lignes*.

Les tableaux suivants donnent une idée exacte des rapports qui existent entre les diverses positions des trois clés.

TABLEAU DU SYSTÈME GÉNÉRAL DES CLÉS

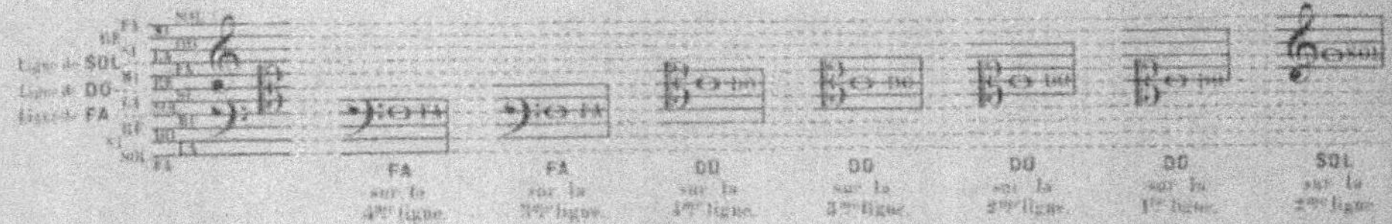

ÉCHELONNEMENT DES SEPT PORTÉES EN USAGE

avec le *do* du *médium* pour point de comparaison.

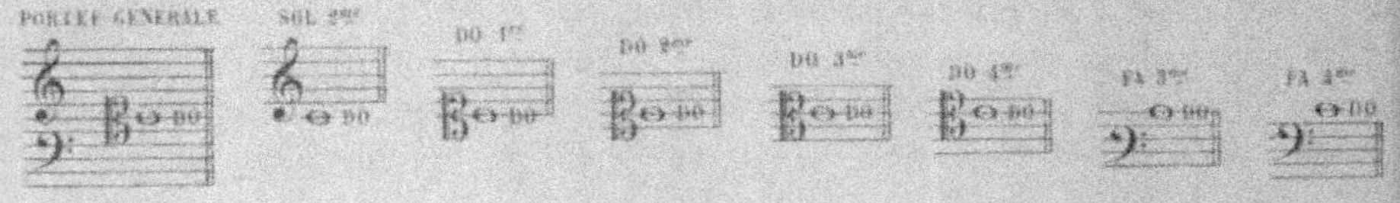

MÊME ÉCHELONNEMENT

en prenant pour point de comparaison la *1ʳᵉ ligne* de chaque portée.

N.-B.—Chacune de ces clés transpose à la *tierce inférieure* de celle qui précède dans ce tableau.

EMPLOI DES DIFFÉRENTES CLÉS POUR LES VOIX

§ **433.**—Notre *système des clés* a été imaginé pour les *voix*, et de manière à pouvoir écrire la plus grande partie de leur étendue sur *une portée de cinq lignes*.

§ **434.**—Si, en effet, on se servait pour **chaque voix** de *la clé qui lui est propre*, on aurait rarement besoin d'employer plus d'*une* ou *deux lignes supplémentaires*.

Dans cette hypothèse, voici quelle serait la destination de chaque clé.

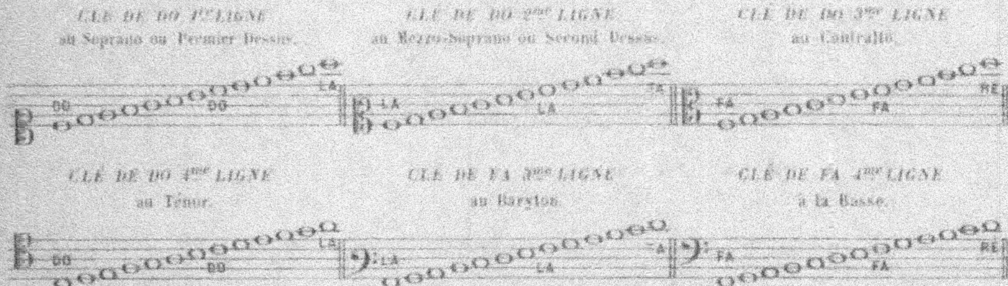

§ **435.**—Mais, dans la pratique il n'en est pas ainsi: *on n'écrit plus* en clé de *do 2de ligne* ni en clé de *fa 3me*. Ces deux clés ne servent plus qu'à la *transposition à vue*. (Voir, plus loin, p. 90 et 91)

§ **436.**—Jadis, on notait en *clé de do 2de* la musique destinée au *mezzo-soprano* ou *second dessus*. De nos jours, le **second dessus** de même que le **premier** s'écrivent en clé de *do 1re ligne* ou en clé de *sol 2de*.

§ **437.**—Le **contralto** s'écrit: tantôt en clé de *do 3me ligne*, tantôt en clé de *do 1re* ou en *clé de sol*.

VOIX DE CONTRALTO

A.-B.—Certains contraltos descendent jusqu'au *fa* et montent difficilement au-dessus du *ré*; d'autres descendent difficilement au-dessous du *sol* et montent facilement au *mi*; c'est pourquoi nous donnons ces deux échelles dans les exemples ci-dessus.

§ **438.**—Jadis, on notait en *clé de do 3me ligne* la musique destinée au **premier ténor**, qu'on appelait alors la **haute-contre**.

§ **439.**—Aujourd'hui, le **premier ténor** s'écrit, comme le **second**, en *clé de do 4me* ou en *clé de sol.*

Toutefois, il est bon d'observer que la musique notée en *clé de sol* est à *une octave trop haut* pour la *voix de ténor*; et que, par conséquent, pour la mettre dans sa voix, le **ténor** est obligé de la chanter à *une octave au-dessous* de ce qui est écrit.

§ **440.**—Le **baryton** et la **basse** s'écrivent en clé de *fa 4me ligne.*

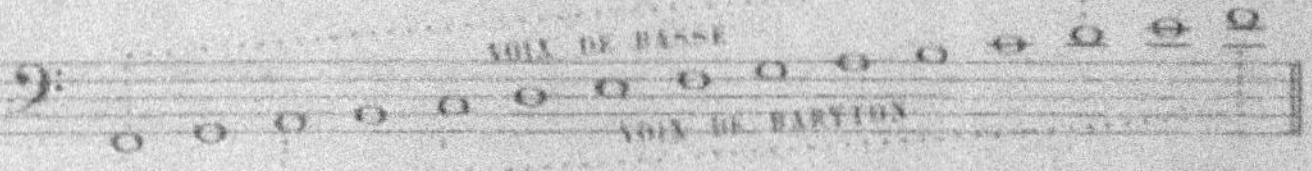

QUESTIONNAIRE, N.os 627 à 637

EMPLOI des DIFFÉRENTES CLÉS pour les INSTRUMENTS

§ **441.**—On a vu (§ 342) qu'on se sert des clés de *fa 4me ligne* et *sol 2de* pour écrire la musique destinée au **piano**, à l'**orgue** ou à la **harpe**.

Voici quelles sont les *clés* employées pour les autres instruments.

INSTRUMENTS A CORDES ET A ARCHET

Violon.—Le *violon* s'écrit en clé de *sol 2de ligne.*

N. B.—Jusqu'au milieu du XVIIIe siècle, on écrivait le 1er violon en clé de *sol 1re ligne*; cette clé est complètement abandonnée.

Alto.—L'*alto* s'écrit, habituellement, en *clé de do 3me ligne*; mais les notes aiguës s'écrivent parfois en *clé de sol.*

Violoncelle ou **Basse.**—Le *violoncelle* s'écrit en *clé de fa 4me* pour les sons du *grave* et du *médium*; en *clé de do 4me* pour les sons *aigus* et en *clé de sol* pour les sons *sur-aigus.*

Contrebasse.—La *contrebasse* (à 3 ou à 4 cordes) s'écrit toujours en *clé de fa 4me*; l'effet produit est à l'octave *au-dessous* de la chose écrite.

(*) On dit qu'une corde est à *vide* lorsqu'on n'y appuie pas les doigts pour en modifier le son.

INSTRUMENTS A CORDES PINCÉES

(Pour la *harpe*, revoir les §§ 312 et 313.)

La mandoline et la **guitare** s'écrivent en **clé de sol**.
(La *guitare* joue à *une octave au-dessous* de ce qui est écrit).

INSTRUMENTS A VENT EN BOIS

La *grande flûte*, la *petite flûte*, le *flageolet*, } s'écrivent en **clé de sol**.
le *hautbois*, le *cor anglais* et la *clarinette* } (La *petite flûte* joue à *une octave au-dessus* de ce qui est écrit).

Le basson s'écrit en **clé de fa 4ᵐᵉ** pour les sons du *grave* et du *médium*, et en **clé de do 4ᵐᵉ** pour les sons *aigus*.

INSTRUMENTS A VENT EN CUIVRE

La *trompette*, le *cornet à pistons*, le *bugle*, le *clairon* et la famille des *saxhorns* s'écrivent en **clé de sol**, sauf les *saxhorns basse* et *contrebasse* qui s'écrivent souvent en **clé de fa**.

Le **cor ordinaire** et le **cor à pistons** s'écrivent également en *clé de sol*, sauf pour les *sons graves* qui, souvent, sont notés en **clé de fa**.

Le trombone s'écrit, tantôt en **clé de fa**, tantôt en clé de **do 4ᵐᵉ**; quelquefois même, en **clé de do 3ᵐᵉ ligne**.

L'ophicléïde s'écrit toujours en **clé de fa**.

INSTRUMENTS MIXTES (Bois et Métal)

Les saxophones, Soprano, Alto, Ténor, Baryton et Basse, s'écrivent tous en **clé de sol**.

INSTRUMENTS A PERCUSSION

Le *tambour* et le *triangle* s'écrivent en **clé de sol**.
Les *timbales*, la *grosse caisse* et les *cymbales* s'écrivent en **clé de fa**.

§ **442.**—*REMARQUE IMPORTANTE*.—De tous ces instruments, les uns rendent la musique *telle qu'elle est écrite*, d'autres la jouent à l'8ᵛᵉ au-dessus ou à l'8ᵛᵉ au-dessous; d'autres, enfin, la jouent dans un autre ton que le ton écrit. Ces derniers sont des **instruments transpositeurs**. (Consulter, à cet égard, notre *Traité d'accompagnement* pages 276 et suivantes.)

QUESTIONNAIRE, Nᵒˢ 638 à 625

INTERVALLES MÉLODIQUES—INTERVALLES HARMONIQUES

§ **443.**—On peut produire les intervalles *mélodiquement* ou *harmoniquement*.

§ **444.**—L'intervalle qui se trouve entre *deux sons successifs* est un **intervalle mélodique**; celui qui se trouve entre *deux sons simultanés* est un **intervalle harmonique**.

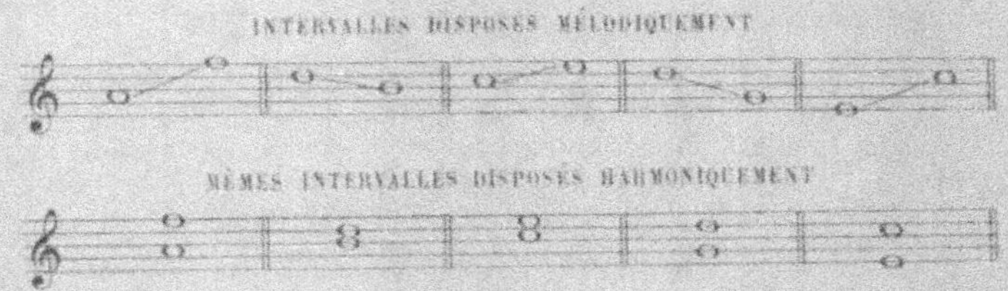

DES CONSONANCES ET DES DISSONANCES

§ **445.**—On divise les *intervalles harmoniques* en deux classes principales, savoir:

1° les *intervalles consonants* ou simplement les **consonances**;

2° les *intervalles dissonants* ou simplement les **dissonances**.

§ **446.**—**Les intervalles consonants** sont: la tierce *majeure* et la tierce *mineure*, la quarte *juste*, la quinte *juste*, la sixte *majeure*, la sixte *mineure* et l'octave *juste*.

§ **447.**—On compte deux espèces d'intervalles consonants, savoir:

1° les consonances *invariables*; 2° les consonances *variables*.

§ **448.**—La *quarte*, la *quinte* et l'*octave* ne pouvant être *consonantes* qu'à la condition d'être *justes*, ces consonances n'ont *qu'une manière d'être*, c'est pourquoi nous les appelons **consonances invariables**.

§ **449.**—Les *tierces* et les *sixtes* étant *consonantes*, aussi bien *majeures* que *mineures*, sont, par cette raison, des **consonances variables**.

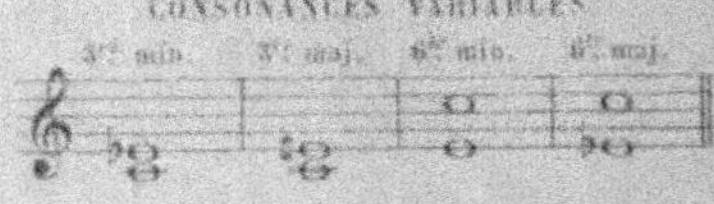

§ **450.**—Les *intervalles dissonants* ou les **dissonances** sont: toutes les *secondes*, toutes les *septièmes*, toutes les *neuvièmes* et tous les intervalles *diminués* ou *augmentés*.

§ **451.**—En résumé, *tout intervalle non consonant* est **dissonant**; il suffit donc de bien connaître les *consonances*, pour savoir également quelles sont les *dissonances*.

ACCORDS PARFAITS MAJEUR et MINEUR
Notes Tonales et Notes Modales

§ 452. — On nomme **accord parfait** l'union de *trois sons différents* dont le plus *grave* s'appelle *note fondamentale*, et dont les deux autres sont placés à la *tierce* et à la *quinte* au-dessus du premier. (On *double* parfois l'un de ces trois sons à l'*8ve* ou à la double *8ve*; mais ce *redoublement* ne change rien à la nature de l'accord et n'est point considéré comme un *4me son*).

§ 453. — Il y a deux espèces d'*accords parfaits*: le **majeur** et le **mineur**.

§ 454. — L'*accord parfait majeur* est celui dont la *tierce* est *majeure*.

§ 455. — L'*accord parfait mineur* est celui dont la *tierce* est *mineure*.

§ 456. — Dans l'un comme dans l'autre, il faut que la *quinte* soit *juste*.

§ 457. — Les **accords parfaits** majeur et mineur sont **consonants**, parce que les notes dont ils se composent ne forment entre elles que des intervalles *consonants*.

§ 458. — Le mode **majeur** fournit *six accords parfaits*: *trois majeurs* (1er, 4me et 5me degrés) et *trois mineurs* (2me, 3me et 6me degrés).

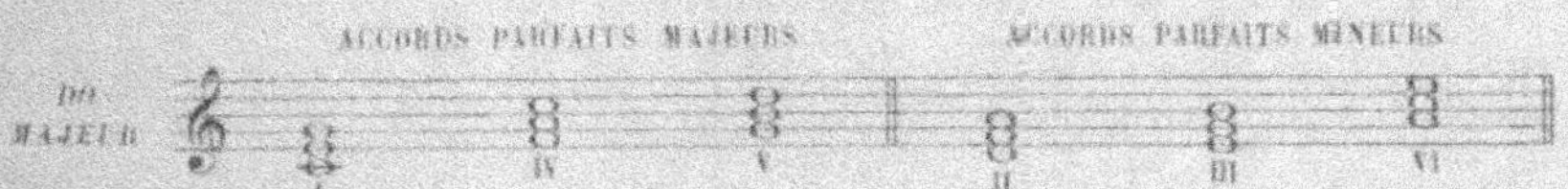

§ 459. — Le mode **mineur** 1re forme ne fournit que *quatre accords parfaits*: deux *mineurs* (1er et 4me degrés) et deux *majeurs* (5me et 6me degrés).

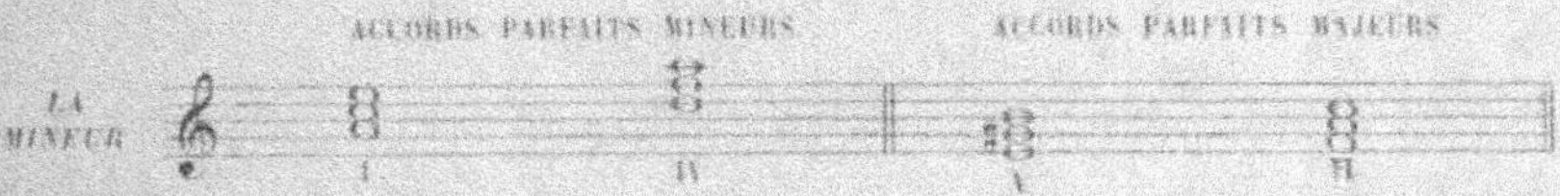

§ 460. — En *majeur* comme en *mineur*, les accords les plus importants et les plus usités sont ceux qui ont pour *fondamentales* le 1er, le 4me et le 5me degré. À eux trois, ces accords fournissent, dans chaque mode, *toutes les notes de la gamme*.

§ 461. — En raison du rôle prépondérant qu'ils jouent dans la **tonalité**, comme *notes fondamentales* des accords les plus importants, le 1er, le 4me et le 5me degré sont appelés **notes tonales**.

§ 462.— Le 3ᵐᵉ et le 6ᵐᵉ degré, qui remplissent la fonction de **tierce** dans les accords du 1ᵉʳ et du 4ᵐᵉ (*tierce majeure* dans le mode majeur, *tierce mineure* dans le mode mineur) sont appelés **notes modales**, parce qu'ils caractérisent le mode. (§ 455 à 457)

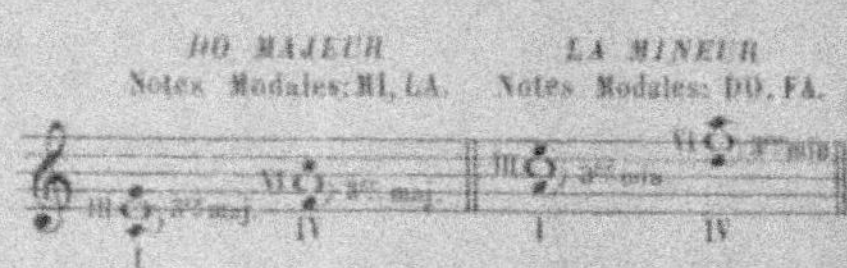

§ 463.— Ainsi donc, le 1ᵉʳ, le 4ᵐᵉ et le 5ᵐᵉ degré sont les **notes tonales**; le 3ᵐᵉ et le 6ᵐᵉ sont les **notes modales**.

QUESTIONNAIRE, Nᵒˢ 666 à 679

ACCORD de SEPTIÈME de DOMINANTE

§ 464.— En ajoutant une *septième mineure* à l'accord parfait majeur du 5ᵐᵉ degré de l'un ou l'autre mode, on obtient un *accord de quatre sons* qu'on nomme **septième de dominante**.

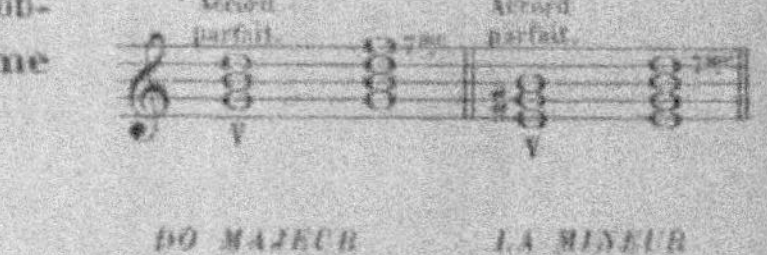

§ 465.— Cet accord de *septième* est ainsi nommé parce que la **dominante** en est la *note fondamentale*.

Il se fait donc sur le 5ᵐᵉ degré des deux modes, et se compose d'une *tierce majeure*, d'une *quinte juste* et d'une *septième mineure*.

§ 466.— Fort souvent, on double à l'8ᵛᵉ la basse de cet accord, comme celle de l'accord parfait.

§ 467.— La *septième* étant une **dissonance** (§ 450) sa présence dans l'accord rend celui-ci **dissonant**.

§ 468.— Au reste, les **accords parfaits** majeur et mineur sont les seuls **consonants**, parce que, *seuls*, ils ne contiennent *aucune dissonance*.

§ 469.— De tous les *accords dissonants*, celui de **septième de dominante** est le plus usité.

QUESTIONNAIRE, Nᵒ² 680 à 684

SUCCESSIONS D'ACCORDS — PARTIES MÉLODIQUES

§ 470.— Lorsque plusieurs accords se succèdent et s'enchainent, les notes dont ils sont composés forment naturellement, par leur succession, diverses *parties mélodiques*.

La partie la *plus haute* se nomme **1ʳᵉ partie** ou *partie supérieure*.

La partie la *plus grave* se nomme **basse**. Les parties *du milieu* s'appellent **parties intermédiaires**.

§ 471.— Le *double-trait* { qui joint ensemble ces 4 portées se nomme **accolade**, comme cet autre signe } déjà connu (§ 343).

§ 472.— L'ensemble de toutes les parties ainsi réunies par une *accolade* se nomme **partition**.

ACCORDS FONDAMENTAUX—ACCORDS RENVERSÉS

§ **473.**—Un accord est à l'*état fondamental* chaque fois que sa *note fondamentale* occupe la partie la plus *grave* de l'harmonie (Voir tous les exemples qui précèdent).

§ **474.**—Mais si la *partie grave* est occupée par une note de l'accord *autre que la fondamentale*, cet accord est à l'état de *renversement*.

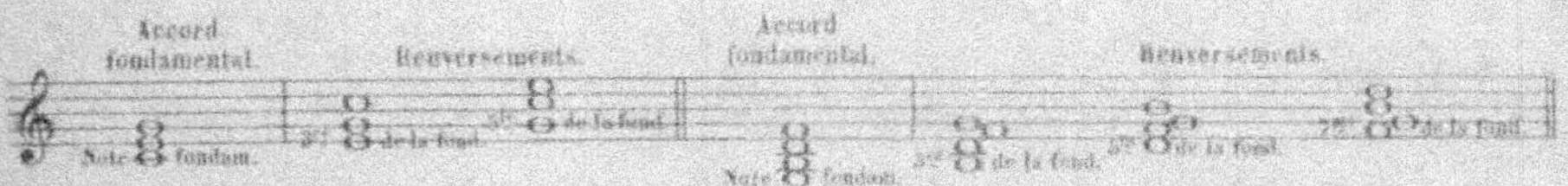

§ **475.**—Voici un moyen bien simple de discerner l'*état fondamental* ou l'*état renversé* d'un accord quelconque; pourvu, toutefois, qu'il ne s'y mêle aucun de ces *artifices mélodiques* ou *harmoniques* qui changent l'aspect des accords. (*)

§ **476.**— Quand les *notes supérieures* de l'accord ne forment au-dessus de la *basse*, et par rapport à *elle*, que des intervalles de *tierce, quinte, septième* et *octave*, c'est que l'accord est *fondamental*.

ACCORDS FONDAMENTAUX

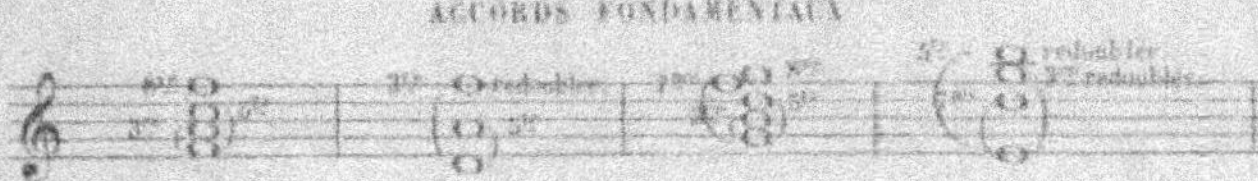

§ **477.**—Si l'*une des notes supérieures* de l'accord forme au-dessus de la *basse*, et par rapport à *elle*, un intervalle de *seconde, quarte* ou *sixte*, c'est que l'accord est *renversé*.

ACCORDS RENVERSÉS

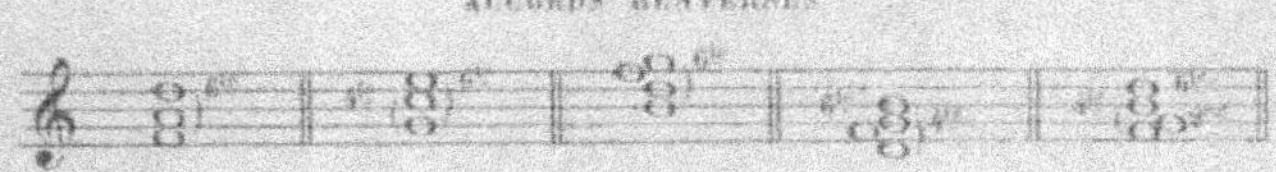

OBSERVATIONS

Pour savoir quel est l'accord *fondamental* d'un accord *renversé* quelconque, il faut faire descendre la *partie grave* de tierce en tierce, en la faisant *suivre de près* par les autres notes de l'accord, jusqu'à ce qu'on ait obtenu la série de *tierces superposées* qui caractérise tout accord à l'*état primitif*.

EXEMPLES

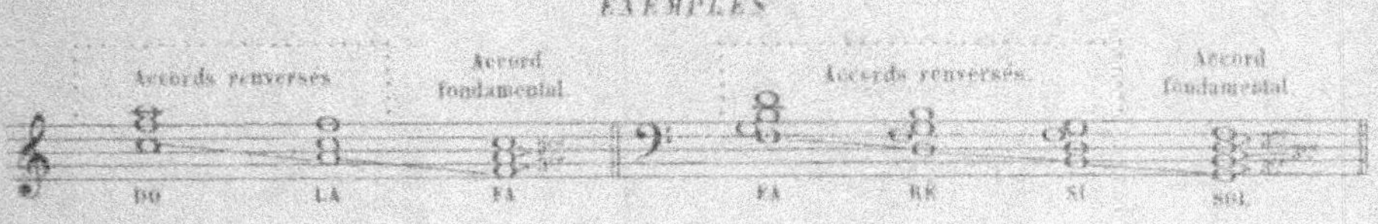

QUESTIONNAIRE, Nos 685 à 695.

(*) Voir notre *Traité Complet de l'Harmonie* (chapitre des *Retards*, p. 337 et chapitre de l'*Appoggiature*, p. 486).

DES PHRASES
des Membres de Phrase et des Cadences

§ **478.**—Une **phrase musicale** est une *suite de sons* qui forment *un sens* plus ou moins achevé.

§ **479.**—Une phrase peut contenir plusieurs **membres de phrase.**

§ **480.**—On nomme **cadence**, la *terminaison* d'une phrase ou d'un membre de phrase.

§ **481.**—On compte *six espèces de cadence*, savoir: la cadence **parfaite**, la cadence **imparfaite**, la cadence **rompue**, la cadence à la **dominante**, la cadence **plagale** et la cadence **évitée**.

§ **482.**—Ce sont les mouvements de la **basse** (§ 470) qui déterminent, d'une manière précise, les différentes cadences.

§ **483.**—Dans la cadence **parfaite**, la basse va de la *dominante* à la *tonique;*

§ **484.**—Dans la cadence **imparfaite**, elle va de la *dominante* à la *médiante;*

§ **485.**—Dans la cadence **rompue**, elle va de la *dominante* à la *sus-dominante;*

§ **486.**—La cadence à la **dominante** est celle qui se *termine sur la dominante*, quelle que soit la note qui la précède.

§ **487.**—Dans la cadence **plagale**, la basse va de la *sous-dominante* à la *tonique;*

§ **488.**—La cadence **évitée** est celle qui se termine en *modulant.*

QUESTIONNAIRE, Nᵒˢ 696 à 706

NOUVEAUX MOYENS
pour distinguer avec plus de certitude un ton mineur de son relatif majeur et réciproquement

§ **489.**—Nous avons dit (§ 227) que c'est ordinairement par la présence ou par l'absence de la *note sensible du ton mineur* dans les premières mesures du morceau qu'on fait la distinction entre *deux tons relatifs;* et nous avons ajouté (§ 228) que cette manière de discerner le ton est loin d'être infaillible.

§ **490.** — En effet, une *phrase mélodique* pouvant être construite d'après la *gamme mineure descendante 2de forme*, on peut être dans le *ton mineur* sans que la mélodie contienne la note sensible de ce ton mineur, et même malgré la présence de la dominante du ton majeur en qualité de 7me degré *baissé* de la gamme mineure.

§ **491.** — D'autre part, on peut être dans le *ton majeur* malgré l'*altération ascendante* de son *5me degré*; parce que cette *altération* peut s'y trouver *à un titre tout autre* que celui de note sensible du mode mineur.

§ **492.** — Si bien, qu'on pourrait être, par exemple, en **la mineur**, avec un *sol naturel* dans la mélodie (Ex. A) et en **do majeur**, malgré la présence du *sol dièse* (Ex. B)

§ **493.** — Il existe aussi des mélodies entièrement composées avec les cinq ou six premiers degrés de la gamme mineure, et dans lesquelles, par conséquent, n'apparaissent ni le *5me degré du ton majeur*, ni la *note sensible du ton mineur*.

§ **494.** — Lorsque la mélodie est accompagnée d'**accords**, il est facile de se rendre compte de la *tonalité* dès les premières mesures du morceau, d'après les indications suivantes:

§ **495.** — Le premier accord d'un morceau de musique est presque toujours l'**accord parfait** de la **tonique** à l'état fondamental.

C'est toujours *par cet accord* qu'il se **termine.**

§ **496.** — Lorsque, par exception, le *premier accord* du morceau n'est pas celui de la tonique, ce doit être celui de la **dominante** (accord parfait ou accord de septième)

Dans un cas comme dans l'autre, il ne peut y avoir confusion entre les *deux tons relatifs*.

§ 497. — Supposons, en effet, qu'il n'y ait *rien à la clé* : nous devons être en *do majeur* ou en *la mineur*;

les accords de *tonique* et de *dominante* sont:

1° pour le ton de *do majeur*,

Accord de *tonique:* DO-MI-SOL; accord de *dominante:* SOL-SI-RÉ ou SOL-SI-RÉ-FA

2° pour le ton de *la mineur*,

Accord de *tonique:* LA-DO-MI; accord de *dominante:* MI-SOL ♯-SI ou MI-SOL ♯-SI-RÉ

Accords bien différents les uns des autres, comme on peut le voir.

Si donc notre morceau commence par l'un des accords **do-mi-sol**, **sol-si-ré** ou **sol-si-ré-fa**, il est clair que nous sommes en **do majeur**.

Si, au contraire, il commence par l'un des accords **la-do-mi**, **mi-sol ♯-si** ou **mi-sol ♯-si-ré**, il est évident que le morceau est en **la mineur**.

§ 498. — S'il arrivait, qu'en dehors de la règle commune, et par une bizarrerie quelconque, le morceau commençât par **un accord autre** que ceux de *tonique* ou de *dominante*, on trouverait, certainement, dans l'*ensemble des accords* des huit premières mesures, les indications nécessaires pour reconnaître avec certitude la *véritable tonalité*.

§ **499.** — Lorsque la mélodie n'a qu'une *basse d'accompagnement*, le plus sûr moyen de discerner la tonalité est de regarder la *dernière note de cette basse* qui est toujours la **tonique**.

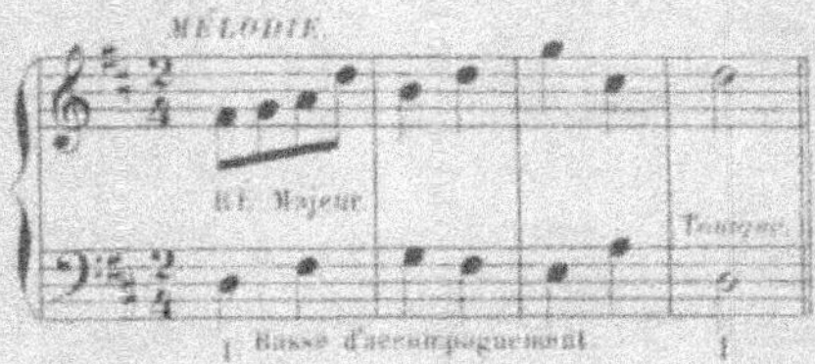

§ **500.** — Quant à la *première note de la basse*, si ce n'est la *tonique*, ce doit être la *dominante*: **do** ou **sol** pour le ton de *do majeur*; **la** ou **mi** pour le ton de *la mineur*.

§ **501.** — Pour le cas où l'on aurait à trouver le **ton** d'une *mélodie sans accompagnement*, voici quelques indications qu'on peut ajouter à celles que nous avons déjà données ($\S\S$ 209 à 216, 223 à 229).

§ **502.** — Un chant quelconque doit, en général, *commencer* par l'une des *notes de l'accord parfait* de la **tonique**: 1er, 3me ou 5me degré; il *finit toujours* par l'une de ces trois notes, et principalement par la **tonique**.

Or, l'accord parfait de la tonique du mode majeur et celui de la tonique du mode mineur ont *deux notes* qui leur sont *communes*; ils en ont *deux* qui ne le sont pas.

Ainsi, l'accord parfait du 1er degré de *do majeur* se compose des notes: **do, mi, sol**; celui du 1er degré de *la mineur* se compose des notes: **la, do, mi**.

Chacun de ces accords contient donc les deux notes **do** et **mi**;
le *premier* contient un **sol** que n'a pas le second;
le *second* renferme un **la** que n'a pas le premier.

Il est clair que, n'ayant *rien à la clé*, si le chant commençait par un *sol naturel*, il serait évidemment, en **do majeur**, tandis que s'il débutait par le **la**, il serait certainement en **la mineur**.

Mais, s'il commençait par le **do** ou par le **mi**, cela ne prouverait rien au point de vue de la tonalité.

Des observations qui précèdent, on peut déduire les règles suivantes:

§ **503.** — Un chant est dans le **ton majeur** indiqué par l'armature de la clé, chaque fois qu'il commence ou qu'il finit par la *quinte inaltérée* de ce ton majeur.

§ **504.** — Un chant est dans le **ton mineur** indiqué par l'armature de la clé, chaque fois qu'il commence ou qu'il finit par la *tonique* de ce ton mineur.

§ **505.** — Enfin, comme il arrive parfois qu'un morceau de **mode mineur** se termine sur la **tierce majeure** substituée à sa *tierce mineure*, on peut ajouter cette règle aux précédentes:

§ **506.** — Chaque fois qu'un chant se termine sur la note formant **tierce majeure** au-dessus du 1er degré du *ton mineur* indiqué par l'armature de la clé, c'est que, jusque là, on était bien dans ce *ton mineur*, auquel, au dernier moment, on a substitué le *mode majeur* sans, pour cela, changer de **tonique**.

DE LA MODULATION

§ 507.—Un morceau de musique ayant quelque développement ne pourrait rester, d'un bout à l'autre, dans *la même tonalité* sans qu'il en résultât *une grande monotonie*.

Aussi, *change-t-on* plus ou moins *de ton* ou de *mode*, pendant le cours d'un morceau développé.

§ 508.—Le passage d'un *ton à un autre* ou d'un *mode à l'autre* se nomme **modulation**, *transition* ou *changement de ton*.

§ 509.—Un morceau doit toujours *commencer* et *finir* dans **le même ton**, c'est-à-dire, avec la **même tonique**. Mais il peut *commencer* dans *un mode* et *finir* dans l'autre.

Ainsi, un morceau *commence* en *sol mineur* peut très bien **finir** en **sol majeur** et *vice-versa*.

§ 510.—Le **ton** par lequel *commence* et *finit* le morceau est appelé **ton principal**.

Les **tons** par lesquels on peut *passer* dans le courant du morceau sont des *tons accessoires* ou *secondaires*.

§ 511.—Il arrive souvent qu'on désigne un morceau par le nom de sa *tonique principale*, ainsi, l'on dit: le **rondo** en *mi majeur*, le **nocturne** en *fa mineur*, pour désigner des morceaux dont l'un *commence* et *finit* par le ton de *mi majeur*, et l'autre, par celui de *fa mineur*.

Mais, cela n'implique nullement l'idée que le **premier** est constamment en *mi majeur* et le **second**, constamment en *fa mineur*.

§ 512.—Or, il est important de se rendre compte, non seulement de ce qu'on appelle le **ton du morceau**, c'est-à-dire, du **ton principal**, mais aussi, des *tons accessoires* par lesquels on passe. En un mot, il est essentiel de savoir toujours, et à tout moment, *en quel ton* l'on est.

§ 543. — Lorsqu'on s'établit *pour quelque temps* dans un **ton** autre que le *ton principal*, on change, habituellement *l'armature de la clé*, en l'appropriant à la *nouvelle tonalité*.

Pour reconnaître cette *nouvelle tonalité*, on se sert des mêmes moyens que pour une *tonalité principale* (revoir les 29, 31 et 78 à 81).

§ 544. — Mais, si l'on ne fait qu'*effleurer* une tonalité dans le courant du morceau, on se borne, ordinairement, à placer *accidentellement*, devant les notes, les *signes d'altération* qui sont nécessaires pour obtenir le **ton** voulu.

Pour reconnaître *ce ton*, il faut alors se bien rendre compte des *changements* apportés, momentanément, à l'état des notes, par les **signes accidentels** qui se présentent, soit à la *partie mélodique*, soit aux *parties d'accompagnement*.

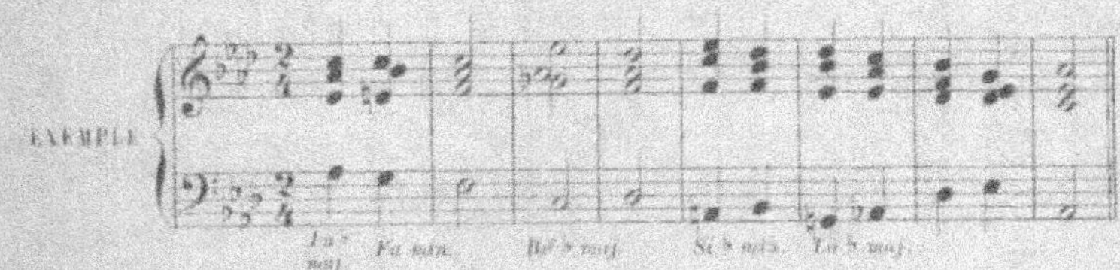

REMARQUES ET OBSERVATIONS. — L'exemple ci-dessus, ayant 4 bémols à la clé et débutant par l'accord parfait majeur de la bémol, son ton principal est, évidemment, celui de *la bémol majeur*.

Le 2e accord, contenant le *mi bécarre* et s'enchaînant à l'accord parfait mineur de *fa*, nous conduit momentanément en *fa mineur*.

Le 3e accord contient le *sol bémol* qui, ajouté aux 4 bémols de l'armature, en porte le nombre à 5, avec lesquels on ne peut être qu'en *ré bémol majeur* ou en *si bémol mineur*. Or, le *la* restant *bémol* dans ce 3e accord et dans le suivant, il est clair qu'on est en *ré bémol majeur*, et non en *si bémol mineur* qui demanderait le *la bécarre*.

Mais, ce *la bécarre*, faisant son apparition à la 5me mesure, nous conduit bientôt en *si bémol mineur*.

Enfin, le *sol naturel* et le *la bémol*, revenant dans la mesure suivante, nous ramènent en *la bémol majeur*, ton principal, par lequel se termine la phrase.

QUESTIONNAIRE, Nos 724 à 731

TONALITÉS PEU USITÉES
Doubles-Dièses et Doubles-Bémols constitutifs

§ 545. — Il a été dit (§ 192) que le *double-dièse* et le *double-bémol* ne se mettent jamais à la clé.

Ces *altérations* sont, pourtant, nécessaires à la formation de *certaines tonalités*.

TONALITÉS DONT LA FORMATION EXIGE L'EMPLOI
du Double-Dièse ou du Double-Bémol

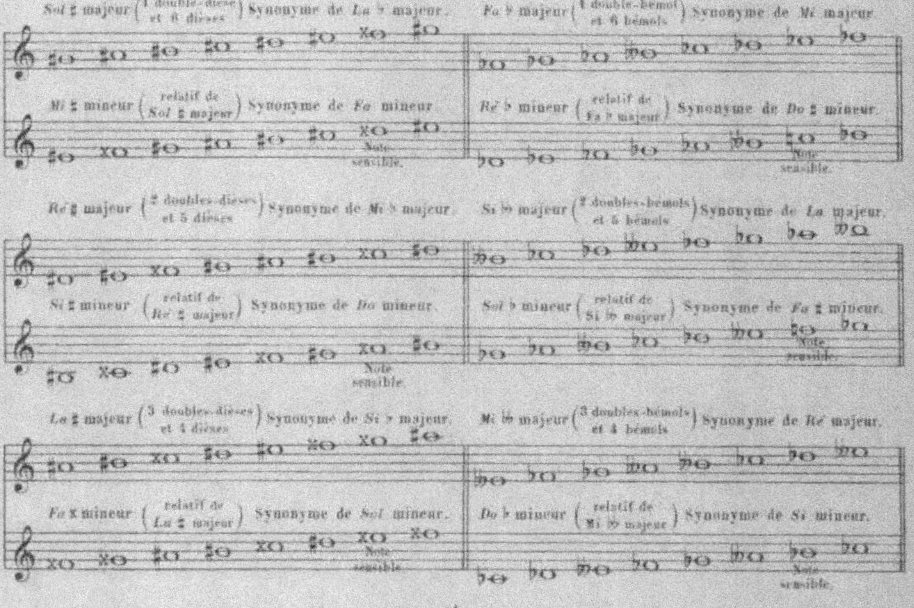

etc.

N.—B. — Plus les tonalités exigent de *doubles-dièses* ou de *doubles-bémols*, moins elles sont usitées. Il est même fort rare qu'on fasse usage de celles qui en demandent plus de 2; c'est pourquoi nous nous bornons à donner, dans les exemples ci-dessus, les gammes qui ne comportent pas plus de 3 *doubles-dièses* ou *doubles-bémols*, les autres étant *absolument inusitées*.

Aucune de ces tonalités n'est employée comme *ton principal* d'un morceau, par la raison que chacune d'entre elles est *synonyme* d'une autre tonalité *plus simple* et *plus facile*, qu'on lui préfère à juste titre.

Ainsi, l'on n'écrira pas un morceau en *fa double-dièse* mineur, alors qu'on peut le noter en *sol* naturel, synonyme de *fa double-dièse*; on n'écrira pas davantage un morceau en *mi double-bémol* majeur, puisqu'on peut le noter en *ré* naturel, synonyme de *mi double-bémol*.

Une *tonalité compliquée*, comme celles dont il est ici question, ne peut se présenter que comme *ton accessoire* se prolongeant peu; car, plutôt que de s'y établir pour longtemps, on substitue à la *tonalité compliquée* sa *tonalité synonyme*.

Il n'est donc jamais nécessaire d'armer la clé de *doubles-dièses* ou de *doubles-bémols*, puisque ces sortes d'altérations ne se présentent que passagèrement.

§ 546.—La série des *doubles-dièses constitutifs* suit le même ordre que celle des *dièses:*

fa, do, sol, ré, la, mi, si.

Ainsi, les gammes majeures de **sol ♯, ré ♯** et **la ♯** demandent:

La 1ʳᵉ, le **fa** double-dièse; la 2ᵐᵉ, le **fa** et le **do** doubles-dièses; la 3ᵐᵉ, le **fa**, le **do** et le **sol** doubles-dièses.

§ 547.—La série des *doubles-bémols constitutifs* suit le même ordre que celle des *bémols:*

si, mi, la, ré, sol, do, fa.

Par exemple, les gammes majeures de **fa ♭, si ♭♭** et **mi ♭♭** demandent:

La 1ʳᵉ, le **si** double-bémol; la 2ᵐᵉ, le **si** et le **mi** doubles-bémols; la 3ᵐᵉ, le **si**, le **mi** et le **la** doubles-bémols.

(Voir les gammes données plus haut)

§ 548.—Pour savoir combien il entre de *doubles-dièses* ou de *doubles-bémols* constitutifs dans les tonalités peu usitées, il suffit de faire les rapprochements suivants:

Avec 1 *dièse*. .	on est en *SOL major* ou en *MI mineur*	Avec 1 *bémol*	on est en *FA major* ou en *RE mineur*
Avec 1 *double-dièse* .	en *SOL ♯ major* ou en *MI ♯ mineur*	Avec 1 *double-bémol*	en *FA ♭ major* ou en *RE ♭ mineur*
Avec 2 *dièses* .	on est en *RÉ major* ou en *SI mineur*	Avec 2 *bémols*	on est en *SI ♭ major* ou en *SOL mineur*
Avec 2 *doubles-dièses*	en *RÉ ♯ major* ou en *SI ♯ mineur*	Avec 2 *doubles-bémols*	en *SI ♭♭ major* ou en *SOL ♭ mineur*
Avec 3 *dièses*.	on est en *LA major* ou en *FA ♯ mineur*	Avec 3 *bémols* .	on est en *MI ♭ major* ou en *DO mineur*
Avec 3 *doubles-dièses* .	en *LA ♯ major* ou en *FA X mineur*	Avec 3 *doubles-bémols*	en *MI ♭♭ major* ou en *DO ♭ mineur*

etc.

REMARQUES

§ 549.—L'enchaînement des gammes avec *doubles-dièses,* de même que celui des gammes avec *dièses,* a lieu par **quintes justes** en montant ou **quartes justes** en descendant.

§ 520.—L'enchaînement des gammes avec *doubles-bémols,* comme celui des gammes avec *bémols,* a lieu par **quintes justes** en descendant ou **quartes justes** en montant.

§ 521.—Deux **tons synonymes** ou **enharmoniques** ont entre eux une différence de 12 *altérations constitutives.* (Bien entendu que dans ce compte, chaque *double-dièze* et chaque *double-bémol* équivaut à 2 *altérations simples*).

EXEMPLES

Le ton de **do ♯** majeur, qui prend 7 dièses, a pour *ton synonyme* ou *enharmonique* celui de **ré ♭** majeur, qui prend 5 bémols TOTAL 12	Le ton de **fa ♭** majeur qui prend 1 *double-bémol* (lequel compte pour 2) plus 6 autres bémols, ce qui fait 8 bémols, a pour *synonyme* le ton de **mi** *majeur,* qui prend . . . . 4 dièses TOTAL 12

QUESTIONNAIRE, Nᵒˢ 732 à 748

DE LA TRANSPOSITION

§ **522.**—**Transposer**, c'est *lire*, *exécuter* ou *transcrire* dans un ton la musique écrite dans un autre.

§ **523.**—La **transposition** d'un morceau de musique peut se faire à *un intervalle quelconque* inférieur ou supérieur, c'est-à-dire *dans tous les tons.*

Quant au **mode**, il doit rester ce qu'il était; car, *changer le mode* d'un morceau serait le *dénaturer* complètement.

§ **524.**—Ordinairement, la **transposition** a pour objet de mettre *dans un ton plus favorable* un morceau écrit *trop haut* ou *trop bas* pour la voix ou l'instrument qui doit l'exécuter.

§ **525.**—On peut *transposer par écrit*; on peut *transposer à vue*, c'est-à-dire en *lisant.*

§ **526.**—En général, la **transposition écrite** ne présente pas de grandes difficultés: on peut l'opérer par des *moyens presque mécaniques.*

Il n'en est pas de même de la **transposition à vue**, qui, outre une parfaite connaissance des *clés* et des diverses *tonalités*, demande beaucoup d'habitude.

TRANSPOSITION ÉCRITE

§ **527.**—La **transposition par écrit** peut se faire *sans changer* les clés existantes.

§ **528.**—Voici comment on procède, habituellement, pour transposer en écrivant:

On commence par approprier *l'armature de la clé* à la nouvelle tonalité; puis, on calcule exactement la **distance** qui existe entre la *tonique primitive* et *celle* du nouveau ton, et l'on élève ou l'on *abaisse* de la quantité voulue chacune des notes du *modèle*, selon qu'on transpose *au-dessus* ou *au-dessous* du ton noté. (*)

Pour conserver la *distance voulue* entre toutes les notes du modèle *et celles* qui leur correspondent dans le ton *transposé*, on est parfois obligé de remplacer *un signe d'altération accidentelle* par un autre signe.

EXEMPLES DE TRANSPOSITION ÉCRITE

1ᵉʳ EXEMPLE.—Un morceau est écrit en **ré majeur** (2 dièses à la clé) on veut le transcrire en **fa naturel**; soit, à la *tierce mineure supérieure* (1 ton ½ au-dessus de la chose écrite).

A la place des *deux dièses* du ton de **ré majeur**, on met le *si bémol* nécessaire au ton de **fa**; puis, on **monte** d'un ton et d'un demi-ton diatonique chacune des notes du *modèle*.

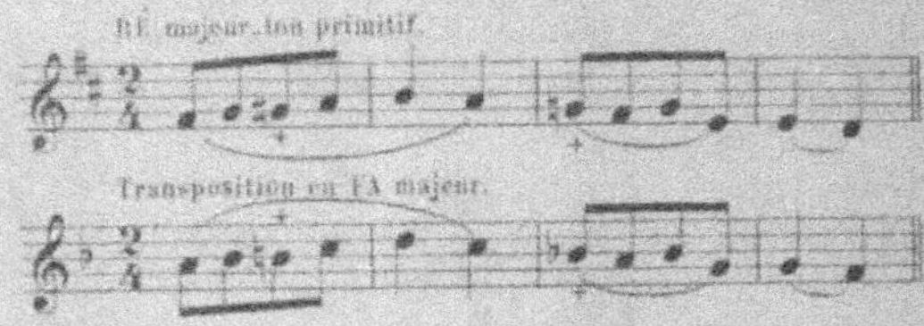

N.-B.—Il est à remarquer qu'on a dû remplacer le *sol* ♯ par le *si* ♮, et le *sol* ♮ par le *si* ♭, pour conserver la distance de *tierce mineure* entre les notes du *modèle* et celles du *ton transposé*.

(*) Celui qui a l'habitude de la *transposition à vue* s'y prend d'autre manière pour *transposer par écrit*. Le moyen que nous indiquons ici est à la portée de tout copiste qui sait mesurer les intervalles par tons et demi-tons.

2d EXEMPLE. — Un morceau est écrit en **sol mineur** (2 bémols à la clé) on veut le transcrire en **fa dièse mineur**; soit, à la *seconde mineure inférieure* (½ ton au-dessous de la chose écrite):

A la place des *deux bémols* du ton de **sol mineur**, on met les *trois dièses* que réclame le ton de **fa dièse mineur**; puis, on **abaisse** d'un demi-ton diatonique chacune des notes du *modèle*.

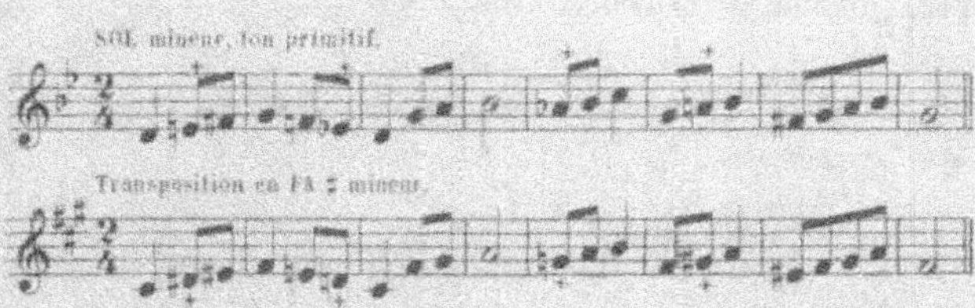

N.-B. — Remarquer que, pour conserver la distance de *seconde mineure* entre les notes du *modèle* et celles du ton transposé, on a dû remplacer le *mi* ♮ par le *ré* ♯, le *mi* ♭ par le *ré* ♮, le *la* ♭ par le *sol* ♮ et le *la* ♮ par le *sol* ♯.

TRANSPOSITION A VUE

RÈGLES GÉNÉRALES

REMPLACEMENT DES CLÉS

§ 529. — Sauf les **transpositions** qui se font à *un demi-ton chromatique* inférieur ou supérieur, *(transpositions* dans lesquelles toutes les notes conservent leur *dénomination primitive,* et qui, par conséquent, n'exigent point le remplacement des clés existantes) à part celles-là, disons-nous, toutes les **transpositions à vue** exigent le remplacement des clés qui existent, par des **clés fictives**, des **clés supposées.**

Ces **clés fictives** doivent être choisies de manière à donner aux notes écrites le **nom** qu'elles doivent avoir dans le *ton transposé*. On les trouve en prenant la *tonique primitive* pour point de comparaison avec la *nouvelle tonique*, et en raisonnant de la manière suivante:

EXEMPLE. — Pour transposer à la *seconde mineure supérieure* un morceau écrit en *sol majeur* sur la *clé de sol*, de quelle *clé* faudra-t-il se servir?

RAISONNEMENT. — Pour obtenir *cette transposition,* il faut que le **sol**, tonique primitive, devienne un *la* ♭.

Or, le **sol** se trouve sur la 2de *ligne* de la *clé de sol;* pour en faire un *la* ♭, il faut *substituer* à la *clé de sol* la clé de do 3me *ligne*.

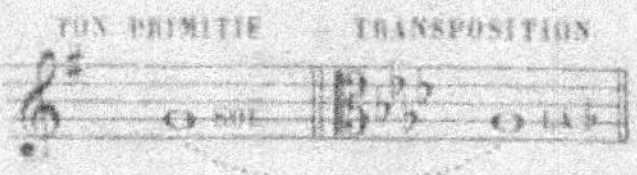

REMARQUE. — Les notes de la *clé de do* 3me sont, en réalité, à une 7me *au-dessous,* et non à une 2de au-dessus de celles qui occupent *la même position* sur la portée, en *clé de sol*.

Elles sont donc, réellement, à une 8^{ve} trop bas pour la transposition à la 2de *supérieure;* mais, il est convenu qu'on ne substitue une clé à l'autre que pour *changer le nom des notes,* et nullement pour en déterminer la hauteur.

ARMATURE DE LA CLÉ

§ 530. — Remplacer *mentalement* l'armature de la clé, par *celle* qui convient à la nouvelle tonalité.

Ainsi, dans un cas comme celui de l'exemple précédent, il faut supposer, à la clé, **quatre bémols** au lieu d'*un dièse*.

ACCIDENTS A CHANGER

§ 531. — L'une des grandes difficultés de la transposition provient de ce que, parmi les **accidents** que l'on rencontre dans le courant du morceau, les uns doivent être *changés* et les autres *conservés*.

Heureusement, il existe à ce sujet des *règles très précises* que nous allons exposer:

DIÈSES AJOUTÉS, BÉMOLS RETRANCHÉS

§ 532. — Constatons d'abord, que d'*ajouter des dièses* à la clé ou d'en *retrancher des bémols*, c'est faire absolument la même chose: c'est **monter** d'un demi-ton chromatique autant de notes qu'il y a de *dièses ajoutés* ou de *bémols retranchés*.

Or, le *retranchement des bémols* et l'*addition des dièses* se font toujours dans l'ordre où ces derniers se succèdent à la clé: **fa, do, sol, ré, la, mi, si.**

De telle sorte que, si l'on *ajoute un dièse* ou si l'on *supprime un bémol*, c'est toujours la note **fa** du ton transposé qui subit cette modification.

Si de pareils changements portent sur *deux notes*, c'est invariablement sur **fa et do**; s'ils portent sur *trois notes*, c'est sur **fa, do et sol**, etc.

Ces observations donnent lieu à la règle suivante:

§ 533. — Lorsque la transposition oblige à *ajouter* à la clé un ou plusieurs *dièses*, ou à en *retrancher* un ou plusieurs *bémols*, ou, à la fois, à en *retrancher* un ou plusieurs *bémols*, pour y *ajouter* un ou plusieurs *dièses*, on doit compter, *dans l'ordre des dièses* (fa, do, sol, ré, la, mi, si) *autant de notes* qu'il y a eu de *bémols retranchés* et de *dièses ajoutés*, et *hausser* d'un demi-ton chromatique chacun des accidents qui peuvent se rencontrer devant ces notes, de manière à remplacer le ♭ par le ♮, le ♮ par le ♯, le ♯ par le ×, le ♭♭ par le ♭.

BÉMOLS AJOUTÉS, DIÈSES RETRANCHÉS

§ 534.—Constatons en second lieu, que d'*ajouter des bémols* à la clé ou d'en *retrancher des dièses* c'est faire la même opération; c'est-à-dire, **descendre** d'un demi-ton chromatique autant de notes qu'il y a de *bémols ajoutés* ou de *dièses retranchés.*

Or, le *retranchement des dièses* et l'*addition des bémols* se font toujours dans l'ordre où ces derniers se succèdent à la clé: **si, mi, la, ré, sol, do, fa.**

De sorte que, si l'on *ajoute un bémol* ou si l'on *supprime un dièse*, c'est toujours la note **si** du ton transposé qui subit cette modification.

Si de tels changements portent sur *deux notes*, c'est invariablement sur **si** et **mi**; s'ils portent sur *trois notes*, c'est sur **si, mi** et **la**, etc.

Ces nouvelles observations donnent lieu à cette seconde règle.

§ 535.—Lorsque la transposition oblige à *ajouter* à la clé un ou plusieurs *bémols*, ou à en *retrancher* un ou plusieurs *dièses*; ou, à la fois, à *retrancher* de la clé un ou plusieurs *dièses* pour y ajouter un ou plusieurs *bémols*; on doit compter, *dans l'ordre des bémols* (si, mi, la, ré, sol, do, fa) *autant de notes* qu'il y a eu de *dièses retranchés* et de *bémols ajoutés*, et **baisser** d'un demi-ton chromatique chacun des *accidents* qui peuvent se rencontrer devant ces notes, de manière à remplacer le ♯ par le ♮, le ♮ par le ♭, le ♭ par le ♭♭, le X par le ♯.

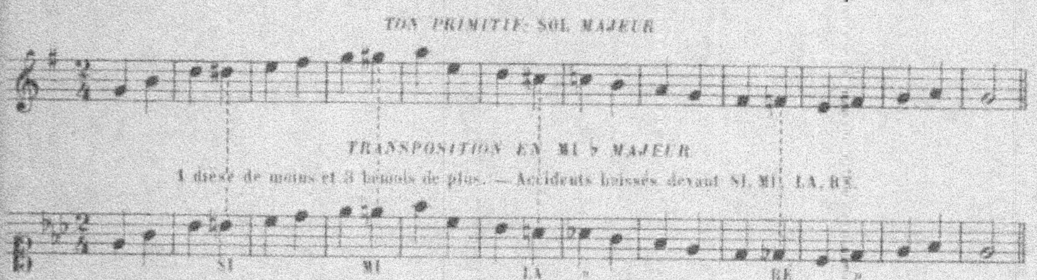

§ 536.—Quant aux *accidents* qu'on rencontre *devant les notes* qui n'ont pas été complées parmi celles qui subissent les changements ci-dessus indiqués, on doit les faire tels qu'ils sont marqués.

RÉSUMÉ

§ 537.—On voit, d'après tout ce qui précède, que pour *transposer à vue* il faut procéder de la manière suivante:

1° — Reconnaître le **ton** dans lequel est écrit le morceau;

2° — En trouver la **tonique** et voir *la position* qu'elle occupe dans la portée;

3° — Chercher la **clé** qui, à la place de cette *tonique primitive*, doit produire la *nouvelle tonique* (celle du ton dans lequel on veut transposer);

4° — Supposer à la clé l'**armature** qui convient à la *nouvelle tonalité*;

5° — Fixer à l'avance, et retenir dans sa mémoire, le nom des notes du ton transposé devant lesquelles les **accidents** devront être changés; et en *quel sens* ils devront l'être.

QUESTIONNAIRE, N°° 749 à 764

TABLE DES TRANSPOSITIONS

TRANSPOSITION à la 2de SUPÉRIEURE ou à la 7me INFÉRIEURE

Remplacer chacune de ces clés par la clé suivante.

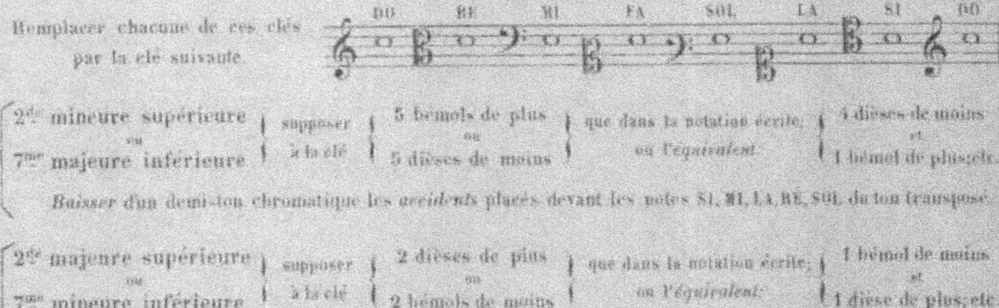

2de mineure supérieure
ou
7me majeure inférieure
} supposer à la clé { 5 bémols de plus ou 5 dièses de moins } que dans la notation écrite; ou l'équivalent: { 4 dièses de moins et 1 bémol de plus;etc.

Baisser d'un demi-ton chromatique les *accidents* placés devant les notes SI, MI, LA, RÉ, SOL du ton transposé.

2de majeure supérieure
ou
7me mineure inférieure
} supposer à la clé { 2 dièses de plus ou 2 bémols de moins } que dans la notation écrite; ou l'équivalent: { 1 bémol de moins et 1 dièse de plus;etc.

Hausser d'un demi-ton chromatique les *accidents* placés devant les notes FA et DO du ton transposé.

TRANSPOSITION à la 3^{ce} SUPÉRIEURE ou à la 6te INFÉRIEURE

Remplacer chacune de ces clés par la clé suivante.

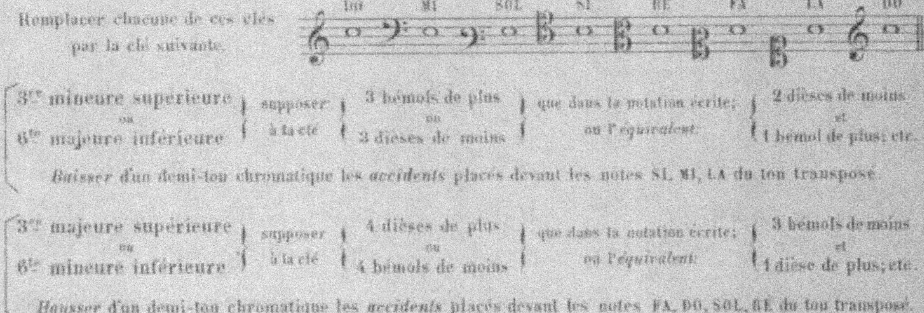

3^{ce} mineure supérieure
ou
6te majeure inférieure
} supposer à la clé { 3 bémols de plus ou 3 dièses de moins } que dans la notation écrite; ou l'équivalent: { 2 dièses de moins et 1 bémol de plus; etc.

Baisser d'un demi-ton chromatique les *accidents* placés devant les notes SI, MI, LA du ton transposé.

3^{ce} majeure supérieure
ou
6te mineure inférieure
} supposer à la clé { 4 dièses de plus ou 4 bémols de moins } que dans la notation écrite; ou l'équivalent: { 3 bémols de moins et 1 dièse de plus; etc.

Hausser d'un demi-ton chromatique les *accidents* placés devant les notes FA, DO, SOL, RÉ du ton transposé.

TRANSPOSITION à la 4te SUPÉRIEURE ou à la 5te INFÉRIEURE

Remplacer chacune de ces clés par la clé suivante.

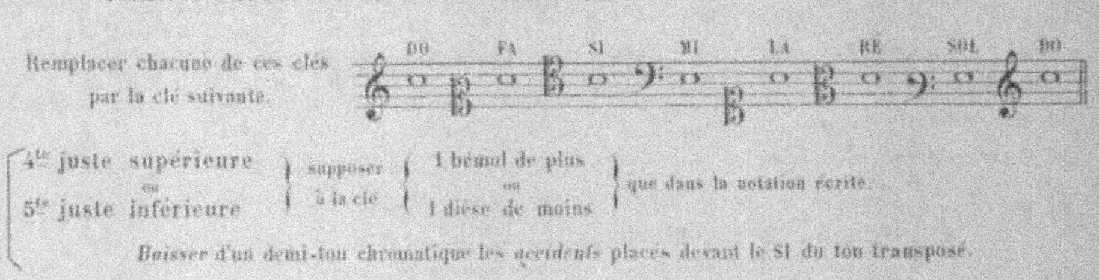

4te juste supérieure
ou
5te juste inférieure
} supposer à la clé { 1 bémol de plus ou 1 dièse de moins } que dans la notation écrite.

Baisser d'un demi-ton chromatique les *accidents* placés devant le SI du ton transposé.

4te augmentée supérieure
ou
5te diminuée inférieure
} supposer à la clé { 6 dièses de plus ou 6 bémols de moins } que dans la notation écrite; ou l'équivalent: { 5 bémols de moins et 1 dièse de plus; etc.

Hausser d'un demi-ton chromatique les *accidents* placés devant les notes FA, DO, SOL, RÉ, LA, MI du ton transposé.

TRANSPOSITION à la 2ᵈᵉ INFÉRIEURE ou à la 7ᵐᵉ SUPÉRIEURE

Remplacer chacune de ces clés par la clé suivante.

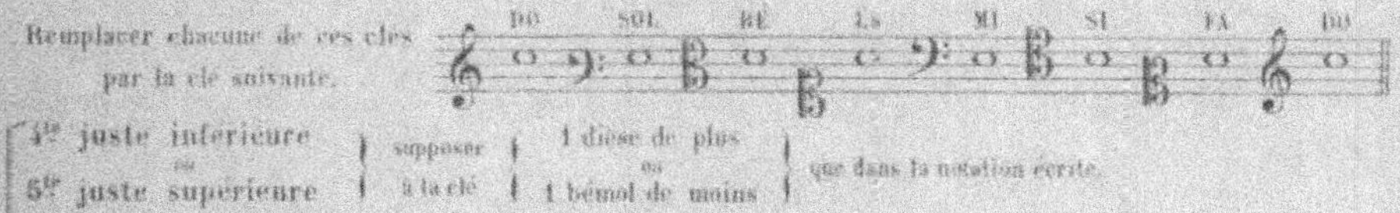

2ᵈᵉ mineure inférieure	supposer	3 dièses de plus	que dans la notation écrite;	4 bémols de moins
ou	à la clé	ou	ou l'équivalent	et
7ᵐᵉ majeure supérieure		3 bémols de moins		4 dièse de plus;etc.

Hausser d'un demi-ton chromatique les *accidents* placés devant les notes FA, DO, SOL, RÉ, LA du ton transposé.

2ᵈᵉ majeure inférieure	supposer	2 bémols de plus	que dans la notation écrite;	1 dièse de moins
ou	à la clé	ou	ou l'équivalent	et
7ᵐᵉ mineure supérieure		2 dièses de moins		1 bémol de plus.

Baisser d'un demi-ton chromatique les *accidents* placés devant les notes SI et MI du ton transposé.

TRANSPOSITION à la 3ᶜᵉ INFÉRIEURE ou à la 6ᵗᵉ SUPÉRIEURE

Remplacer chacune de ces clés par la clé suivante.

3ᶜᵉ mineure inférieure	supposer	3 dièses de plus	que dans la notation écrite;	2 bémols de moins
ou	à la clé	ou	ou l'équivalent	et
6ᵗᵉ majeure supérieure		3 bémols de moins		1 dièse de plus; etc.

Hausser d'un demi-ton chromatique les *accidents* placés devant les notes FA, DO, SOL du ton transposé.

3ᶜᵉ majeure inférieure	supposer	4 bémols de plus	que dans la notation écrite;	3 dièses de moins
ou	à la clé	ou	ou l'équivalent	et
6ᵗᵉ mineure supérieure		4 dièses de moins		1 bémol de plus; etc.

Baisser d'un demi-ton chromatique les *accidents* placés devant les notes SI, MI, LA, RÉ du ton transposé.

TRANSPOSITION à la 4ᵗᵉ INFÉRIEURE ou à la 5ᵗᵉ SUPÉRIEURE

Remplacer chacune de ces clés par la clé suivante.

4ᵗᵉ juste inférieure	supposer	1 dièse de plus	que dans la notation écrite.
ou	à la clé	ou	
5ᵗᵉ juste supérieure		1 bémol de moins	

Hausser d'un demi-ton chromatique les *accidents* placés devant le FA du ton transposé.

4ᵗᵉ augmentée inférieure	supposer	6 bémols de plus	que dans la notation écrite,	5 dièses de moins
ou	à la clé	ou	ou l'équivalent	et
5ᵗᵉ diminuée supérieure		6 dièses de moins		1 bémol de plus; etc.

Baisser d'un demi-ton chromatique les *accidents* placés devant les notes SI, MI, LA, RÉ, SOL, DO du ton transposé.

TRANSPOSITION CHROMATIQUE
à un demi-ton au-dessus ou à un demi-ton au-dessous

§ **538.**—Pour transposer à *un demi-ton chromatique* au-dessus (7 dièses de plus ou 7 bémols de moins) ou au-dessous (7 bémols de plus ou 7 dièses de moins) ou leurs équivalents; **la clé ne doit pas être changée;**

Tous les accidents doivent être *haussés* dans le premier cas, et *baissés* dans le second.

N.-B.— Pour les transpositions (peu usitées) à la 2ᵈᵉ augmentée, à la 3ᶜᵉ diminuée et à la 4ᵗᵉ diminuée, nous renvoyons à notre *traité de transposition*, pages 12 et 14.

TÉTRACORDES

§ 539.—Du 1ᵉʳ au 4ᵐᵉ degré de la gamme majeure, on trouve *deux tons* consécutifs suivis d'*un demi-ton.*

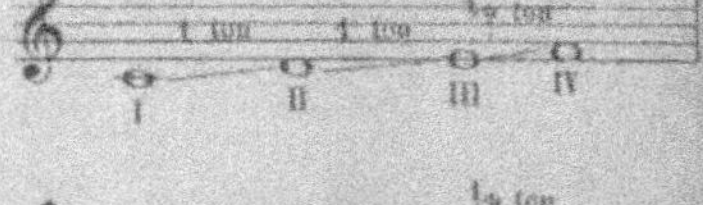

Du 5ᵐᵉ au 8ᵐᵉ degré de la même gamme, on trouve également *deux tons* consécutifs suivis d'*un demi-ton.*

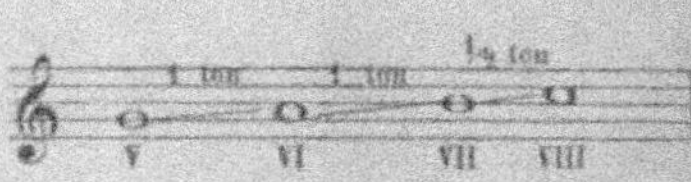

§ 540.—La gamme majeure se compose donc de *deux moitiés semblables*, séparées par l'espace d'*un ton* qui se trouve du 4ᵐᵉ au 5ᵐᵉ degré (de *fa* à *sol*, en *do*.)

On donne à ces sortes de *demi-gammes* le nom de **tétracorde**, qui dérive des mots grecs *tetra*, quatre; *chordé*, corde.

§ 541.—Le 1ᵉʳ tétracorde ou *tétracorde inférieur* commence par la *tonique* et finit par la *sous-dominante.*

§ 542.—Le 2ᵈ tétracorde ou *tétracorde supérieur* commence par la *dominante* et finit par la *tonique.*

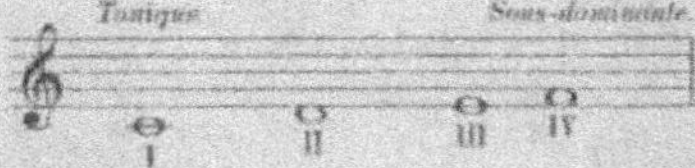

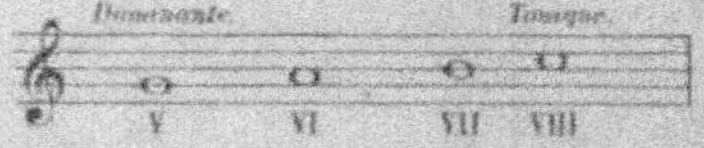

§ 543.—Grâce à leur *similitude absolue*, le **tétracorde inférieur** d'une gamme peut servir de **tétracorde supérieur** à une autre gamme, et réciproquement.

Ainsi, le *1ᵉʳ tétracorde* de la gamme de **do** peut devenir *2ᵈ tétracorde* d'une nouvelle gamme; et d'autre part, le *2ᵈ tétracorde* de cette même gamme de **do** peut devenir *1ᵉʳ tétracorde* d'une troisième gamme.

§ 544.—On trouve donc dans la gamme même le *germe de deux autres gammes;* et c'est ainsi que les gammes *naissent* les unes des autres et s'*enchaînent* dans un ordre régulier.

ENCHAÎNEMENT DES GAMMES MAJEURES
par leur tétracorde commun

QUINTES JUSTES EN MONTANT

§ 545.—Si l'on transforme le *tétracorde supérieur* de *do majeur* en *tétracorde inférieur* d'une autre gamme, le **sol**, 1ʳᵉ note de ce tétracorde devient la **tonique** de la gamme nouvelle qui, dès lors, se nomme gamme de **sol majeur.**

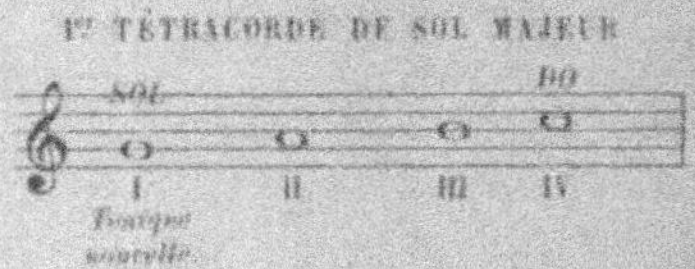

En possession de ce *1ᵉʳ tétracorde* qui va du **sol** au **do**, il faut, pour achever cette gamme, repartir d'*un ton plus haut que le* **do**, c'est-à-dire du **ré**, pour trouver le *2ᵈ tétracorde.*

Celui-ci se composera donc des notes **ré, mi, fa, sol**. Mais, à l'état *naturel*, ces notes ne présentent pas, *dans l'ordre voulu*, les *deux tons* et le *demi-ton* dont se compose un tétracorde, puisqu'ici le *demi-ton* **mi-fa**, au lieu de succéder à *deux tons consécutifs*, tient le *milieu* entre ces deux tons.

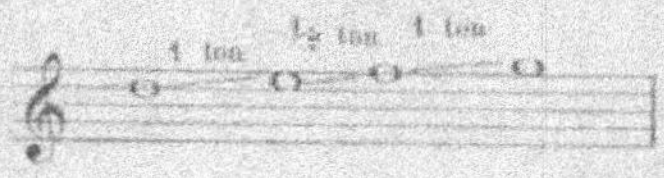

Pour remédier à cela, il suffit de *diéser* le **fa** de manière à l'éloigner du **mi**, dont il était trop près, et à le rapprocher du **sol**, dont il était trop loin.

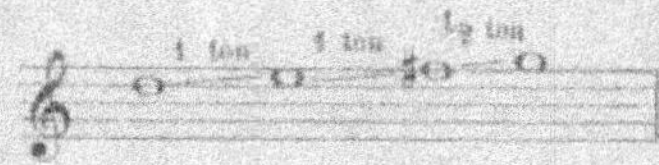

Le **fa** *dièse*, note sensible du ton de **sol**, est la *note caractéristique* de ce nouveau ton par rapport à celui de **do** dont le **fa** est *naturel*.

ENCHAÎNEMENT des GAMMES de DO MAJEUR et SOL MAJEUR
obtenu par la transformation
du tétracorde supérieur de do en tétracorde inférieur de sol.

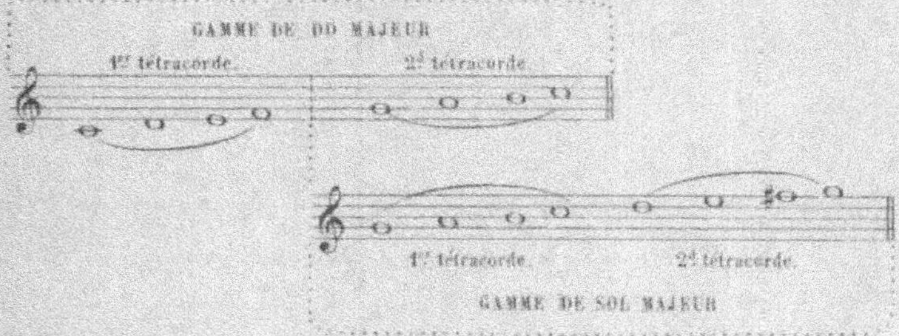

Ainsi qu'on le voit, l'enchaînement de ces deux gammes a lieu à la *quinte supérieure*, c'est-à-dire en *montant d'une quinte*.

§ 546. — Si l'on transforme à son tour le *tétracorde supérieur* de **sol** majeur en *tétracorde inférieur*, on obtient la gamme de **ré** majeur placée à une *quinte* au-dessus de celle de **sol**.

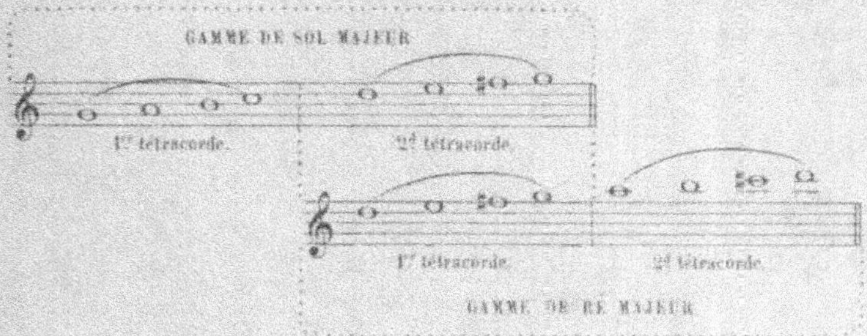

En procédant de la même façon à l'égard de chaque ton nouveau, on engendrera successivement, après les *gammes majeures* de **sol** et **ré**, celles de **la, mi, si, fa ♯** et **do ♯**, dont le nombre des *dièses constitutifs* augmente graduellement. (Voir le tableau de la page 24.)

ENCHAÎNEMENT DES GAMMES MAJEURES
par leur tétracorde commun
QUINTES JUSTES EN DESCENDANT

§ **547.** — Si l'on transforme le *tétracorde inférieur* de **do** majeur en *tétracorde supérieur* d'une autre gamme, le **fa**, 4ᵐᵉ note de ce tétracorde devient la **tonique** de la nouvelle gamme, qui, dès lors, se nomme gamme de **fa** *majeur*.

En possession de ce 2ᵈ *tétracorde* qui, en descendant, va du **fa** au **do**, il faut, pour achever la *gamme* de **fa**, repartir *d'un ton plus bas* que le **do**, c'est-à-dire du **si** ♭, pour trouver le *1ᵉʳ tétracorde*.

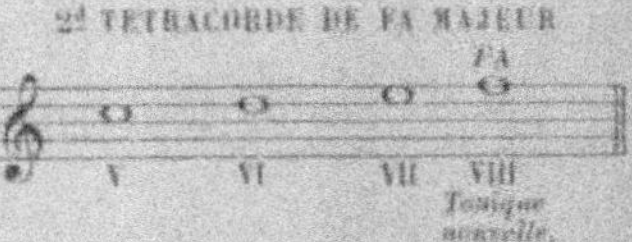

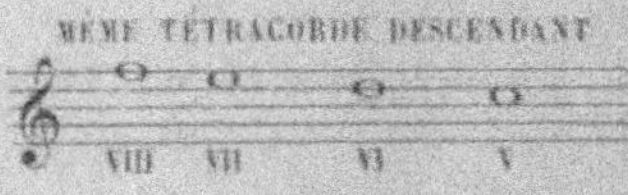

L'enchaînement de ces deux gammes a donc lieu à la *quinte inférieure*.

§ **548.** — Si l'on transforme à son tour le *tétracorde inférieur* de **fa** *majeur* en *tétracorde supérieur*, on obtient la gamme de **si** ♭ *majeur* placée à une quinte *au-dessous* de celle de **fa**.

En procédant de la même façon à l'égard de chaque nouveau ton on engendrera successivement, après les *gammes majeures* de **fa** et **si** ♭, celles de **mi** ♭, **la** ♭, **ré** ♭, **sol** ♭ et **do** ♭, dont le nombre des *bémols constitutifs* augmente graduellement. (Voir le tableau de la page 25).

TÉTRACORDES DU MODE MINEUR

§ **549.** — Quelle que soit la manière dont on fait la *gamme mineure*, ses deux tétracordes sont absolument *dissemblables*. Aussi, ne peuvent-ils pas servir à former d'autres gammes.

§ **550.** — Les *gammes mineures* ne peuvent donc s'engendrer les unes les autres; on doit les considérer comme émanant de leurs *relatifs majeurs*.

QUESTIONNAIRE, Nᵒˢ 785 à 789

PRODUCTION DU SON — SONS HARMONIQUES
origine naturelle de l'accord parfait majeur

§ 551. — Le **son** est le produit des *vibrations* ou *oscillations* d'un corps sonore quelconque.

§ 552. — Pour que le *son* produit par les oscillations d'un corps sonore soit *musical*, il faut que ce corps sonore possède des *qualités spéciales*, sans lesquelles on n'en obtiendrait que du *bruit*.

§ 553. — Les principaux corps sonores dont on peut tirer des *sons musicaux*, sont:

1° les **cordes vocales** mises en vibration par l'air des poumons.

2° les **cordes tendues** comme celles du *piano*, de la *harpe*, du *violon* ou du *violoncelle*, mises en vibration par des marteaux, les doigts ou l'archet.

3° les **tubes** en *bois* ou en *métal*, tels que le *basson* ou la *flûte*, le *cor* ou la *trompette*, dans lesquels le son est produit par un *mouvement vibratoire* de l'air.

§ 554. — Plus les *vibrations* du corps sonore sont *rapides*, plus le son est **aigu**;

§ 555. — Plus les *vibrations* du corps sonore sont *lentes*, plus le son est **grave**.

§ 556. — Les vibrations *les plus rapides* sont produites par les corps sonores *de petite dimension*, comme les **flûtes**, le **hautbois** ou la *chanterelle du* **violon**. [1]

§ 557. — Les vibrations *les plus lentes* sont produites par les corps sonores *des plus volumineux*, tels que la **contrebasse**, l'**ophicléide**, etc.

§ 558. — C'est pourquoi les sons de la **contrebasse** sont *très graves*, tandis que ceux de la **flûte** sont aigus.

§ 559. — Outre le **son** qui, de prime-abord, frappe notre oreille, le corps sonore mis en vibration produit *deux autres sons* plus faibles, qu'une oreille exercée peut entendre en y prêtant de l'attention.

(On peut en faire l'expérience *en frappant avec force l'une des touches du piano*, dans la région du *grave*, et en la tenant *enfoncée*).

§ 560. — Le son prédominant est appelé son *principal* ou son *générateur*; les autres se nomment sons *harmoniques* ou *concomitants* (accompagnants).

§ 561. — Les sons *harmoniques* sont à la **12ᵐᵉ** *juste* (réplique de la **5ᵗᵉ**) et à la **17ᵐᵉ** *majeure* (réplique de la **3ᵉ**) au-dessus du son *principal*.

Ils forment donc avec ce son *principal* un *accord parfait majeur*; lequel, on le voit, est *fourni* par la nature même.

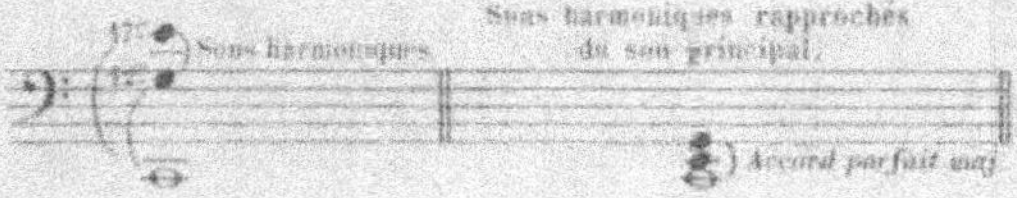

---

[1] La *chanterelle* est la corde la plus mince de ce genre d'instrument.

ENCHAÎNEMENT des TONALITÉS MAJEURES
par leurs accords communs

§ **562.**—Nous avons vu (§ 460) que les *accords parfaits* des 1ᵉʳ, 4ᵐᵉ et 5ᵐᵉ degrés fournissent à eux trois *toutes les notes de la gamme.*

Par cette raison, ils sont considérés comme étant le *principe générateur* de la tonalité, et c'est pourquoi leurs *notes fondamentales* sont appelées **notes tonales**, c'est-à-dire, *notes* qui engendrent le *ton.*

§ **563.**—Or, si l'on compare les accords parfaits des 1ᵉʳ, 4ᵐᵉ et 5ᵐᵉ degrés de *deux tonalités majeures* à distance de *quinte juste*, supérieure ou inférieure, on s'aperçoit que *deux de ces accords* sont **communs** à ces tonalités.

EXEMPLES

Les accords *do-mi-sol* et *sol-si-ré* sont communs aux tonalités majeures de *do* et de *sol*.
(Celle-ci à la *quinte juste* au-dessus de celle-là.)

Les accords *do-mi-sol* et *fa-la-do* sont communs aux tonalités majeures de *do* et de *fa*.
(Cette dernière à la *quinte juste* au-dessous de la première)

Les mêmes rapports existent *entre tous les tons majeurs* à distance de *quinte juste*, supérieure ou inférieure.

Il y a là, on le voit, un nouveau **lien** entre toutes les tonalités majeures qui s'enchaînent par *quintes justes* en montant ou en descendant.

Ce lien entre les *tonalités majeures* a pour cause première le *phénomène acoustique* (*) dont nous parlons plus haut, (§§ 559 à 561) phénomène grâce auquel les *accords parfaits* qui constituent ces tonalités majeures naissent les uns des autres par *quintes justes* en montant.

En effet, si nous prenons le **do** comme son *primordial* ou *primitif*, ses *harmoniques* seront **sol** et **mi**, et formeront avec lui l'accord parfait **do-mi-sol**.

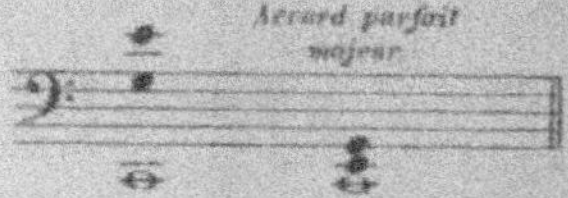

A son tour, le *sol* (engendré par le *do*) pourra servir de son *générateur* à deux autres sons: le **ré** et le **si**, qui formeront avec lui l'accord parfait **sol-si-ré**.

Le **ré**, pris à son tour pour son *générateur*, produira les notes **la** et **fa ♯**, qui formeront avec lui le 3ᵐᵉ accord parfait: **ré-fa ♯-la**, complétant la tonalité de **sol** *majeur*.

(*) *Acoustique*, qui a rapport aux sons.

§ **564.** — Pour obtenir, par ce moyen, les *éléments* nécessaires à la formation de *toutes les tonalités majeures usitées,* il faut prendre le **fa♭,** sous-dominante de **do♭** majeur, pour *point de départ,* et ces tonalités se succéderont, de même que les accords dont elles sont formées, par *quintes justes en montant.*

ENCHAÎNEMENT DES TONS MAJEURS PAR LEURS ACCORDS COMMUNS

REMARQUES

§ **565.** — En examinant le tableau ci-dessus, on peut faire les remarques suivantes:

1° Deux tons majeurs *voisins* ont toujours *deux* accords parfaits majeurs *communs;*

2° Chaque accord majeur appartient à *trois tons majeurs voisins,* dans lesquels il est placé, successivement, sur les **4ᵐᵉ** **1ᵉʳ** et **5ᵐᵉ** degrés.

3° En partant du ton de **do** *majeur,* dont les *accords générateurs* ne se composent que de *notes naturelles,* si l'on suit la **progression ascendante,** on voit apparaître, dans les accords des *tons majeurs* de **sol, ré, la, mi,** etc, les **dièses fa, do, sol, ré, la, mi, si,** se succédant par *quintes justes* en montant.

PRODUCTION DES DIÈSES PAR QUINTES JUSTES EN MONTANT

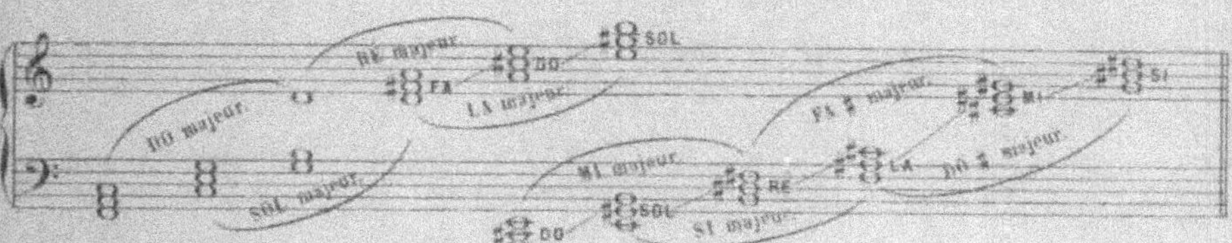

4° Si, partant du même point, on parcourt la **progression descendante,** ce sont les **bémols si, mi, la, ré, sol, do, fa,** que l'on trouve dans les accords des *tons majeurs* de **fa, si♭, mi♭,** etc, lesquels bémols se succèdent par *quintes justes* en descendant.

PRODUCTION DES BÉMOLS PAR QUINTES JUSTES EN DESCENDANT

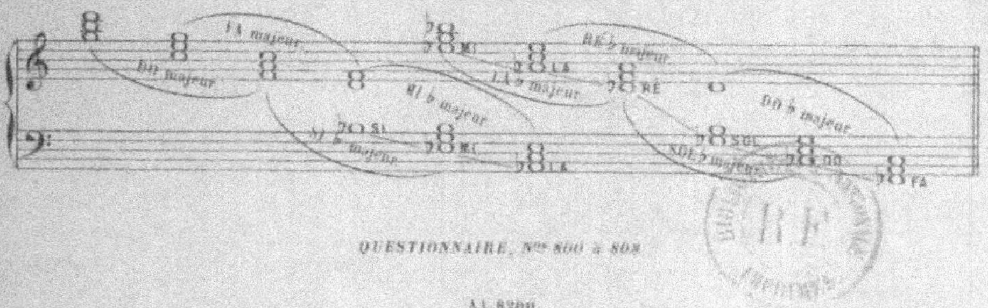

QUESTIONNAIRE, Nᵒˢ 800 à 808

DU CADRAN TONAL

Pour résumer ce qui concerne l'enchaînement logique et naturel des **tonalités**, nous plaçons sous les yeux de l'élève le **cadran tonal**, autour duquel elles tournent toutes, les *mineures* comme les *majeures*, pour rejoindre les tons de **do** majeur et **la** mineur, qui, naturellement, servent de *point de départ*.

Il est bon d'observer qu'en allant vers la *droite* (branche des *dièses*) les tons *majeurs* d'une part, les tons *mineurs* de l'autre, se succèdent par *quintes justes* en montant, et qu'en allant vers la *gauche* (branche des *bémols*) ils se suivent par *quintes justes* en descendant.

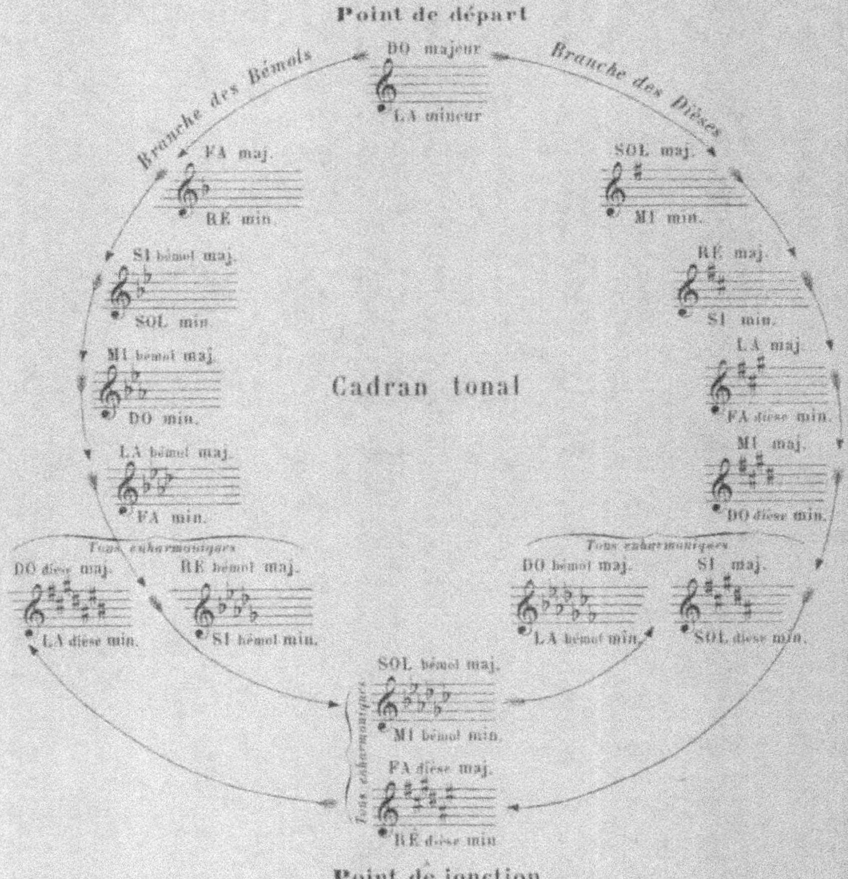

N.—B. — Le *point de jonction* des deux branches *(bémols et dièses)* se trouve, tout naturellement, à la rencontre des tons de *sol bémol majeur* et *mi bémol mineur* avec ceux de *fa dièse majeur* et *ré dièse mineur*, puisque les premiers ont *six bémols* à la clé et les seconds *six dièses*.

DES NOTES ou ARTIFICES MÉLODIQUES
des Notes réelles ou essentielles

§ 566.—Si, parmi les *notes* dont se compose une **mélodie**, les unes doivent nécessairement faire *partie intégrante* des accords employés, les autres peuvent être *étrangères* à ces accords.

§ 567.— Les notes qui font partie des accords employés sont appelées **notes réelles ou essentielles**; celles qui sont étrangères aux accords sont des **notes** ou **artifices** purement **mélodiques**.

§ 568.— On compte six espèces d'**artifices mélodiques**; savoir:

1° la **note de passage**; 2° la **broderie**; 3° l'**appoggiature**; 4° l'**échappée**; 5° l'**anticipation**; 6° la **syncope** *par anticipation* ou *par prolongation*.

NOTES DE PASSAGE

§ 569.— On nomme **note de passage**, toute note étrangère à l'harmonie, qui, placée *entre deux notes essentielles*, sert à *remplir*, diatoniquement ou chromatiquement, l'*intervalle* qui sépare ces deux notes, de manière à conduire de l'une à l'autre par *degrés conjoints* ou par *demi-tons*.

(Nous indiquons la *note de passage* par la lettre P).

ORNEMENTS MÉLODIQUES
Broderie, Appoggiature, Échappée

§ 570.— Un *ornement mélodique* est une note étrangère à l'harmonie qui se fait à la **seconde**, supérieure ou inférieure, majeure ou mineure de sa *note principale*.

§ 571.— On compte trois espèces d'ornements mélodiques; savoir: la **broderie**, l'**appoggiature** et l'**échappée**.

Voici en quoi diffèrent ces trois ornements:

La **broderie** *succède* à sa note principale, la *remplace momentanément*, et *retourne* à cette même note.

Elle occupe, généralement, un *temps faible*.

(Nous la désignons par la lettre B)

L'**appoggiature**, au contraire, *précède* sa note principale.

Elle occupe, ordinairement, un *temps fort*.

(Nous la désignons par la lettre A)

L'**échappée**, comme la broderie, *succède* à sa note principale, mais *n'y retourne pas*.

Elle ne peut occuper qu'un *temps faible*.

(Nous la désignons par la lettre E)

ANTICIPATION DIRECTE ET INDIRECTE

§ 572.—L'anticipation est une note qu'on fait entendre avant l'accord dont elle doit faire partie; et qui, par conséquent, *anticipe* sur les autres notes de cet accord.

Cet artifice mélodique ne se fait, généralement, qu'en *valeur brève*; et toujours sur un *temps faible*, ou mieux encore, sur la *partie faible* d'un temps. (Nous indiquons l'anticipation par An.)

§ 573.—L'*anticipation* est *directe*, lorsque la *note qui anticipe* est la même que celle dont elle est suivie. (Voir les deux premières mesures de l'exemple précédent).

§ 574.—L'*anticipation* est *indirecte* quand la *note qui anticipe* est différente de celle qui lui succède dans la même partie. (Voir les deux dernières mesures du même exemple).

SYNCOPES par ANTICIPATION ou par PROLONGATION

§ 575.— La **syncope** peut être considérée comme *note étrangère* à l'harmonie dans les deux cas suivants:

1° Quand la *note syncopée* est attaquée *avant l'accord* auquel elle appartient (syncope par *anticipation*) et produit une *dissonance* au moment de l'attaque.

2° Quand la *note syncopée* se prolonge sur un accord auquel elle n'appartient pas et y produit une *dissonance irrégulière*. (Syncope par *prolongation*).

QUESTIONNAIRE, N°S 809 à 826

NOTES PRINCIPALES et NOTES D'AGRÉMENT

§ 576.— Parmi les *notes* essentiellement *mélodiques* étrangères à l'harmonie, les unes s'écrivent en *caractères ordinaires*, et les autres, en caractères beaucoup *plus petits*.

Ces dernières sont appelées *petites notes*, ou **notes d'agrément**.

§ 577.— Les *ornements mélodiques* qu'on écrit ainsi en *petits caractères* sont ceux qui ne sont pas absolument indispensables à la contexture de la **mélodie**, et qui n'y sont ajoutés que pour lui donner plus de *grâce* ou plus de *mordant*.

§ 578.— Les notes qui font *partie intégrante* de la **mélodie** et qu'on ne pourrait en retrancher sans en altérer le fond sont appelées **notes principales de la mélodie**.

§ **579.**—Les *petites notes* ou *notes d'agrément* peuvent se présenter *isolément* ou par *groupes* de 2, 3, 4 et plus.

§ **580.**—Ces *petites notes* ne comptent pas dans la mesure; elles empruntent *leur valeur* tantôt à la note qui les précède, tantôt à celle qui les suit.

§ **581.**—La mesure où se trouvent des *petites notes* doit être **complète**, abstraction faite de ces petites notes, et comme si elles n'y figuraient pas.

§ **582.**—La *valeur* des petites notes n'est *pas absolue*; on peut les exécuter *plus ou moins rapidement*, selon le caractère de la phrase dont elles font partie. C'est une affaire d'appréciation et de goût de la part de l'exécutant.

APPOGGIATURE EXPRESSIVE

§ **583.**—Le mot **appoggiature** dérive du verbe italien *appoggiare* (appuyer).

Dans le sens absolu du mot, l'*appoggiature* est donc une note sur laquelle doit porter l'*accentuation principale*. Aussi, cet ornement se trouve-t-il, généralement, sur une partie *relativement forte* de la mesure ou du temps.

§ **584.**—Toute *appoggiature* placée dans ces conditions est une **appoggiature expressive**, à laquelle on doit donner une *valeur de durée* appréciable.

Anciennement, cette sorte d'*appoggiature* s'écrivait en *petites notes*. De nos jours, l'**appoggiature expressive** s'écrit en caractères ordinaires.

§ **585.**—L'**appoggiature expressive** écrite en *petites notes* emprunte sa valeur à la *note principale* qui la suit. Quand la *note principale* est en *valeur simple*, on donne à l'**appoggiature** la *moitié* de cette valeur. Quand la *note principale* est en *valeur pointée*, on donne ordinairement les *deux tiers* de cette valeur à l'**appoggiature**.

APPOGGIATURES EXPRESSIVES

N.—B.— Si l'on a abandonné l'usage de la *petite note* pour l'*appoggiature expressive*, c'est que, ainsi notée, la *valeur exacte* de cette petite note n'était pas toujours *bien déterminée*, tandis qu'en écrivant en *caractère ordinaire* la *note-appoggiature*, et la faisant entrer dans la composition de la mesure, sa valeur n'est pas douteuse et toute fausse interprétation devient impossible.

QUESTIONNAIRE, N° 827 à 844

BRISÉS SIMPLE, DOUBLE et TRIPLE

§ 586.—Le **brisé** est une *petite note barrée*, qui s'exécute avec une telle rapidité que sa valeur est *presque nulle* comme durée.

§ 587.— Le plus souvent, c'est l'*appoggiature supérieure* ou l'*appoggiature inférieure* qui sert de **brisé**.

C'est alors une *appoggiature brève*.

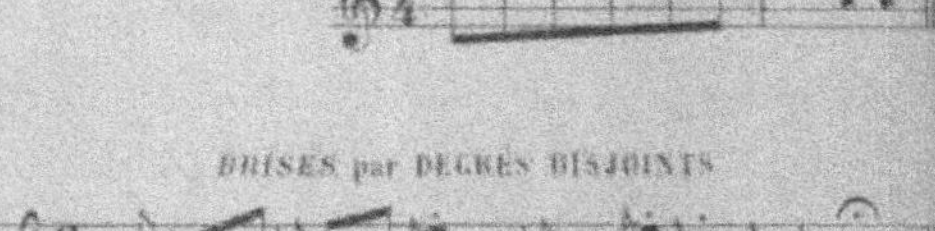

§ 588.—Mais, quelquefois, le **brisé** se fait par *intervalle disjoint* de 3°, 4°, 5°, etc, soit en montant, soit en descendant vers la *note principale*.

Dans ce cas, il ne peut plus s'appeler *appoggiature*.

§ 589.—Les *appoggiatures inférieure* et *supérieure* peuvent se succéder dans un ordre quelconque et précéder *toutes les deux* leur note principale.

Elles forment ainsi un *petit groupe* de 2 notes que nous appellerons le **brisé double**.

§ 590.— L'intervalle de **tierce**, qui toujours existe entre les *deux appoggiatures* d'une même note principale, peut être rempli au moyen d'une *note de passage*, qui n'est autre que la note principale elle-même.

Cela forme alors un groupe de *3 petites notes* que nous appellerons le **brisé triple**.

OBSERVATION

§ 591.— Bien que la valeur du **brisé** soit *presque nulle* comme durée, on n'est pas d'accord sur la question de savoir à quel temps on doit emprunter cette valeur *si minime*. Est-ce à la note ou au silence qui *précède* le brisé? Est-ce à la note qui le *suit*?

Quand il s'agit de la **notation ancienne**, qui manque absolument de clarté en ce qui concerne *les notes d'agrément*, on comprend très bien cette divergence d'opinion.

Mais, dans la **musique moderne**, où l'on écrit en *caractères ordinaires* toutes les *notes d'agrément* ayant une valeur de durée appréciable, on doit emprunter la valeur des **brisés** à la note ou au silence qui les *précède*.

QUESTIONNAIRE, N°ˢ 845 à 851

MORDANT

§ 592. — **Le mordant** est une sorte de *brisé double*, qui se compose de la *note principale* et de l'une de ses *broderies*; (sa *broderie supérieure* le plus souvent).

Parfois on l'écrit en *petites notes*, d'autrefois on l'indique par ce signe ᷉.

Il emprunte sa valeur à la note dont il est suivi.

GRUPPETTO (Prononcez groupetto)

§ 593. — **Le gruppetto** ou *petit groupe* est un *ornement mélodique* qui se compose de 2, 3 ou 4 *notes conjointes* succédant à la note principale.

Il emprunte sa valeur à la note qui le précède.

§ 594. — Le *gruppetto* de 2 notes se compose de l'une des *broderies* de la note principale et de cette note *elle-même*.

§ 595. — Le *gruppetto* de 3 notes se compose des *deux broderies* entre lesquelles la *note principale* est intercalée comme *note de passage*.

§ 596. — Le *gruppetto* de 4 notes comprend les *deux broderies*, la *note de passage*, et de plus, le retour à la *note principale*.

On indique quelquefois par ce signe ∾ les *petits groupes* de 3 et 4 notes.

§ 597. — Le *gruppetto* commençant, généralement, par la *broderie supérieure*, si l'on veut qu'il commence par la *broderie inférieure*, il est d'usage de l'écrire en *petites notes* et de ne pas s'en rapporter au signe ∾.

PORT DE VOIX

§ 598.—Le **port de voix** (en italien *portamento*) n'est autre chose qu'une *anticipation directe*.

Le but du **port de voix** est d'obtenir une *grande liaison* entre la note principale qui le *précède* et celle qui le *suit*. On doit donc exécuter ces 3 notes *legatissimo*, mais *sans traîner*.

TRILLE

§ 599.—Le **trille** consiste en *battements rapides*, *alternatifs* et *répétés* d'une **note principale** et de son **ornement supérieur**.

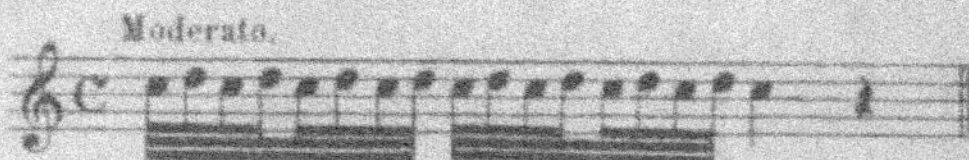

§ 600.—On indique le **trille** par ses lettres initiales *tr*, qu'on place au-dessus ou au-dessous de la *note principale*.

La figure de cette note principale représente la durée totale du **trille**.

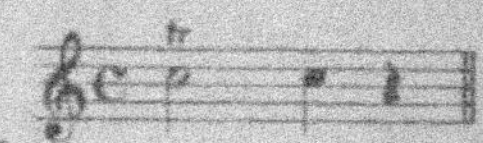

§ 601.—Lorsqu'un **trille** doit se prolonger sur plusieurs valeurs de notes, on tire, à la suite des lettres *tr*, une *ligne tremblée* qui se continue jusqu'à la fin du *trille*.

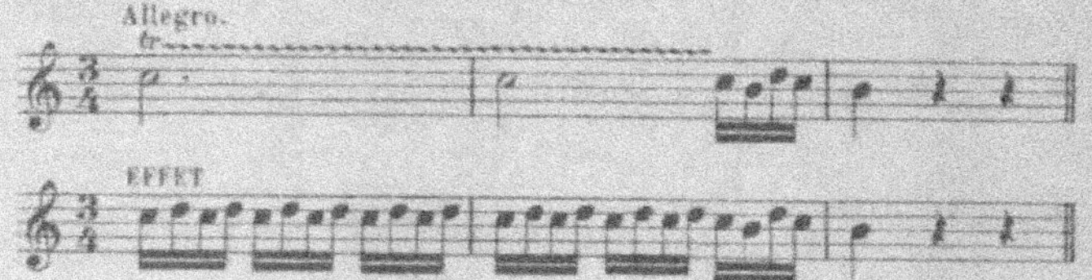

§ 602.—Si la *note supérieure* du **trille** doit être *altérée*, on place l'*altération voulue* au-dessous des petites lettres.

§ 603.—Le **trille** est *majeur* ou *mineur*, selon que l'ornement supérieur est à *un ton* ou à *un demi-ton* de la note principale.

§ **604.**—Il y a plusieurs manières de *commencer* et de *terminer* un **trille**; on les indique, habituellement, par des *petites notes*.

§ **605.**—Un **trille** se compose donc, ordinairement, d'une *préparation*, de *battements répétés* et d'une *terminaison*.

POINT D'ORGUE AGRÉMENTÉ

§ **606.**—On a vu (§ 250) que le **point d'orgue** arrête momentanément la marche de la mesure.

On profite parfois de ce temps d'arrêt pour *agrémenter* le **point d'orgue** de *traits* ou *dessins mélodiques* qu'on exécute *à volonté*.

En général, ces *dessins mélodiques* sont écrits en *petites notes*; on les désigne sous le nom de **point d'orgue**.

Ainsi, l'on dit: le *point d'orgue final*, un *point d'orgue brillant*, etc.

QUESTIONNAIRE, Nos 860 à 871

MESURES à 5, à 7 et à 9 TEMPS

§ **607.**—La véritable mesure à *cinq temps*, celle qui n'aurait, suivant la règle commune, qu'*un seul temps fort*, n'existe guère qu'en *théorie*.

Il en est de même, à plus forte raison, des mesures à 7 et 9 temps.

§ **608.**—En effet, ces prétendues mesures ne sont pas autre chose que des *combinaisons rythmiques* obtenues par le *mélange* des mesures ordinaires à 2, à 3 ou à 4 temps.

Parmi les essais qui ont été faits dans ce genre, les plus heureux, ceux qu'on cite toujours comme étant parfaitement réussis, sont: d'une part, l'allegro de la cavatine "*Viens, gentille dame*" de la *DAME BLANCHE*; et d'autre part, le duo de *Magali* de *MIREILLE*.

Or, la mesure à 5 *temps* du premier de ces morceaux résulte du mélange des mesures à $\frac{3}{4}$ et à $\frac{2}{4}$; quant au second, il est écrit alternativement, à $\frac{9}{8}$ et à $\frac{6}{8}$, c'est-à-dire: 3 temps et 2 temps, dont la somme donne 5 temps.

N.–B. — Dans l'exemple précédent, la *barre pointillée* sépare les mesures à $\frac{3}{4}$ et $\frac{2}{4}$ dont est formée celle à 5 temps. Elle a pour but d'en faciliter la lecture.

La mesure à 5 temps, ainsi constituée, a *deux temps forts*: le 1ᵉʳ et le 4ᵐᵉ.

N.–B. — L'auteur de *MIREILLE* aurait pu écrire ce morceau à 5 temps, comme nous l'indiquons ci-dessous; mais il a préféré, avec raison, se servir alternativement, des mesures à $\frac{9}{8}$ et $\frac{6}{8}$ très usitées, plutôt que de celle à $\frac{15}{8}$ presque inconnue.

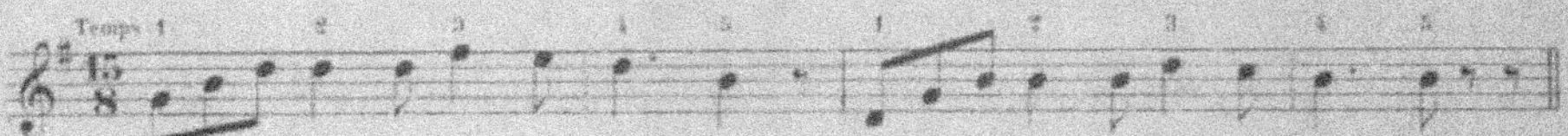

§ 609. — La manière la plus simple de *marquer les temps* de ces sortes de mesures, c'est de *battre*, alternativement, une mesure à 3 temps et une mesure à 2, ou le contraire, si la combinaison de ces deux mesures était *inverse*, ce qui est très rare.

Nous donnons, pour mémoire, des exemples de mesures à 7 et à 9 temps.

N.–B. — Dans la mesure à 7 temps, on compte *deux temps forts*: le 1ᵉʳ et le 5ᵐᵉ; dans celle à 9 temps, on en compte *trois*: le 1ᵉʳ, le 5ᵐᵉ et le 8ᵐᵉ.

QUESTIONNAIRE. Nᵒˢ 872 à 882

DU PLAIN-CHANT
et
DE SA NOTATION

§ 610.—On nomme **plain-chant** ou *chant liturgique* le système musical d'après lequel sont écrits les *chants ordinaires* de l'Eglise catholique sur des paroles latines.

§ 611.—Pour noter le **plain-chant**, on a conservé une grande partie des signes de l'ancienne notation, savoir: la **longue** ou *note à queue* ; la **brève** ou *note carrée* et la **semi-brève** ou *note losange* .—La *maxime* y est remplacée par la **double-carrée** .

§ 612.—La valeur *relative* ou *proportionnelle* de ces figures de notes est restée à **peu près** ce qu'elle était dans la musique ancienne.—Cependant, la **musique de plain-chant** n'étant point, à proprement parler, une **musique mesurée**, cette *valeur des notes* est loin d'être absolue, et leur durée peut être plus ou moins longue, selon le caractère de la phrase à laquelle elles appartiennent, et l'importance des syllabes auxquelles elles sont appliquées.

§ 613.—On écrit le **plain-chant** sur une *portée de quatre lignes*, et l'on se sert, habituellement, des **clés** suivantes:

1° La *clé* d'ut ou de **do** placée sur la 3me ou la 4me ligne;

2° La *clé* de **fa** placée sur la 3me ligne,

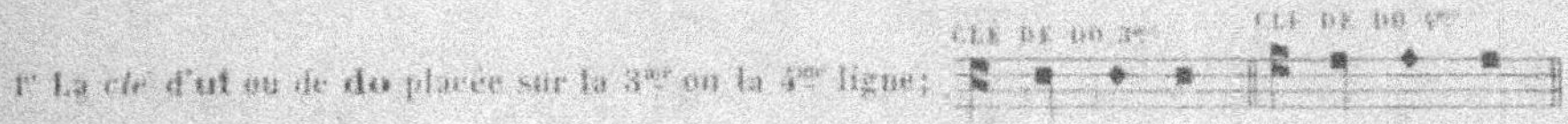

(Il est rare que ces clés soient placées sur l'une des deux premières lignes; leur forme ainsi qu'on le voit, n'est pas tout-à-fait la même que dans la notation ordinaire).

MODES DU PLAIN-CHANT

§ 614.—Le **plain-chant** usité de nos jours est basé sur *huit échelles de sons* qu'on appelle **modes** et qu'on désigne, communément, par leur numéro d'ordre: 1er *mode*, 2me *mode*, 3me *mode*, etc.

§ 615.—En principe, les *huit modes du plain-chant* se composent exclusivement de **notes naturelles**.—Cependant, pour éviter certaines duretés, on emploie parfois le **si bémol**.

§ 616.—Chaque mode a deux notes principales: la **finale** (sorte de *tonique*) et la **dominante**.

§ 617.—Bien qu'il y ait **huit modes**, il n'y a que **quatre finales**: le **ré**, le **mi**, le **fa** et le **sol**.—Cela tient à ce que *chaque finale* appartient à *deux modes*; ainsi, le **ré** est la **finale** du 1er et du 2me mode; le **mi** est la finale du 3me et du 4me; le **fa** est la finale du 5me et du 6me; le **sol** est la finale du 7me et du 8me.

§ **618.**—Les **modes** qui ont la *même finale* sont toujours d'espèce différente; l'un est un **mode authentique**, l'autre est un **mode plagal**.

§ **619.**—Il y a *quatre modes authentiques*, qui sont: le 1ᵉʳ, le 3ᵐᵉ, le 5ᵐᵉ et le 7ᵐᵉ (nombres impairs).

§ **620.**—Il y a *quatre modes plagaux*, qui sont: le 2ᵐᵉ, le 4ᵐᵉ, le 6ᵐᵉ et le 8ᵐᵉ (nombres pairs).

§ **621.**—Chaque **mode plagal** correspond au **mode authentique** qui le précède et dont la **finale** est *la même*.

§ **622.** Voici en quoi diffèrent les *deux espèces de modes* et ce qui les caractérise:

1° L'échelle *ascendante* d'un **mode authentique** part de la *note finale*, tandis que *celle* du **mode plagal correspondant** commence à *une quarte plus bas*.

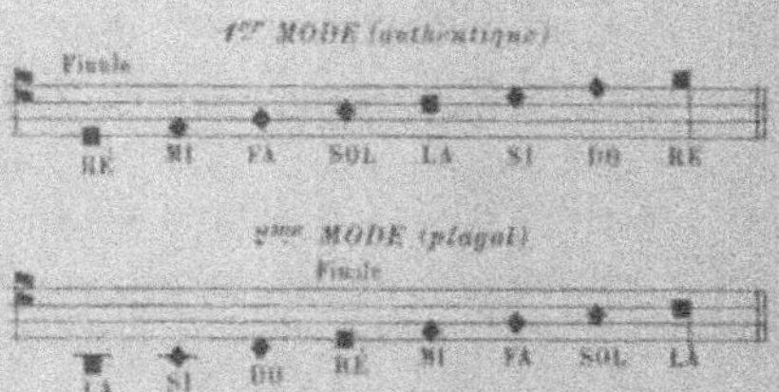

2° La **dominante** d'un *mode authentique* est, comme en musique, à une *quinte au-dessus* de la **finale**, excepté dans le **3ᵐᵉ** mode dont la *finale* est **mi** et la *dominante*, **do**.

3° Dans un *mode plagal*, la **dominante** se trouve à *une tierce plus bas* que celle du *mode authentique correspondant*, excepté dans le **8ᵐᵉ** mode, où la **dominante** n'est qu'à *une seconde au-dessous* de celle du 7ᵐᵉ.

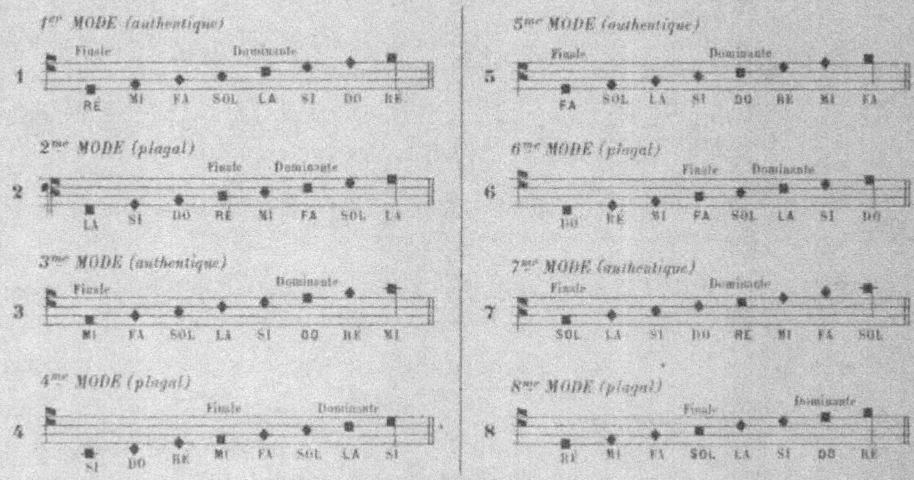

§ **623.**—On nomme **guidon** une *petite note à queue* qui se met à la fin de chaque portée pour annoncer la *première note* de la portée suivante.

QUESTIONNAIRE, Nᵒˢ 883 à 892

A.L.8200.

ABRÉVIATIONS

——— FIN ———

QUESTIONNAIRE

INTRODUCTION (p. 1)

1 – D. Quel est l'art qui a pour objet d'exprimer des sentiments et d'éveiller des sensations par le moyen des sons?
R. *C'est la musique.*

2 – D. Comment nomme-t-on les sons qui produisent de la musique?
R. *Sons musicaux.*

3 – D. Qu'est-ce que les sons graves? Qu'est-ce que les sons aigus.
R. *Les sons graves sont ceux du bas, les sons aigus sont ceux du haut.*

4 – D. Comment nomme-t-on les rapports de hauteur des sons?
R. *Intonation.*

5 – D. Comment nomme-t-on les rapports de durée des sons?
R. *Mesure ou rythme.*

6 – D. Comment nomme-t-on le degré de force qu'on donne aux sons?
R. *Intensité.*

7 – D. Comment appelez-vous une suite de sons musicaux formant un sens agréable pour l'oreille et satisfaisant pour l'esprit?
R. *Mélodie.*

8 – D. Comment appelez-vous l'union de plusieurs sons qui, entendus en même temps, produisent un effet harmonieux?
R. *Accord.*

9 – D. Qu'est-ce que la science des accords?
R. *C'est l'harmonie.*

10 – D. Que produit une suite d'accords?
R. *De l'harmonie.*

11 – D. Comment nomme-t-on la musique composée pour les voix?
R. *Musique vocale ou musique de chant.*

12 – D. Comment nomme-t-on la musique composée pour les instruments?
R. *Musique instrumentale.*

PREMIÈRE PARTIE

ÉCRITURE MUSICALE OU NOTATION (p. 2)

13 – D. Comment appelle-t-on l'écriture musicale?
R. *Notation.*

14 – D. En combien de classes principales divise-t-on les signes de la notation musicale?
R. *En deux classes principales: les signes d'intonation et les signes de durée.*

15 – D. Quels sont les principaux signes d'intonation?
R. *La portée, les notes et les clés.*

PORTÉE

16 – D. Comment nomme-t-on la réunion des cinq lignes sur lesquelles on écrit la musique?
R. *Portée.*

17 – D. Comment compte-t-on les lignes de la portée?
R. *De bas en haut.*

18 – D. Quelle est la 1ʳᵉ ligne de la portée?
R. *Celle du bas.*

19 – D. Comment nomme-t-on les espaces compris entre les lignes de la portée?
R. *Interlignes.*

20 – D. Combien y a-t-il d'interlignes?
R. *Il y en a quatre.*

21 – D. Comment compte-t-on les interlignes?
R. *De bas en haut, comme les lignes.*

22 – D. Comment nomme-t-on les petites lignes qu'on ajoute à la portée pour en augmenter l'étendue?
R. *Lignes supplémentaires.*

NOTES

23 – D. Comment nomme-t-on les caractères dont on se sert pour représenter les sons?
R. *Notes.*

24 – D. Quelles sont les principales figures de notes?
R. *La ronde, la blanche, la noire et la croche.*

25 – D. Que fait-on pour grouper plusieurs croches qui se suivent?
R. *On remplace les crochets par une barre.*

26 – D. Qu'indiquent les différentes figures de notes?
R. *Leur valeur relative comme durée.*

27 – D. Qu'est-ce qui détermine le degré de hauteur relative des sons?
R. *C'est la position que les notes occupent sur la portée.*

28 – D. Quelles sont les diverses manières de placer les notes sur la portée.
R. *On place les notes: 1° sur les lignes; 2° dans les interlignes; 3° au-dessus et au-dessous des lignes, contre la portée; 4° sur les lignes supplémentaires; 5° au-dessus ou au-dessous des petites lignes.*

29 – D. Quels sont les noms qu'on donne aux notes?
R. *Do, Ré, Mi, Fa, Sol, La, Si.*

CLÉS

30 – D. Quelle est la figure dont on se sert pour indiquer la position que doivent occuper les notes sur la portée?
R. *C'est la clé.*

31 – D. Quel nom porte la clé?
R. *Le nom d'une note.*

32 – D. Où place-t-on la clé?
R. *Sur l'une des lignes de la portée.*

33 – D. A quoi sert la clé?
R. *Elle détermine la position de la note dont elle porte le nom, et par celle-ci, la position de toutes les autres.*

34 – D. La clé indique-t-elle autre chose que la position des notes sur la portée?
R. *Elle indique aussi leur degré de hauteur.*

25—D. Combien y a-t-il de sortes de clés?
R. *Il y en a 3: la clé de Sol, la clé de Fa et la clé de Do.*

36—D. Quelle est la plus usitée de toutes les clés?
R. *C'est la clé de Sol.*

37—D. Sur quelle ligne place-t-on la clé de Sol?
R. *Sur la 2de ligne de la portée.*

28—D. Qu'indique la clé de Sol posée sur la 2e ligne?
R. *Que toute note placée sur cette ligne s'appelle Sol.*

39—D. Pour figurer des sons montant ou descendant par degrés, comment place-t-on les notes sur la portée?
R. *Alternativement sur les lignes et dans les interlignes.*

40—D. Comment se fait-il que sept noms de notes puissent suffire pour exprimer tous les sons?
R. *C'est que toutes les notes placées à 8 degrés l'une de l'autre portent toujours le même nom.*

GAMME ET DEGRÉS (p.4)

41—D. Quel nom donne-t-on à une série de sons montant ou descendant par degrés, du Do grave au Do aigu, ou du Do aigu au Do grave?
R. *On l'appelle gamme.*

42—D. Qu'est-ce que la gamme ascendante?
R. *Celle qui va en montant.*

43—D. Qu'est-ce que la gamme descendante?
R. *Celle qui va en descendant.*

44—D. A quoi applique-t-on le nom de degré?
R. *A chacune des notes de la gamme.*

45—D. Combien la gamme contient-elle de degrés?
R. *Huit.*

46—D. Comment compte-t-on les degrés de la gamme?
R. *En allant du grave à l'aigu.*

47—D. Nommez toutes les notes de la gamme, et désignez le degré qui correspond à chacune d'elles.
R. *Do, 1er degré; Ré, 2me degré; Mi, 3me degré; Fa, 4me degré; Sol, 5me degré; La, 6me degré; Si, 7me degré; Do 8me degré.*

48—D. Le 8e degré, s'appelant Do comme le 1er, n'est-il pas, seulement, la répétition à l'aigu de ce 1er degré?
R. *Si, le 8me degré n'est que la répétition du 1er à l'aigu.*

49—D. Combien y a-t-il de degrés tout-à-fait différents?
R. *Il n'y en a que sept.*

50—D. A quoi compare-t-on la gamme?
R. *A une échelle de sons.*

51—D. La différence d'intonation est-elle la même entre toutes les notes de la gamme?
R. *Non; de Mi à Fa et de Si à Do elle est plus petite de moitié que de Do à Ré, de Ré à Mi, de Fa à Sol, etc.*

TON ET DEMI-TON

52—D. Comment nomme-t-on la distance qu'il y a de Do à Ré, de Ré à Mi, de Fa à Sol, de Sol à La et de La à Si?
R. *Un ton.*

53—D. Comment nomme-t-on la distance qu'il y a de Mi à Fa et de Si à Do?
R. *Un demi-ton.*

54—D. Nommez toutes les notes entre lesquelles la distance est d'un ton?
R. *De Do à Ré, de Ré à Mi, de Fa à Sol, de Sol à La et de La à Si.*

55—D. Désignez les notes entre lesquelles la distance est d'un demi-ton?
R. *De Mi à Fa et de Si à Do.*

56—D. Combien la gamme de 8 degrés contient-elle de tons et de demi-tons.
R. *Cinq tons et deux demi-tons.*

57—D. Entre quels degrés sont les demi-tons?
R. *Du 3me au 4me et du 7me au 8me.*

58—D. Entre quels degrés trouve-t-on les espaces d'un ton?
R. *Du 1er au 2me, du 2me au 3me, du 4me au 5me, du 5me au 6me et du 6me au 7me.*

59—D. Comment appelez-vous la gamme dont les demi-tons sont placés du 3me au 4me degré et du 7me au 8me?
R. *Gamme diatonique majeure, ou simplement, gamme majeure.*

VALEUR RELATIVE DES FIGURES DE NOTES (p.5)

60—D. Quelle est l'unité de valeur en musique?
R. *La ronde.*

61—D. Quelle est la moitié de la ronde?
R. *La blanche.*

62—D. Quel est le quart de la ronde?
R. *La noire.*

63—D. Quel est le huitième de la ronde?
R. *La croche.*

64—D. Combien la ronde vaut-elle de blanches, de noires ou de croches?
R. *La ronde vaut 2 blanches ou 4 noires ou 8 croches.*

65—D. Combien la blanche vaut-elle de noires ou de croches?
R. *La blanche vaut 2 noires ou 4 croches.*

66—D. Combien la noire vaut-elle de croches?
R. *La noire vaut 2 croches.*

67—D. Toutes ces valeurs sont-elles donc divisibles par deux?
R. *Oui, elles sont divisibles par deux.*

68—D. De quelle espèce sont les valeurs de notes divisibles par deux?
R. *Ce sont des valeurs simples.*

DES SILENCES (p.6)

69—D. Quels sont les signes qui indiquent l'interruption momentanée des sons?
R. *Ce sont les silences.*

70—D. Quels sont les principaux silences?
R. *La pause, la demi-pause, le soupir et le demi-soupir.*

71—D. A quoi correspond chaque silence comme durée?
R. *A une valeur de note.*

72—D. A quelles valeurs de notes équivalent les différents silences?
R. *La pause équivaut à la ronde; la demi-pause, à la blanche; le soupir, à la noire; le demi-soupir, à la croche.*

73 – D. Combien la pause vaut-elle de demi-pauses, de
soupirs ou de demi-soupirs?
R. *La pause vaut 2 demi-pauses ou 4 soupirs
ou 8 demi-soupirs.*

74 – D. Qu'est-ce que la demi-pause par rapport à la
pause?
R. *La demi-pause est la moitié de la pause.*

75 – D. Combien la demi-pause vaut-elle de soupirs
ou de demi-soupirs?
R. *La demi-pause vaut 2 soupirs ou 4 demi-soupirs*
(à continuer.)

MESURES, BARRES DE MESURES et TEMPS (p. 6)

76 – D. Comment divise-t-on un morceau de musique?
R. *Par petits fragments qu'on appelle mesures.*

77 – D. Comment nomme-t-on les barres verticales qui
traversent la portée de distance en distance?
R. *Barres de mesure.*

78 – D. Avec quoi remplit-on les sortes de cases que
forment les barres de mesure?
R. *On les remplit de notes et de silences pour une
somme de valeurs déterminée.*

79 – D. Cette somme de valeurs est-elle toujours la
même pour chaque mesure de même espèce?
R. *Oui, elle est toujours la même.*

80 – D. Que constitue la somme des valeurs compri-
ses entre deux barres de mesure?
R. *Elle constitue ce qui s'appelle une mesure.*

81 – D. Comment divise-t-on la mesure?
R. *En certaines parties d'égale durée qu'on appelle temps.*

82 – D. En combien de temps divise-t-on la mesure?
R. *En 2, 3 ou 4 temps.*

83 – D. En combien de parties divise-t-on chacun des
temps d'une mesure?
R. *En 2 ou en 3 parties égales, selon l'espèce de
la mesure.*

84 – D. Comment appelez-vous la division par deux?
R. *Division binaire.*

85 – D. Comment appelez-vous la division par trois?
R. *Division ternaire.*

86 – D. Dans quel cas un temps est-il divisible par deux?
R. *Quand il se compose d'une valeur simple:
blanche, noire ou croche.*

87 – D. Comment appelez-vous un temps qui se compose d'une valeur simple?
R. *Temps simple ou temps binaire.*

88 – D. Que veut dire temps binaire?
R. *Temps divisible par deux.*

89 – D. Qu'est-ce que les mesures simples?
R. *Ce sont celles dont les temps sont simples ou
binaires, c'est-à-dire divisibles par deux.*

CHIFFRES INDICATEURS DES MESURES

90 – D. Comment indique-t-on les différentes mesures?
R. *On les indique, généralement, par deux chiffres superposés en forme de fraction.*

91 – D. Comment désigne-t-on les mesures?
R. *Par l'énoncé des deux chiffres.*

92 – D. Citez-en quelques exemples?
R. *Mesure à deux-quatre, mesure à trois-quatre,
mesure à six-huit.*

93 – D. Que représente le chiffre inférieur ou dénominateur?
R. *Une fraction de la ronde.*

94 – D. Que représente le chiffre supérieur ou numérateur?
R. *Combien de fois cette fraction de la ronde est
contenue dans la mesure.*

95 – D. Qu'exprime l'ensemble de ces deux chiffres?
R. *La somme de valeurs que doit contenir chaque
mesure, en notes ou en silences.*

96 – D. Comment représente-t-on pour le chiffrage des
mesures, la ronde, la blanche, la noire et la croche?
R. *On représente la ronde par 1, la blanche par 2,
la noire par 4 et la croche par 8.*

97 – D. En ce qui concerne particulièrement les mesures simples, le chiffre supérieur n'indique-t-il
que le nombre des fractions de la ronde contenues dans la mesure?
R. *Il indique aussi le nombre des temps.*

98 – D. Comment nomme-t-on la valeur de note qui,
à elle seule, remplit exactement un temps de
la mesure?
R. *Unité de temps.*

99 – D. Qu'est-ce que battre la mesure?
R. *C'est en marquer chaque temps par un mouvement de la main ou du bras.*

100 – D. Comment bat-on la mesure à 2 temps?
R. *On marque le 1er temps en frappant et le 2d
en levant.*

101 – D. Comment bat-on la mesure à 4 temps?
R. *Le 1er temps se marque en frappant; le 2me,
en allant de droite à gauche; le 3me de gauche à
droite et le 4me en levant.*

MESURES SIMPLES LES PLUS USITÉES
$$\left(\tfrac{2}{4}, \tfrac{3}{4}, \tfrac{4}{4} \text{ et } \tfrac{3}{2} (p. 8)\right)$$

102 – D. Quelles sont les mesures simples les plus usitées?
R. *Celles dont l'unité de temps est la noire.*

103 – D. Quelle est la mesure simple à 2 temps la
plus usitée?
R. *Celle à deux-quatre.*

104 – D. Que contient la mesure à deux-quatre dans
sa totalité?
R. *La valeur de deux noires.*

105 – D. Qu'y a-t-il pour chaque temps dans la mesure à deux-quatre?
R. *Une noire ou 2 croches.*

106 – D. Que vaut une blanche dans la mesure à deux-
quatre?
R. *Elle vaut une mesure entière.*

107 – D. Comment indique-t-on la mesure à deux-quatre?
R. *Par les chiffres $\tfrac{2}{4}$ disposés en fraction.*

108 – D. Quelle est la mesure simple à 4 temps la
plus usitée.
R. *Celle à quatre-quatre.*

109 – D. Que contient la mesure à quatre-quatre dans
sa totalité?
R. *La valeur de 4 noires.*

110 – D. Comment indique-t-on la mesure à quatre-quatre?
R. *On l'indique, le plus souvent, par un grand C.*

111 – D. Certains auteurs ne l'indiquent-ils pas autrement?
R. *Si, les uns l'indiquent par un 4, et les autres par
2 chiffres 4 superposés.*

112 – D. Dans les mesures à $\frac{2}{2}$ et $\frac{2}{4}$, que vaut la noire?
R. *Un temps.*
(à continuer)

113 – D. Qu'est-ce que la mesure à deux-deux?
R. *C'est une mesure simple à 2 temps.*

114 – D. Qu'y a-t-il pour chaque temps dans la mesure à deux-deux?
R. *Une blanche ou 2 noires.*

115 – D. Qu'y a-t-il pour une mesure entière?
R. *Une ronde ou 2 blanches ou 4 noires.*

116 – D. La mesure à $\frac{2}{2}$ contient donc la même somme de valeurs que celle à $\frac{4}{4}$?
R. *Oui, ces deux mesures contiennent la même somme de valeurs.*

117 – D. En quoi ces deux mesures diffèrent-elles l'une de l'autre?
R. *Elles ne diffèrent que par la manière de marquer les temps.*

118 – D. Comment indique-t-on la mesure à deux-deux?
R. *On l'indique le plus souvent par un ¢ barré, et quelquefois par le chiffre 2.*

119 – D. Dans la mesure à deux-deux, que vaut la blanche?
R. *Un temps.*
(à continuer)

INTERVALLES (p. 10.)

120 – D. Comment nomme-t-on la différence de hauteur qui existe entre deux sons comme intonation?
R. *Intervalle.*

121 – D. Qu'est-ce qu'un intervalle qui va d'une note grave à une note aiguë?
R. *C'est un intervalle supérieur ou ascendant.*

122 – D. Qu'est-ce qu'un intervalle qui va d'une note aiguë à une note grave?
R. *C'est un intervalle inférieur ou descendant.*

123 – D. Comment compte-t-on, généralement, les intervalles?
R. *Du grave à l'aigu.*

124 – D. Dans quel cas compte-t-on les intervalles de l'aigu au grave?
R. *Quand la chose est spécifiée.*

125 – D. Que produisent deux sons placés au même degré, dont l'intonation est la même?
R. *Ils produisent un unisson.*

126 – D. Qu'est-ce que l'unisson?
R. *C'est l'absence d'intervalle entre deux sons.*

127 – D. Comment mesure-t-on les intervalles?
R. *On les mesure par tons et par demi-tons.*

128 – D. Quelle est l'unité de mesure des intervalles?
R. *C'est le ton.*

129 – D. Quel est le plus petit intervalle de notre système musical?
R. *C'est le demi-ton.*

130 – D. Que dit-on de 2 degrés qui se succèdent suivant l'ordre qu'ils ont dans la gamme?
R. *Qu'ils sont conjoints.*

131 – D. Que dit-on de 2 degrés, lorsque pour passer directement de l'un à l'autre, on franchit un ou plusieurs degrés intermédiaires?
R. *Qu'ils sont disjoints.*

132 – D. Comment désigne-t-on les divers intervalles?
R. *Par des noms qui expriment la quantité de degrés conjoints dont ils sont composés.*

133 – D. Désignez les différents intervalles; et dites, en même temps, la quantité de degrés conjoints dont se compose chacun d'entre eux.
R. *Seconde, 2 degrés; tierce, 3 degrés; quarte, 4 degrés; quinte, 5 degrés; sixte, 6 degrés; septième, 7 degrés; octave, 8 degrés; neuvième, 9 degrés; dixième, 10 degrés; etc...*

134 – D. Combien la gamme majeure contient-elle d'espèces de chaque intervalle?
R. *Elle en contient deux.*

135 – D. N'y a-t-il pas une exception à cette règle?
R. *Si, l'octave est la même sur tous les degrés.*

136 – D. De quelles qualifications se sert-on pour désigner les différentes espèces de chaque intervalle?
R. *On se sert des mots: majeur, mineur, juste, augmenté et diminué.*

137 – D. Que signifient les expressions: majeur, mineur, augmenté et diminué?
R. *Majeur veut dire grand, mineur veut dire petit, augmenté signifie plus grand que majeur ou juste, diminué signifie plus petit que juste ou mineur.*

138 – D. Pourquoi donne-t-on la qualification de justes à certains intervalles?
R. *Parce qu'ils ne peuvent être ni majeurs ni mineurs.*

139 – D. Quels sont les intervalles qui peuvent être majeurs ou mineurs?
R. *Ceux de seconde, tierce, sixte et septième.*

140 – D. Quels sont les intervalles qui peuvent être justes?
R. *Ceux de quarte, quinte et octave.*

141 – D. Quels sont les intervalles qui peuvent être augmentés ou diminués?
R. *Tous les intervalles.*

142 – D. Quelles sont les espèces des différents intervalles fournis par la gamme majeure?
R. *La 2de majeure et la 2de mineure, la 3^{ce} majeure et la 3^{ce} mineure, la 4te juste et la 4te augmentée, la 5te juste et la 5te diminuée, la 6te majeure et la 6te mineure, la 7me majeure et la 7me mineure, et l'octave juste.*

COMPOSITION DES DIFFÉRENTS INTERVALLES (p. 11)

143 – D. De quoi se compose la seconde mineure, en tons et demi-tons?
R. *D'un demi-ton.*

144 – D. De quoi se compose la seconde majeure?
R. *D'un ton.*
(à continuer d'après le Tableau de la p. 11)

DE LA PLACE QU'OCCUPENT DANS LA GAMME MAJEURE LES DIVERS INTERVALLES QU'ELLE CONTIENT (p. 12)

145 – D. Quels sont les degrés de la gamme majeure entre lesquels on trouve l'intervalle de seconde majeure?
R. *Du 1er au 2e; du 2e au 3e; du 4e au 5e; du 5e au 6e et du 6e au 7e.*

146 – D. Et celui de seconde mineure?
R. *Du 3e au 4e et du 7e au 8e.*

147 – D. Quels sont les degrés de la gamme majeure sur lesquels on trouve l'intervalle de tierce majeure?
R. *Sur le 1er, le 4e et le 5e degré.*
(à continuer d'après le Tableau de la p. 12)

INTERVALLES SIMPLES et INTERVALLES COMPOSÉS (p. 13)

148 – D. Qu'appelle-t-on intervalles simples?
R. *Ceux qui ne dépassent pas l'octave.*
149 – D. Quels sont les intervalles simples?
R. *La 2de, la 3^{ce}, la 4te, la 5te, la 6te, la 7me et l'8^{ve}.*
150 – D. Qu'appelle-t-on intervalles composés ou redoublés?
R. *Ceux qui excèdent l'octave juste, comme la 9me, la 10me, la 11me, etc...*
151 – D. Comment considère-t-on les intervalles composés?
R. *Comme étant la réplique des intervalles simples à une ou plusieurs octaves au-dessus ou au-dessous.*
152 – D. Que faut-il faire pour trouver l'intervalle composé d'un intervalle simple quelconque?
R. *Ajouter 7 degrés à ceux de l'intervalle simple.*
153 – D. Quel est l'intervalle composé de la seconde?
R. *C'est la neuvième.*
154 – D. Et celui de la tierce?
R. *C'est la dixième.*

(à continuer)

155 – D. Que faut-il faire pour trouver l'intervalle simple d'un intervalle composé quelconque?
R. *Retrancher du nombre des degrés contenus dans l'intervalle composé autant de fois 7 que cela est nécessaire pour qu'il n'en reste pas plus de 8.*
156 – D. Quel est l'intervalle simple de la neuvième?
R. *C'est la seconde.*
157 – D. Et celui de la dixième?
R. *C'est la tierce.*

(à continuer)

158 – D. Quel rapport y a-t-il entre l'espèce d'un intervalle simple quelconque et celle de son intervalle composé?
R. *Ils sont toujours de la même espèce.*
159 – D. Quel est l'intervalle simple de la neuvième majeure?
R. *C'est la seconde majeure.*

(à continuer)

160 – D. Quel est l'intervalle composé de la seconde mineure?
R. *C'est la neuvième mineure.*

(à continuer)

RENVERSEMENT DES INTERVALLES (p. 14)

161 – D. Qu'est-ce que renverser un intervalle?
R. *C'est porter sa note grave à l'aigu ou sa note aigüe au grave.*
162 – D. Quels sont les intervalles qu'on peut renverser?
R. *On ne peut renverser que les intervalles simples.*
163 – D. Que devient la seconde renversée?
R. *Elle devient septième.*

(à continuer)

164 – D. Qu'obtient-on en transportant au grave ou à l'aigu l'une des notes formant unisson?
R. *On obtient l'octave.*

165 – D. Qu'obtient-on en transportant au grave la note aigüe de l'octave, ou à l'aigu sa note grave?
R. *On obtient l'unisson.*
166 – D. Que trouve-t-on en additionnant les chiffres qui représentent l'intervalle primitif et son renversement.
R. *On trouve le nombre 9.*

QUALIFICATION DES INTERVALLES RENVERSÉS

167 – D. Que produit le renversement d'un intervalle majeur?
R. *Un intervalle mineur.*
168 – D. Et celui d'un intervalle mineur?
R. *Un intervalle majeur.*
169 – D. Et celui d'un intervalle augmenté?
R. *Un intervalle diminué.*
170 – D. Et celui d'un intervalle diminué?
R. *Un intervalle augmenté.*
171 – D. Et celui d'un intervalle juste?
R. *Un autre intervalle juste.*
172 – D. Quel rapport y a-t-il entre l'espèce d'un intervalle quelconque et celle de son renversement?
R. *A l'exception des intervalles justes, un renversement est toujours de l'espèce contraire à celle de son intervalle primitif.*
173 – D. Quel est le renversement de la seconde mineure?
R. *C'est la septième majeure.*

(à continuer)

174 – D. Quelle conséquence peut-on tirer de tout ce qui précède?
R. *Plus l'intervalle primitif est grand, plus son renversement est petit et vice versa.*

LIAISON D'ACCENTUATION ou COULÉ
ET LIAISON DE PROLONGATION (p. 15)

175 – D. Comment nomme-t-on la manière d'attaquer, de soutenir ou de détacher les sons?
R. *Accentuation.*
176 – D. Qu'est-ce que l'attaque ou l'articulation d'un son?
R. *C'est la production de ce son à l'instant même où elle commence.*
177 – D. Comment figure-t-on la liaison?
R. *Par une ligne courbe.*
178 – D. Comment nomme-t-on la liaison qui porte sur plusieurs notes d'intonations différentes?
R. *Liaison d'accentuation ou coulé.*
179 – D. Que signifie la liaison d'accentuation ou coulé?
R. *Qu'il faut glisser d'une note à l'autre, sans s'interrompre pour respirer.*
180 – D. Comment nomme-t-on la liaison qui sert à unir deux notes de même nom et de même intonation?
R. *Liaison de prolongation.*
181 – D. Que signifie la liaison de prolongation?
R. *Que les 2 notes qu'elle sert à unir n'en doivent faire qu'une à laquelle on donne la durée des deux valeurs ainsi soudées.*
182 – D. Comment doit on exécuter deux ou plusieurs notes à l'unisson unies par une liaison?
R. *On n'articule que la première et l'on prolonge le son commencé pendant la durée des autres notes.*

POINT D'AUGMENTATION (p. 16)

183 – D. Où place-t-on le point d'augmentation?
R. *Après une note ou après un silence.*

184 – D. Quel est l'effet du point placé après une note ou après un silence?
R. *Il augmente la durée de la note ou du silence de la moitié de sa valeur primitive.*

185 – D. A quoi équivaut la ronde pointée?
R. *A une ronde et une blanche liées ensemble.*

186 – D. Combien la ronde pointée vaut-elle de blanches, de noires ou de croches?
R. *Elle vaut 3 blanches ou 6 noires ou 12 croches.*

187 – D. A quoi équivaut la blanche pointée?
R. *A une blanche et une noire liées ensemble.*

(à continuer)

188 – D. Que vaut le soupir pointé?
R. *Il vaut un soupir et un demi-soupir.*

VALEURS SIMPLES, VALEURS COMPOSÉES (p. 16)

189 – D. Qu'est-ce que les valeurs simples?
R. *Ce sont les valeurs non pointées.*

190 – D. Qu'est-ce que les valeurs composées?
R. *Ce sont les valeurs pointées.*

191 – D. Par quel nombre les valeurs simples sont-elles divisibles?
R. *Par 2 et par les multiples de 2; c'est-à-dire, par 4, 8, 16, etc...*

192 – D. Comment appelez-vous la division par deux?
R. *Division binaire.*

193 – D. Par quel nombre les valeurs composées sont-elles divisibles?
R. *Par 3 et par les multiples de 3; c'est-à-dire, par 6, 12, 24, etc...*

194 – D. Comment appelez-vous la division par trois?
R. *Division ternaire.*

MESURSES SIMPLES A 3 TEMPS les plus USITÉES

$$\tfrac{3}{4} \text{ et } \tfrac{3}{8} \text{ (p. 17)}$$

195 – D. Quelle est la plus usitée des mesures simples à 3 temps?
R. *Celle à trois-quatre.*

196 – D. Que contient la mesure à trois-quatre dans sa totalité?
R. *La valeur de 3 noires.*

(à continuer)

197 – D. Comment indique-t-on la mesure à trois-quatre?
R. *Par les chiffres 3 et 4 disposés en fraction.*

198 – D. Comment bat-on les mesures à 3 temps?
R. *On frappe le 1er temps; le 2me se marque à droite et le 3me, en levant.*

199 – D. Que contient la mesure à trois-huit dans sa totalité?
R. *La valeur de 3 croches.*

(à continuer)

200 – D. Comment indique-t-on la mesure à trois-huit?
R. *Par les chiffres 3 et 8 disposés en fraction.*

TONALITÉ ou TON
NOM DES DEGRÉS DE LA GAMME (p. 18)

201 – D. Le mot ton, dont on se sert pour désigner la distance qu'il y a entre certains degrés, n'a-t-il pas une autre signification?
R. *On l'emploie aussi par abréviation du mot tonalité, pour exprimer l'ensemble des notes d'une gamme.*

202 – D. Quelle différence y a-t-il entre le mot ton et le mot gamme?
R. *Dans la gamme, tous les sons se succèdent dans un ordre progressif et par degrés conjoints, tandis que le mot ton n'implique aucun ordre de succession des sons.*

203 – D. Comment nomme-t-on le 1er degré d'une gamme?
R. *Tonique.*

204 – D. Pourquoi le 1er degré de la gamme se nomme-t-il tonique?
R. *Parce que c'est la note la plus importante du ton.*

205 – D. Quels sont les noms des autres degrés de la gamme?
R. *Le 2me degré s'appelle sus-tonique; le 3me médiante; le 4me sous-dominante; le 5me dominante; le 6me sus-dominante; le 7me note sensible ou simplement sensible; le 8me tonique, comme le 1er dont il est la répétition à l'octave.*

SIGNES D'ALTÉRATION
DIÈSE, BÉMOL, BÉCARRE (p. 19)

206 – D. Comment peut-on partager chacun des espaces d'un ton qu'on trouve entre certaines notes, comme de Do à Ré, de Ré à Mi, etc?
R. *On peut le partager en deux demi-tons.*

207 – D. Que faut-il faire pour partager un ton en deux demi-tons?
R. *Il faut ajouter un son intermédiaire entre les deux notes à distance d'un ton.*

208 – D. Comment obtient-on ce son intermédiaire?
R. *En modifiant l'intonation de l'une ou l'autre des notes formant un ton.*

209 – D. Comment appelez-vous cette modification de l'intonation?
R. *Altération.*

210 – D. Y a-t-il plusieurs manières de partager un ton par demi-tons?
R. *Oui, il y a deux manières de le partager, savoir: 1° en haussant d'un demi-ton la note inférieure; 2° en baissant d'un demi-ton la note supérieure.*

211 – D. Comment nomme-t-on l'altération qui hausse la note?
R. *Altération supérieure ou ascendante.*

212 – D. Comment nomme-t-on l'altération qui baisse la note?
R. *Altération inférieure ou descendante.*

213 – D. Par quel signe indique-t-on l'altération supérieure?
R. *Par le dièse.*

214 – D. Par quel signe indique-t-on l'altération inférieure?
R. *Par le bémol.*

215 – D. Qu'appelle-t-on note naturelle?
R. *Celle qui n'est sous l'empire d'aucun signe d'altération.*

216—D. De quel signe se sert-on pour ramener
à son état naturel une note qui a été diésée
ou bémolisée?
R. *Du bécarre.*

217—D. Où place-t-on le signe d'altération?
R. *Devant la note qu'on veut altérer.*

218—D. Un signe d'altération change-t-il le nom de
la note devant laquelle il est placé et sa position sur la portée?
R. *Non, il ne change ni son nom ni sa position.*

219—D. Jusqu'où s'étend l'effet d'un signe d'altération placé devant une note?
R. *Il s'étend à toutes les notes du même nom qui
lui succèdent dans la même mesure.*

220—D. Pourquoi les altérations supérieures s'appel-
lent-elles aussi altérations ascendantes?
R. *Parce qu'elles ont une tendance à monter.*

221—D. Pourquoi les altérations inférieures s'appel-
lent-elles aussi altérations descendantes?
R. *Parce qu'elles ont une tendance à descendre.*

DEMI-TON DIATONIQUE
DEMI-TON CHROMATIQUE (p. 20)

222—D. Les deux demi-tons dont se compose un ton
sont-ils semblables?
R. *Non, ils sont d'espèces différentes.*

223—D. Combien y a-t-il d'espèces de demi-tons?
R. *Il y en a deux: le demi-ton diatonique et le demi-ton chromatique.*

224—D. Qu'est-ce que le demi-ton diatonique?
R. *C'est celui qui se trouve entre deux notes de
noms différents comme Si-Do ou Mi-Fa.*

225—D. Qu'est-ce que le demi-ton chromatique?
R. *C'est celui qui se trouve entre deux notes de
même nom, comme Do-Do dièse, ou Si bémol-Si
bécarre.*

226—D. Les deux demi-tons diatonique et chromatique
sont-ils égaux?
R. *Non, il y a entre eux la différence d'un 9me de
ton qu'on appelle comma.*

227—D. De combien de commas se compose le demi-
ton diatonique?
R. *De quatre commas.*

228—D. De combien de commas se compose le demi-
ton chromatique?
R. *De cinq commas.*

229—D. Cette différence entre les deux espèces de
demi-tons existe-t-elle sur les instruments à
clavier: Orgue ou Piano?
R. *Non, la construction de ces instruments ne permet pas de faire cette minime différence.*

230—D. Que fait-on de cette différence en accordant
ces instruments?
R. *On la partage par la moitié, ce qui donne des demi-tons égaux de 4 commas ½ chacun.*

GENRES, GAMMES DIATONIQUES et CHROMATIQUES
MODES MAJEUR ET MINEUR (p. 21)

231—D. Combien y a-t-il de genres principaux en musique?
R. *Il y en a 2: le genre diatonique et le genre chromatique.*

232—D. Quelle est la base du genre diatonique?
R. *C'est la gamme où l'on procède par tons et par
demi-tons diatoniques.*

233—D. Comment nomme-t-on la gamme où l'on procède
par tons et par demi-tons diatoniques?
R. *On l'appelle gamme diatonique.*

234—D. Quelle est la base du genre chromatique?
R. *C'est la gamme où l'on procède par demi-tons
diatoniques et chromatiques.*

235—D. Comment nomme-t-on la gamme où l'on procède
par demi-tons diatoniques et chromatiques?
R. *On l'appelle gamme chromatique.*

236—D. De quel genre est la musique entièrement composée d'éléments fournis par la gamme diatonique?
R. *Du genre diatonique.*

237—D. De quel genre est la musique qui renferme des
éléments chromatiques, c'est-à-dire des notes
n'appartenant pas à la gamme diatonique?
R. *Du genre chromatique.*

238—D. Combien y a-t-il de sortes de gammes diatoniques?
R. *Il y en a de deux sortes: celles de mode majeur
et celles de mode mineur.*

239—D. Qu'est-ce que le mode?
R. *C'est la manière d'être d'une gamme.*

240—D. Qu'est-ce qui caractérise le mode d'une gamme?
R. *C'est la nature de la 3ce et de la 6te du 1er degré de cette gamme.*

241—D. Dans quel cas la gamme est-elle du mode majeur?
R. *Quand la 3ce et la 6te de la tonique sont majeures.*

242—D. Dans quel cas la gamme est-elle du mode mineur?
R. *Quand la 3ce et la 6te de la tonique sont mineures.*

243—D. Comment désigne-t-on ces gammes, pour abréger?
R. *Gamme majeure et gamme mineure.*

244—D. Quels sont les degrés de la gamme qu'on appelle notes modales?
R. *Le 3me et le 6me degré.*

245—D. Pourquoi nomme-t-on le 3me et le 6me degré notes modales?
R. *Parce que ce sont eux qui caractérisent le
mode.*

GAMME ET TON DE LA MINEUR
TONS RELATIFS (p. 22)

246—D. Quelle gamme obtient-on en prenant le La pour
point de départ et en ce se servant que des notes naturelles?
R. *La gamme de La mineur.*

247—D. Pourquoi le mode de cette gamme est-il mineur?
R. *Parce que la tierce et la sixte de la note La
sont mineures.*

248—D. La gamme de La mineur ne se composant que
de notes naturelles comme celle de Do majeur,
que fait-on pour distinguer plus clairement la
tonalité de La mineur?
R. *On rapproche le Sol du La en le haussant d'un
demi-ton par le moyen du dièse.*

249—D. Quel rôle remplit le Sol dièse dans la tonalité
de La mineur?
R. *Le rôle de note sensible.*

250—D. Pourquoi, en pareil cas, qualifie-t-on le Sol
dièse de note sensible?
R. *Parce que c'est le Sol dièse qui fait sentir le
ton de La mineur.*

251—D. Combien la gamme mineure avec note sensible renferme-t-elle de tons et de demi-tons?
R. *Trois tons, trois demi-tons, et un espace d'un
ton et demi.*

252 – D. Où trouve-t-on les trois demi-tons de la gamme mineure?
R. Du 2e au 3e degré, du 5e au 6e et du 7e au 8e.

253 – D. Où trouve-t-on l'espace d'un ton et demi?
R. Du 6e au 7e degré.

254 – D. Où trouve-t-on les espaces d'un ton?
R. Du 1er au 2e degré, du 3e au 4e et du 4e au 5e.

255 – D. Comment nomme-t-on cette forme de la gamme mineure?
R. Gamme mineure 1re forme.

256 – D. En raison de la grande relation qui existe entre eux, comment a-t-on qualifié les tons et les gammes de Do majeur et La mineur?
R. Tons relatifs et gammes relatives.

257 – D. Quel est le ton relatif de Do majeur?
R. C'est celui de La mineur.

258 – D. Quel est le ton relatif de La mineur?
R. C'est celui de Do majeur.

259 – D. Quelle distance y a-t-il entre la tonique du mode majeur et celle du relatif mineur?
R. La tonique du ton mineur est à une tierce mineure au-dessous de la tonique du mode majeur relatif.

260 – D. Quels sont les intervalles qui ne se rencontrent pas entre les notes de la gamme majeure et qui se trouvent entre celles de la gamme mineure?
R. La seconde augmentée et la septième diminuée, la quinte augmentée et la quarte diminuée.

261 – D. De quoi se compose la seconde augmentée?
R. D'un ton et d'un demi-ton chromatique.

262 – D. De quoi se compose la septième diminuée?
R. De 3 tons et 3 demi-tons diatoniques.

263 – D. De quoi se compose la quinte augmentée?
R. De 3 tons, 1 demi-ton diatonique et 1 demi-ton chromatique.

264 – D. De quoi se compose la quarte diminuée?
R. D'un ton et de 2 demi-tons diatoniques.

265 – D. Sur quel degré de la gamme mineure trouve-t-on l'intervalle de seconde augmentée?
R. Sur le 6e degré.

266 – D. Et celui de septième diminuée?
R. Sur le 7e degré.

267 – D. Et celui de quinte augmentée?
R. Sur le 3e degré.

268 – D. Et celui de quarte diminuée?
R. Sur le 7e degré.

(à continuer d'après le tableau de la p. 23)

GAMMES MAJEURES
DES TONALITÉS USITÉES AVEC DIÈSES (p. 24)

269 – D. Peut-on faire une gamme majeure en prenant pour tonique une autre note que le Do?
R. Oui, on peut prendre une note quelconque pour tonique d'une gamme majeure.

270 – D. Quel est le modèle des gammes majeures?
R. C'est celle de Do, parce qu'elle ne se compose que de notes naturelles.

271 – D. Comment peut-on former des gammes majeures pareilles à celle de Do en prenant pour toniques d'autres notes quelconques?
R. On altère une ou plusieurs notes par le dièse ou par le bémol.

272 – D. Quelle est la gamme majeure dont la formation exige l'emploi d'un dièse?
R. Celle de Sol majeur.

273 – D. Quel est ce dièse?
R. Le Fa.

(à continuer)

ORDRE DE SUCCESSION DES DIÈSES

274 – D. Dans quel ordre se présentent les dièses en augmentant en nombre?
R. Fa, Do, Sol, Ré, La, Mi, Si; c'est-à-dire par 4tes justes en descendant ou 5tes justes en montant.

275 – D. Dans quel ordre se succèdent les tonalités dont le nombre des dièses va en augmentant?
R. De même que les dièses, par 5tes justes en montant ou 4tes justes en descendant.

276 – D. A quel degré de la gamme majeure s'applique chaque dièse nouveau?
R. Au 7me degré, qu'il rend note sensible, en le portant à un demi-ton du 8me.

GAMMES MAJEURES
DES TONALITÉS USITÉES AVEC BÉMOLS (p. 25)

277 – D. Quelle est la gamme majeure dont la formation exige l'emploi d'un bémol?
R. Celle de Fa majeur.

278 – D. Quel est ce bémol?
R. Le Si bémol.

(à continuer)

ORDRE DE SUCCESSION DES BÉMOLS

279 – D. Dans quel ordre se présentent les bémols en augmentant en nombre?
R. Si, Mi, La, Ré, Sol, Do, Fa; c'est-à-dire par quartes justes en montant ou quintes justes en descendant.

280 – D. Dans quel ordre se succèdent les tonalités dont le nombre des bémols va en augmentant?
R. De même que les bémols, par quintes justes en descendant ou quartes justes en montant.

281 – D. A quel degré de la gamme majeure s'applique chaque bémol nouveau?
R. Au 4me degré, qu'il met à la distance qui lui convient comme sous-dominante.

282 – D. Comment se produisent la série des dièses et celle des bémols, en les comparant l'une à l'autre?
R. Elles se produisent en sens inverse.

ALTÉRATIONS ACCIDENTELLES
ALTÉRATIONS CONSTITUTIVES
ARMATURE DE LA CLÉ (p. 26)

283 – D. Qu'est-ce que les signes d'altération qui se présentent accidentellement devant les notes?
R. Ce sont des altérations accidentelles ou plus simplement, des accidents.

284 – D. A quoi se borne l'effet d'un accident?
R. Il ne se prolonge pas au-delà de la mesure dans laquelle il est placé.

285 — D. Que sont, relativement à une gamme diatonique, les altérations qui concourent à sa formation?
R. *Ce sont des altérations constitutives*

286 — D. Où place-t-on les altérations constitutives?
R. *On les place au commencement de la portée,
immédiatement après la clé.*

287 — D. Que constituent les signes d'altération placés
à la clé?
R. *Ils constituent l'armature de la clé.*

288 — D. Combien de dièses ou de bémols peut-on mettre à la clé?
R. *Depuis 1 jusqu'à 7.*

DOUBLE-DIÈSE ET DOUBLE-BÉMOL (p. 28)

289 — D. Comment fait-on pour élever d'un demi-ton chromatique une note déjà diésée?
R. *On se sert du double-dièse.*

290 — D. Quel est l'effet du double-dièse sur une note
naturelle?
R. *Il l'élève de 2 demi-tons chromatiques.*

291 — D. Comment fait-on pour abaisser d'un demi-ton chromatique une note déjà bémolisée?
R. *On se sert du double-bémol.*

292 — D. Quel est l'effet du double-bémol sur une note
naturelle?
R. *Il l'abaisse de 2 demi-tons chromatiques.*

293 — D. Peut-on mettre à la clé le double-dièse ou le
double-bémol?
R. *Non, on ne les y met jamais.*

294 — D. Quel est l'effet d'un signe d'altération posé
à la clé?
R. *Son effet est permanent, il agit sur toutes les
notes qui portent le nom de la ligne ou de l'interligne où il est placé.*

295 — D. Comment doit-on considérer un bécarre qui
sert à annuler accidentellement un dièse constitutif?
R. *Comme altération descendante.*

296 — D. Comment considère-t-on un bécarre qui sert à
annuler accidentellement un bémol constitutif?
R. *Comme altération ascendante.*

GAMMES et TONS RELATIFS (p. 27)

297 — D. Chaque ton majeur n'a-t-il pas, comme celui
de Do, son relatif mineur?
R. *Si, chaque ton majeur a son relatif mineur placé à sa tierce mineure inférieure.*

298 — D. Quelle est l'armature du ton mineur?
R. *La même que celle de son relatif majeur*

299 — D. En quoi diffère le ton mineur de son relatif
majeur?
R. *Par la note sensible du ton mineur, qui s'obtient en haussant le 5me degré du ton majeur.*

300 — D. Met-on à la clé l'altération qui produit la note sensible du ton mineur?
R. *Elle ne s'y met jamais.*

301 — D. Quel est le ton relatif de Sol majeur?
R. *C'est Mi mineur.*

302 — D. Qu'y a-t-il à la clé en Sol majeur et Mi mineur?
R. *1 dièse (le Fa)*

303 — D. Quelle est la note sensible de Mi mineur?
R. *Le Ré dièse.*

(à continuer)

304 — D. Quel est le ton relatif de Fa majeur?
R. *Ré mineur.*

305 — D. Qu'y a-t-il à la clé en Fa majeur et Ré mineur?
R. *1 bémol (le Si)*

306 — D. Quelle est la note sensible de Ré mineur?
R. *Le Do dièse.*

(à continuer)

GAMME MINEURE 2ᵉ FORME (p. 28)

307 — D. Par quel moyen obtient-on la gamme mineure
2e forme?
R. *En haussant d'un demi-ton chromatique le 6me
degré dans la gamme ascendante et en abaissant de la même quantité le 7me degré dans la
gamme descendante.*

308 — D. Quel avantage présente cette 2e manière de
faire la gamme mineure?
R. *Celui de ne procéder que par 2des majeures et mineures et d'éviter la 2de augmentée*

309 — D. Combien la gamme mineure 2e forme contient-elle de demi-tons?
R. *Elle n'en contient que deux.*

310 — D. Où sont placés ces deux demi-tons?
R. *En montant, ils sont placés du 2me au 3me degré
et du 7me au 8ve; en descendant, ils sont placés
du 6me au 5me degré et du 3me au 2me.*

311 — D. En quoi la gamme ascendante 2e forme dif-
fère-t-elle de la 1re?
R. *Par son 6me degré haussé.*

312 — D. En quoi la gamme descendante 2e forme dif-
fère-t-elle de la 1re?
R. *Par son 7me degré baissé.*

313 — D. Le 7me degré étant baissé et ne pouvant plus, dès
lors, s'appeler note sensible, comment le nomme-t-on?
R. *Sous-tonique.*

314 — D. Si la gamme mineure 2e forme a certains
avantages sur la 1re, n'a-t-elle pas aussi ses
inconvénients?
R. *Si, elle a celui de détruire l'un des signes distinctifs du mode en substituant la 6te majeure à la 6te
mineure dans la gamme ascendante, et aussi de priver de note sensible la gamme descendante.*

315 — D. De ces deux formes de la gamme mineure,
quelle est celle qu'on emploie le plus souvent?
R. *La 1re forme. Quant à la 2de, on ne l'emploie
qu'accidentellement.*

A QUELS SIGNES ON PEUT RECONNAITRE
LES DIVERSES TONALITÉS
D'APRÈS L'ARMATURE DE LA CLÉ (p. 29)

316 — D. En quel ton est un morceau qui n'a rien à la clé?
R. *En Do majeur ou en La mineur.*

317 — D. Où trouve-t-on la tonique du ton majeur quand
il y a un ou plusieurs dièses à la clé?
R. *À un demi-ton au-dessus du dernier dièse.*

318 — D. Quel est le rôle du dernier dièse posé à la
clé dans la tonalité majeure?
R. *C'est la note sensible du ton majeur.*

319 — D. Où trouve-t-on la tonique du ton majeur quand
il y a un ou plusieurs bémols à la clé?
R. *À une quarte juste au-dessus du dernier bémol.*

320–D. Quel est le rôle du dernier bémol posé à la clé dans la tonalité majeure?

R. *C'est la sous-dominante du ton majeur.*

321–D. N'y a-t-il pas un moyen plus prompt et plus facile de trouver le ton majeur quand il y a plusieurs bémols à la clé?

R. *Si; il suffit de voir l'avant-dernier bémol, qui est toujours la tonique du ton majeur.*

322–D. Le ton majeur étant connu, que faut-il faire pour trouver le ton mineur relatif?

R. *Il faut descendre d'une tierce mineure.*

MOYENS A EMPLOYER
POUR TROUVER L'ARMATURE QUI CONVIENT
A TEL OU TEL TON (p. 30)

TONS MAJEURS

323–D. Quels sont les tons majeurs dont l'armature se compose d'un ou plusieurs dièses?

R. *Ce sont: 1º Ceux dont la tonique est une note naturelle autre que le Do et le Fa; 2º Ceux dont la tonique est une note diézée.*

324–D. Pourquoi les toniques Do naturel et Fa naturel font elles exception?

R. *Parce que Do majeur ne prend rien a la clé et que Fa majeur demande un bémol.*

325–D. Après avoir reconnu qu'il faut un ou plusieurs dièses à la clé, comment doit-on s'y prendre pour en connaître le nombre?

R. *On trouve le dernier dièse de l'armature à ½ ton au-dessous de la tonique du ton majeur; il suffit, dès lors, de compter les dièses jusqu'à celui-là.*

326–D. Quel est le dernier dièse de l'armature en Mi majeur?

R. *C'est le Ré dièse.*

327–D. Combien le ton de Mi majeur demande-t-il de dièses à la clé?

R. *Fa, Do, Sol, Ré: il en demande 4.*

328–D. Quels sont, outre le ton de Fa, les tons majeurs dont l'armature se compose de bémols?

R. *Ce sont ceux dont la tonique est une note bémolisée.*

329–D. Après avoir reconnu qu'il faut des bémols à la clé, comment doit-on s'y prendre pour en connaître le nombre?

R. *Une tonique bémolisée étant toujours l'avant-dernier bémol de l'armature, il suffit de compter les bémols jusqu'à celui-là, et d'en ajouter un à ceux qu'on a comptés.*

TONS MINEURS

330–D. Quel est le moyen le plus simple à employer pour savoir quelle est l'armature qui convient à un ton mineur?

R. *C'est de se reporter à son relatif majeur, lequel est à la tierce mineure supérieure.*

331–D. Quelle est l'armature de la clé en La mineur?

R. *La mineur ayant pour relatif Do majeur, et celui-ci n'ayant rien à la clé, le ton de La mineur est sans armature.*

332–D. Qu'y a-t-il à la clé en Mi mineur?

R. *Mi mineur, relatif de Sol majeur, a, comme lui, un dièse à la clé.*

(à développer)

A QUELS SIGNES ON PEUT DISTINGUER
UN TON MINEUR DE SON RELATIF MAJEUR
ET RÉCIPROQUEMENT (p. 31)

333–D. L'armature de la clé étant la même pour un ton majeur et son relatif mineur, à quel signe peut-on reconnaître celui des 2 tons dans lequel est un morceau?

R. *C'est, ordinairement, à la présence de la note sensible du ton mineur qu'on reconnaît celui-ci, et c'est à l'absence de cette note sensible qu'on reconnaît le ton majeur.*

334–D. Ce moyen de distinguer entre les 2 tons relatifs est-il infaillible?

R. *Non, il est sujet à de nombreuses exceptions.*

335–D. Que peut-on faire pour mieux s'assurer du ton?

R. *Regarder la dernière note du morceau, qui, d'ordinaire, est la tonique elle-même.*

336–D. Ce second moyen donne-t-il une certitude absolue?

R. *Non, ce n'est qu'une probabilité, car il y a des morceaux qui finissent sur la tierce et d'autres sur la quinte de la tonique.*

337–D. N'y a-t-il pas d'autres moyens plus certains de discerner le ton d'un morceau?

R. *Si, mais l'application de ces moyens exigeant quelques notions d'harmonie, on ne pourra s'en servir que plus tard.*

338–D. En attendant qu'on possède ces notions d'harmonie, quel est le plus sûr moyen de s'assurer du ton?

R. *C'est de se chanter (mentalement ou effectivement) les 1ères mesures du morceau, en se demandant à quelle note il faudrait aboutir pour donner un sens tout à fait terminé à la phrase musicale. Cette note est nécessairement la tonique cherchée.*

CONVERSION D'UNE GAMME MAJEURE
EN GAMME MINEURE
ET RÉCIPROQUEMENT

TONS HOMONYMES (p. 32)

339–D. Que faut-il faire pour convertir une gamme majeure en gamme mineure?

R. *Abaisser d'un demi-ton chromatique le 3me et le 6me degré de la gamme majeure.*

340–D. Que ferez-vous pour rendre mineure la gamme de Do majeur?

R. *Au lieu de Mi naturel et La naturel, je ferai Mi bémol et La bémol.*

(à développer)

341–D. Que faut-il faire pour convertir une gamme mineure en gamme majeure?

R. *Elever d'un demi-ton chromatique le 3me et le 6me degré de la gamme mineure.*

342–D. Que ferez-vous pour rendre majeure la gamme de La mineur?

R. *Au lieu de Do naturel et de Fa naturel, je ferai Do dièse et Fa dièse.*

(à développer)

343–D. Combien de notes dissemblables, ont, habituellement, deux gammes de modes différents établies sur une même tonique?

R. *Elles ont, habituellement, 2 notes dissemblables: la tierce et la sixte.*

344 – D. Combien ont-elles d'altérations de différence dans l'armature de la clé?
R. *Elles en ont trois de différence.*

345 – D. Ces gammes n'ayant que 2 notes dissemblables, comment se fait-il qu'elles aient 3 altérations de différence dans l'armature de la clé?
R. *Cela tient à ce que le ton mineur (dont l'al-*
tération produisant la note sensible ne se met pas
à la clé) prend la même armature que son re-
latif majeur.

346 – D. Qu'y a-t-il à la clé en La majeur et en La mineur?
R. *En La majeur, il y a 3 dièses; en La mineur, il*
n'y a rien, de même qu'en Do majeur, son relatif.
(à développer)

347 – D. Comment appelez-vous deux tons de modes différents établis sur une même tonique?
R. *Tons homonymes.*

348 – D. Quel est le ton homonyme de Sol majeur?
R. *C'est Sol mineur.*

349 – D. Quel est le ton homonyme de Ré mineur?
R. *C'est Ré majeur.*
(à développer)

350 – D. Quelle différence y a-t-il dans l'armature de la
clé entre deux tons homonymes?
R. *Un ton majeur a toujours 3 dièses de plus ou*
3 bémols de moins que son homonyme mineur; ou
l'équivalent: 2 dièses de plus et 1 bémol de moins,
ou 1 dièse de plus et 2 bémols de moins.

RYTHME et MOUVEMENT (p. 33)

351 – D. Qu'est-ce que le Rythme?
R. *On appelle rythme les diverses combinaisons*
auxquelles se prête le mélange des valeurs de
notes et de silences.

352 – D. Quelle différence y a-t-il entre la mesure et
le rythme?
R. *La mesure est comme le cadre régulier, uni-*
forme, dans lequel peuvent entrer les rythmes
les plus divers, les plus variés.

353 – D. Qu'est-ce que le mouvement?
R. *On appelle mouvement le degré de vitesse ou*
de lenteur qu'on donne à la mesure.

354 – D. Y a-t-il une grande variété de mouvements?
R. *Oui, entre le mouvement le plus lent et le mouve-*
ment le plus vif, il y a une infinité d'autres mouvem[ts]

355 – D. Comment peut-on indiquer tous ces mouvements d'une manière exacte et absolue?
R. *Au moyen d'un instrument de précision qu'on*
appelle Métronome.

356 – D. À défaut d'un métronome, n'y a-t-il pas d'autre
manière d'indiquer les différents mouvements?
R. *Si, on les indique, en même temps, par des mots*
français ou italiens.

357 – D. Où place-t-on ces indications?
R. *En tête du morceau.*

358 – D. Et s'il survient quelque changement de mouvem[t]?
R. *On en met l'indication à l'endroit où ce chan-*
gement se produit.

359 – D. Quels sont les termes italiens dont on se sert
pour indiquer les mouvements plus ou moins lents,
le caractère ou les changements de mouvement?
(Pour la réponse suivre les indications de la p. 34.)

POINT D'ORGUE et POINT D'ARRÊT (p. 34)

360 – D. De quel signe se sert-on pour arrêter, momentanément, la marche de la mesure et interrompre le mouvement?
R. *D'une demi-circonférence avec un point au*
milieu.

361 – D. Où place-t-on ce signe?
R. *Au-dessus ou au-dessous d'une note ou d'un*
silence.

362 – D. Comment nomme-t-on ce signe?
R. *On l'appelle point d'orgue, quand il s'applique*
à une note; et point d'arrêt, quand il s'applique
à un silence.

363 – D. Quelle en est la signification exacte?
R. *Il signifie que la durée de la note ou du si-*
lence auquel il est appliqué doit être prolongée
pendant un temps indéterminé, à la volonté de
l'exécutant.

NUANCES et ACCENTUATION (p. 35)

364 – D. Comment nomme-t-on les différences d'intensité qu'on donne aux sons?
R. *Nuances.*

365 – D. Comment indique-t-on les nuances et l'accentuation?
R. *Tantôt par des mots français, plus souvent par*
des mots italiens ou par des signes.

366 – D. Citez les mots italiens qui indiquent:
1° Les nuances, 2° La manière d'accentuer les
sons et donnez-en la traduction française?
(Suivre pour les réponses, les indications de la p. 35)

367 – D. Quelles sont les expressions usitées pour modifier ou compléter les précédentes?
(Suivre pour la réponse, les indications de la p. 35.)

368 – D. Par quel signe représente-t-on le staccato ou
détaché?
R. *Par des points ronds ou allongés qu'on pla-*
ce au-dessus ou au-dessous des notes.

369 – D. Quelle différence doit-on faire entre les points
ronds et les points allongés?
R. *Les points allongés indiquent un détaché plus*
sec que les points ronds.

370 – D. Que représentent des points ronds associés à
la liaison?
R. *Un détaché moins prononcé que les autres.*

371 – D. Comment indique-t-on qu'une note doit-être
fortement accentuée?
R. *On met un accent au-dessus ou au-dessous*
de cette note.

372 – D. Comment indique-t-on qu'une note doit être
à la fois, accentuée et détachée?
On ajoute un point au milieu de l'accent.

TEMPS FORTS, TEMPS FAIBLES, SYNCOPES et CONTRE-TEMPS (p. 36)

373 – D. Tous les temps d'une mesure sont-ils également accentués?
R. *Non, on les divise en temps forts, temps fai-*
bles, et temps demi-forts.

374 – D. Comment est le 1er temps d'une mesure quelconque?
R. *C'est le temps fort de la mesure.*

375– D. Comment est le 2me temps?
R. *Il est faible.*

376– D. Et s'il y en a trois?
R. *Le 3me temps est demi-fort.*

377– D. Et s'il y en a quatre?
R. *Le 4me temps est faible, comme le 2me.*

378– D. Pourquoi appuie-t-on plus fortement sur le 1er temps que sur aucun des autres?
R. *C'est pour bien marquer le commencement de chaque mesure et en mieux faire sentir le rythme.*

379– D. Les divisions de chaque temps par 2 par 3 ou par 4 ne sont-elles pas dans les mêmes rapports d'intensité et d'accentuation que les divisions correspondantes de la mesure elle-même?
R. *Si, la 1re partie d'un temps est la plus forte, la 2me et la 4me sont faibles, la 3me est demi-forte.*

380– D. Comment la distribution des valeurs de notes et de silences est-elle, généralement, combinée?
R. *Elle l'est, ordinairement, de telle sorte que chaque temps y conserve son accentuation normale.*

381– D. Ne renverse-t-on pas, quelquefois, l'accentuation normale des temps et des portions de temps?
R. *Si, lorsqu'on emploie le rythme syncopé et les contre-temps.*

382– D. Qu'est-ce qu'une syncope?
R. *C'est une note qui, commencée sur un temps faible ou sur la partie faible d'un temps, se prolonge sur une partie plus forte de la mesure ou du temps.*

383– D. Qu'est-ce qu'une syncope égale?
R. *C'est celle dont les 2 parties sont d'égale valeur.*

384– D. Qu'est-ce qu'une syncope brisée?
R. *C'est celle dont la 2de partie est plus courte que la première.*

385– D. Qu'est-ce qu'une syncope boiteuse?
R. *C'est celle dont la 2de partie est plus longue que la première.*

386– D. Appelle-t-on syncope une note qui, attaquée au temps faible est suivie d'un silence au temps fort et ne s'y prolonge pas?
R. *Non, ce n'est alors qu'un contre-temps.*

REPRISES, RENVOIS, DA CAPO
et DOUBLES-BARRES (p. 37)

387– D. Emploie-t-on la double-barre ailleurs qu'à la fin d'un morceau?
R. *Oui, on s'en sert aussi comme ligne de démarcation entre les diverses parties d'un morceau, de même qu'à chaque changement de mesure et d'armature.*

388– D. Comment, dans ce cas, appelle-t-on la double-barre?
R. *Barre de séparation.*

389– D. Lorsque deux points sont placés à la gauche d'une double-barre, qu'indiquent-ils?
R. *Qu'on doit recommencer le passage qu'on vient d'exécuter.*

390– D. Comment appelle-t-on cette répétition du même passage?
R. *Cela s'appelle une reprise.*

391– D. Lorsque deux points sont placés à la droite d'une double-barre, qu'indiquent-ils?
R. *L'endroit d'où l'on devra reprendre.*

392– D. Si la terminaison d'une reprise doit être modifiée la 2de fois qu'on l'exécute, comment indique-t-on cette modification?
R. *Par les mots 1re fois, 2de fois; en italien prima volta, seconda volta.*

393– D. Comment nomme-t-on certains signes dont on se sert, quelquefois, pour indiquer le retour d'un endroit à un autre?
R. *On les appelle renvois.*

394– D. Que veulent dire les mots italiens "al segno" qui accompagnent parfois le renvoi?
R. *Qu'il faut retourner au signe semblable qu'on a déjà rencontré.*

395– D. Que veulent dire les lettres D.C. qu'on rencontre parfois, à la fin ou dans le courant d'un morceau?
R. *Ce sont les initiales des mots italiens "Da capo" qui veulent dire de la tête.*

396– D. Qu'indiquent ces deux mots italiens?
R. *Qu'il faut reprendre le motif du commencement et continuer jusqu'au mot Fin.*

MESURES COMPOSÉES LES PLUS USITÉES
à 2, 3 et 4 temps (p. 39)

397– D. Qu'est-ce que les mesures composées?
R. *Ce sont celles dont les temps sont composés.*

398– D. Qu'est-ce qu'un temps composé?
R. *C'est celui que remplit une valeur composée, c'est-à-dire une note pointée.*

399– D. Quelle est la division d'un temps composé?
R. *C'est la division ternaire, c'est-à-dire par 3.*

400– D. D'où dérivent les mesures composées?
R. *Elles dérivent des mesures simples.*

401– D. Chaque mesure simple a-t-elle sa mesure composée?
R. *Oui, chaque mesure simple a sa mesure composée et réciproquement.*

402– D. Que fait-on pour transformer une mesure simple en mesure composée?
R. *On ajoute un point à la note du temps simple.*

403– D. Quelles sont les mesures composées les plus usitées?
R. *Ce sont celles à six-huit, neuf-huit et douze-huit.*

404– D. Qu'y a-t-il pour chaque temps dans ces mesures?
R. *Une noire pointée ou 3 croches.*

405– D. Quelle est la figure de note qui peut à elle seule représenter 3 temps d'une mesure composée?
R. *Cette figure de note n'existe pas.*

406– D. Comment peut-on écrire une tenue de 3 temps composés?
R. *On l'écrit au moyen de 2 valeurs pointées l'une de 2 temps et l'autre d'un temps.*

407– D. Que fait-on pour que ces 2 valeurs n'en fassent qu'une?
R. *On les unit au moyen d'une liaison.*

408– D. Que faut-il pour une mesure à neuf-huit toute entière ou pour 3 temps de la mesure à douze-huit?
R. *Une blanche pointée et une noire pointée liées ensemble.*

409– D. Une valeur pointée qui représente 2 ou 4 temps d'une mesure composée est-elle divisible par trois?
R. *Non, dans ce cas, la 1re est divisible par 2, et la 2de par 2 et par 4.*

410-D. Que vaut la blanche pointée dans les mesures à $\frac{6}{8}$, $\frac{9}{8}$ et $\frac{12}{8}$?

R. *Elle vaut 2 noires pointées ou 6 croches.*

411-D. Que vaut la ronde pointée dans la mesure à $\frac{12}{8}$?

R. *Elle vaut 2 blanches pointées ou 4 noires pointées ou 12 croches.*

412-D. Que vaut la noire pointée dans les mesures à $\frac{6}{8}$, $\frac{9}{8}$ et $\frac{12}{8}$?

R. *Elle vaut 3 croches.*

413-D. Quels rapports y a-t-il entre les chiffres indicateurs d'une mesure composée et ceux de sa mesure simple?

R. *Le chiffre supérieur de la mesure composée est triple et le chiffre inférieur est double des chiffres correspondants de la mesure simple.*

414-D. Comment trouve-t-on la mesure composée d'une mesure simple donnée?

R. *On triple le chiffre supérieur et on double le chiffre inférieur de la mesure simple.*

415-D. Comment trouve-t-on la mesure simple d'une mesure composée donnée?

R. *On prend le tiers du chiffre supérieur et la moitié du chiffre inférieur de la mesure composée.*

CLÉ DE FA 4me LIGNE (p 41)

ÉCHELLE GÉNÉRALE DES SONS, ÉCHELLE VOCALE, RÉGIONS DU GRAVE, DU MEDIUM ET DE L'AIGU

416-D. Quelle est la clé la plus usitée après la clé de Sol?

R. *C'est la clé de Fa 4me ligne.*

417-D. Que faut-il connaitre pour se rendre compte des rapports de hauteur qui existent entre la clé de Sol et la clé de Fa?

R. *Il faut connaitre les grandes divisions de l'échelle des sons et la position qu'y occupent les voix humaines et les principaux instruments de musique.*

418-D. En combien de régions divise-t-on l'échelle générale des sons appelée échelle musicale?

R. *En 3 régions principales: celle du grave, celle du medium et celle de l'aigu.*

419-D. N'y a-t-il pas aussi une région sous-grave et une région sur-aigue?

R. *Si, mais elles ne sont atteintes que par quelques instruments d'une étendue exceptionnelle.*

420-D. Comment nomme-t-on l'échelle plus restreinte qui ne comprend que l'étendue des voix?

R. *Échelle vocale.*

421-D. En combien de régions divise-t-on l'échelle vocale?

R. *Elle se compose, comme l'échelle générale, des proportions quelconques des régions du grave, du medium et de l'aigu.*

DES VOIX HUMAINES

422-D. Combien y a-t-il de natures de voix humaines?

R. *Il y en a de deux natures: 1° les voix d'hommes; 2° les voix de femmes ou d'enfants.*

423-D. Quelle est la différence entre ces deux genres de voix?

R. *Les voix d'hommes sont plus ou moins graves, les voix de femmes ou d'enfants sont plus ou moins aigües.*

424-D. De combien les voix de femmes ou d'enfants sont-elles plus hautes que les voix d'hommes?

R. *D'une manière générale, on estime qu'elles sont plus hautes d'une octave.*

425-D. Combien y a-t-il de sortes de voix d'hommes?

R. *Il y en a 4: la basse profonde ou basse-taille, la basse chantante, le baryton et le ténor.*

426-D. Combien y a-t-il de sortes de voix de femmes et d'enfants?

R. *Il y en a 3: le contralto, le 2d dessus ou mezzo-soprano et le 1er dessus ou soprano.*

427-D. Quelles sont les voix qui occupent la région la plus grave de l'échelle vocale?

R. *Les basses et le baryton.*

428-D. Et la région du médium?

R. *Le ténor et le contralto.*

429-D. Et la région de l'aigu?

R. *Le premier et le second dessus.*

430-D. Sur quelle clé écrit-on les voix graves?

R. *En clé de Fa 4me ligne.*

431-D. Et les voix du medium et de l'aigu?

R. *Parfois sur les clés de Do, mais le plus souvent en clé de Sol.*

432-D. Sur quelle clé écrit-on les instruments graves, comme la contrebasse, le violoncelle et le basson?

R. *Généralement en clé de Fa 4me.*

433-D. Et les instruments aigus, comme la flûte, le hautbois et le violon?

R. *Toujours en clé de Sol 2de.*

434-D. Comment écrit-on la musique pour le piano ou l'orgue?

R. *Sur deux portées à la fois; l'une en clé de Fa 4me pour les notes graves, l'autre en clé de Sol 2de pour les notes aigües.*

435-D. Comment nomme-t-on le trait au moyen duquel on joint ces deux portées ensemble?

R. *C'est une accolade.*

436-D. Quels sont les rapports de hauteur qui existent entre la clé de Fa et la clé de Sol?

R. *Les notes de la clé de Fa 4me sont à une treizième au-dessous de celles qui occupent la même position en clé de Sol.*

437-D. Quelle est l'étendue de l'échelle vocale, depuis la note la plus grave de la voix de basse jusqu'à la note la plus aigüe de soprano?

R. *Elle est d'environ 24 degrés diatoniques, ou 3 octaves plus une tierce.*

438-D. Quelle est l'étendue moyenne de chaque voix?

R. *Elle est d'environ une 12me.*

439-D. Comment les femmes et les enfants chantent-ils la musique écrite en clé de Fa?

R. *À une octave au-dessus de la chose écrite.*

440-D. Comment les hommes chantent-ils la musique écrite en clé de Sol?

R. *À une octave au-dessous de la chose écrite.*

DOUBLE-CROCHE, TRIPLE-CROCHE
et QUADRUPLE-CROCHE (p. 44)

441—D. Qu'est-ce qu'une double-croche?
   R. *C'est le seizième de la ronde.*
442—D. Pourquoi la double-croche est-elle ainsi nommée?
   R. *Parce qu'elle a 2 crochets.*
443—D. Qu'est-ce qu'une triple-croche?
   R. *C'est la 32ᵐᵉ partie de la ronde.*
444—D. Pourquoi la nomme-t-on triple-croche?
   R. *Parce qu'elle a 3 crochets.*
445—D. Qu'est-ce qu'une quadruple croche?
   R. *C'est la 64ᵐᵉ partie de la ronde.*
446—D. Pourquoi cette figure s'appelle-t-elle quadruple-croche?
   R. *Parce qu'elle a 4 crochets.*
447—D. Combien faut-il de doubles-croches pour une croche?
   R. *Il en faut deux.*
448—D. Et pour une noire?
   R. *Il en faut quatre.*
449—D. Et pour une blanche?
   R. *Il en faut huit.*
450—D. Et pour une ronde?
   R. *Il en faut seize.*
451—D. Combien faut-il de triples-croches pour une double-croche?
   R. *Il en faut deux.*
452—D. Et pour une croche?
   R. *Il en faut quatre.*

(à continuer)

453—D. Combien faut-il de quadruples-croches pour une triple-croche?
   R. *Il en faut deux.*
454—D. Et pour une double-croche?
   R. *Il en faut quatre.*

(à continuer)

QUART DE SOUPIR, HUITIÈME DE SOUPIR
et SEIZIÈME DE SOUPIR (p. 45)

455—D. Qu'est-ce qu'un quart de soupir?
   R. *C'est le silence qui équivaut à la double-croche.*
456—D. Qu'est-ce qu'un huitième de soupir?
   R. *C'est le silence qui équivaut à la triple-croche.*
457—D. Qu'est-ce qu'un seizième de soupir?
   R. *C'est le silence qui équivaut à la quadruple-croche.*
458—D. Combien la pause vaut-elle de quarts de soupirs?
   R. *Elle en vaut seize.*
459—D. Et de huitièmes de soupirs?
   R. *Trente-deux.*
460—D. Et de seizièmes de soupirs?
   R. *Soixante-quatre.*

(à continuer)

VALEURS POINTÉES, Suite (p. 46)

461—D. Que vaut la croche pointée?
   R. *Trois doubles-croches.*

(à continuer)

462—D. Combien la ronde pointée vaut-elle de blanches, de noires, de croches, etc.?
   R. *Elle vaut 3 blanches, ou 6 noires, ou 12 croches, ou 24 doubles-croches, etc.*

(à continuer)

DU TRIOLET (p. 47)

463—D. Quelle est la division normale des valeurs simples?
   R. *Elle est binaire, c'est-à-dire par 2.*
464—D. N'arrive-t-il pas, quelquefois, qu'on remplace, accidentellement, la division binaire par la division ternaire?
   R. *Si, parfois on remplace la division binaire par la division ternaire.*
465—D. Comment nomme-t-on cette division par 3, d'une valeur simple qui ne vaut que 2, habituellement?
   R. *Triolet.*
466—D. Qu'est-ce qu'un triolet dans sa forme la plus simple?
   R. *C'est un groupe de 3 notes égales qu'on substitue, accidentellement, aux 2 notes de même figure qui divisent, ordinairement, une valeur simple.*
467—D. Comment indique-t-on le triolet?
   R. *Par un 3 qu'on place au-dessus ou au-dessous du groupe de 3 notes.*
468—D. Comment doit-on exécuter les 3 notes du triolet?
   R. *Dans le même laps de temps que les 2 notes qu'elles remplacent.*
469—D. Qu'est-ce qu'un triolet en blanches?
   R. *C'est 3 blanches au lieu de 2 pour une ronde.*
470—D. Qu'est-ce qu'un triolet en noires?
   R. *C'est 3 noires au lieu de 2 pour une blanche.*
   (à continuer)

DOUBLE-TRIOLET, SIXAIN ou SEXTOLET,
VALEURS IRRÉGULIÈRES (p. 48)

471—D. Comment nomme-t-on un groupe de 6 notes formant 2 triolets?
   R. *On le nomme double-triolet.*
472—D. Comment indique-t-on le double-triolet?
   R. *Par un 6 ou par deux 3.*
473—D. Un groupe de 6 notes résultant de la division par 2 de chacune des notes d'un triolet simple est-il un double-triolet?
   R. *Non, c'est un sixain.*
474—D. Comment indique-t-on le sixain?
   R. *Par un 6.*
475—D. Quelle différence y a-t-il entre le sixain et le double-triolet?
   R. *Le sixain résulte de la division par 2 de chacune des notes d'un triolet simple; le double-triolet résulte de la division par 3 de chacune des notes d'un groupe de 2.*

476–D. Les triolets simples, les triolets doubles et les sixains sont-ils toujours formés de 3 ou de 6 notes égales?
R. *Non, on peut combiner de diverses manières la somme des valeurs dont ils se composent, et même y introduire des silences.*

477–D. Peut-on substituer, accidentellement, la division binaire à la division ternaire?
R. *Oui, cela se fait quelquefois.*

478–D. Comment indique-t-on cette division binaire accidentelle?
R. *Par un 2 ou un 4, selon le cas.*

479–D. Ne rencontre-t-on pas, parfois, des groupes irréguliers de 5, 7, 9, 10 notes, etc.
R. *Oui, l'on rencontre parfois de ces groupes irréguliers.*

480–D. Comment les indique-t-on habituellement?
R. *On les indique par le chiffre exprimant le nombre des notes dont ils sont composés.*

DEUX et TROIS POINTS D'AUGMENTATION (p. 49)

481–D. Ne peut-on pas mettre plus d'un point après une note ou après un silence?
R. *Si, on peut en mettre 2, et même 3.*

482–D. Quelle est la valeur du 2me et celle du 3me point?
R. *Chaque nouveau point vaut la moitié de celui qui le précède, le 2me point vaut donc la moitié du 1er, et le 3me, la moitié du 2me.*

483–D. À quoi équivaut la ronde suivie de 2 points?
R. *À ronde, blanche et noire liées ensemble.*

484–D. Combien vaut-elle de noires?
R. *Elle en vaut 7.*

485–D. À quoi équivaut la ronde suivie de 3 points?
R. *À ronde, blanche, noire et croche liées ensemble.*

486–D. Combien vaut-elle de croches?
R. *Elle en vaut 15.*
(à continuer)

487–D. À quoi équivaut le soupir suivi de 2 points?
R. *À soupir, demi-soupir et quart de soupir.*

488–D. À quoi équivaut le demi-soupir suivi de 2 points?
R. *À demi-soupir, quart de soupir et 8me de soupir.*

489–D. Peut-on arriver à doubler la valeur d'une note ou d'un silence en y ajoutant des points?
R. *Non, il y manque toujours quelque chose, quel que soit le nombre des points ajoutés.*

VALEURS DE NOTES ET SILENCES
EN USAGE DANS L'ANCIENNE NOTATION (p. 50)

490–D. Quelles étaient les valeurs de notes en usage dans l'ancienne notation?
R. *La maxime, la longue, la brève, la semi-brève et la minime.*

491–D. Que valait la maxime?
R. *2 longues ou 4 brèves.*

492–D. Que valait la longue?
R. *2 brèves ou 4 semi-brèves.*

493–D. Que valait la brève?
R. *2 semi-brèves ou 4 minimes.*

494–D. Que valait la semi-brève?
R. *2 minimes.*

495–D. De ces cinq figures de notes quelles sont celles qu'on a conservées dans la notation moderne?
R. *La brève, qui est devenue la note carrée qui vaut 2 rondes, la semi-brève, qui est devenue la ronde; et la minime, qui est devenue la blanche.*

496–D. Ces trois valeurs ont-elles conservé leur forme primitive?
R. *Non, la semi-brève et la minime, qui étaient en forme de losange, ont été arrondies.*

497–D. Quel était le silence qui correspondait à la maxime?
R. *C'était le bâton de 4 pauses.*

498–D. Et celui qui correspondait à la longue.
R. *C'était le bâton de 2 pauses.*

MESURES SIMPLES (Suite)
à $\frac{2}{2}$, $\frac{3}{2}$ et $\frac{4}{2}$ (p. 50)

499–D. Quelles sont les mesures simples dont l'unité de temps est la blanche?
R. *Ce sont: 1° la mesure à deux-deux, qu'on connaît déjà; 2° la mesure à trois-deux; 3° la mesure à quatre-deux.*

500–D. Comment bat-on la mesure à trois-deux?
R. *On la bat à 3 temps.*

501–D. Comment l'indique-t-on?
R. *Par les chiffres 3 et 2 disposés en fraction.*

502–D. Comment bat-on la mesure à quatre-deux?
R. *On la bat à 4 temps.*

503–D. Comment l'indique-t-on?
R. *Par les chiffres 4 et 2 disposés en fraction.*
(à continuer)

504–D. Quelle est la valeur de note qui peut, à elle seule, remplir une mesure à quatre-deux?
R. *C'est la note carrée.*

MESURES à $\frac{2}{8}$, $\frac{3}{8}$ et $\frac{4}{8}$

505–D. Quelles sont les mesures simples dont l'unité de temps est la croche?
R. *Ce sont: 1° la mesure à deux-huit; 2° la mesure à trois-huit, qu'on connaît déjà; 3° la mesure à quatre-huit.*

506–D. Comment bat-on la mesure à deux-huit?
R. *On la bat à 2 temps.*

507–D. Comment l'indique-t-on?
R. *Par les chiffres 2 et 8 disposés en fraction.*

508–D. Comment bat-on la mesure à quatre-huit?
R. *On la bat à 4 temps.*

509–D. Comment l'indique-t-on?
R. *Par les chiffres 4 et 8 disposés en fraction.*
(à continuer)

510–D. Les mesures à $\frac{2}{8}$, $\frac{3}{8}$ et $\frac{4}{8}$ sont-elles usitées?
R. *La mesure à $\frac{3}{8}$ est la seule qui soit d'un usage assez fréquent.*

MESURES à $\frac{2}{1}$, $\frac{3}{1}$ et $\frac{4}{1}$

511–D. Quelles sont les mesures simples dont l'unité de temps est la ronde?
R. *Ce sont les mesures à deux-un, trois-un et quatre-un.*

512–D. Ces mesures sont-elles usitées?
R. *Elles ne le sont guère que dans les solfèges, et très rarement encore.*

513-D. Dans ces mesures, combien de temps vaut la ronde?
R. *La ronde vaut 4 temps.*
514-D. Et la note carrée?
R. *La note carrée vaut 2 temps.*
515-D. Et la note carrée pointée?
R. *La carrée pointée vaut 3 temps.*
516-D. Et la blanche?
R. *La blanche vaut un demi-temps.*
517-D. Quelle est la valeur de note qui peut, à elle seule, remplir une mesure à quatre-un?
R. *C'est la longue; mais cette mesure est complètement abandonnée dans la pratique.*

MESURES COMPOSÉES (Suite)
à $\frac{6}{4}$, $\frac{9}{4}$ et $\frac{12}{4}$ (p. 57)

518-D. Quelles sont les mesures composées de celles à deux-deux, trois-deux et quatre-deux?
R. *Ce sont les mesures à six-quatre, neuf-quatre et douze-quatre.*
519-D. Qu'y a-t-il pour chaque temps dans les mesures à six-quatre, neuf-quatre et douze-quatre?
R. *Une blanche pointée ou 3 noires.*
(à continuer)
520-D. Comment figure-t-on une tenue de 3 temps dans les mesures à neuf-quatre et douze-quatre?
R. *Par une ronde pointée et une blanche pointée liées ensemble.*

MESURES à $\frac{6}{16}$, $\frac{9}{16}$ et $\frac{12}{16}$
521-D. Quelles sont les mesures composées de celles à deux-huit, trois-huit et quatre-huit?
R. *Ce sont les mesures à six-seize, neuf-seize et douze-seize.*
522-D. Qu'y a-t-il pour chaque temps dans les mesures à six-seize, neuf-seize et douze-seize?
R. *Une croche pointée ou 3 doubles-croches.*
523-D. Comment figure-t-on une tenue de 3 temps dans les mesures à neuf-seize et douze-seize?
R. *Par une noire pointée et une croche pointée liées ensemble.*

MESURES à $\frac{6}{2}$, $\frac{9}{2}$ et $\frac{12}{2}$
524-D. Quelles sont les mesures composées de celles à deux-un, trois-un et quatre-un?
R. *Ce sont les mesures à six-deux, neuf-deux et douze-deux.*
525-D. Qu'y a-t-il pour chaque temps dans les mesures à six-deux, neuf-deux et douze-deux?
R. *Une ronde pointée, ou 3 blanches, ou 6 noires ou 12 croches.*

GAMMES CHROMATIQUES des DEUX MODES (p. 55)

526-D. Qu'est-ce qu'une gamme chromatique?
R. *C'est une échelle de sons procédant entièrement par demi-tons.*
527-D. Peut-on faire une gamme chromatique de plusieurs manières plus ou moins différentes?
R. *Oui, on peut employer tantôt les altérations ascendantes, tantôt les altérations descendantes.*

528-D. Quelles sont les altérations qu'on emploie de préférence dans les gammes chromatiques?
R. *On se sert préférablement des altérations ascendantes pour monter et des altérations descendantes pour descendre.*
529-D. Est-il nécessaire, dans la gamme chromatique, de passer par tous les degrés diatoniques du ton et du mode où l'on est?
R. *Oui, cela est indispensable pour conserver le sentiment de la tonalité et du mode.*
530-D. Quelles sont les principales exceptions à la règle qui veut qu'on emploie les altérations supérieures pour monter et les altérations inférieures pour descendre?
R. *En majeur, on remplace, ordinairement, l'altération ascendante du 6me degré par l'altération inférieure du 7me, dans la gamme ascendante; et l'on remplace l'altération descendante du 5me degré par l'altération supérieure du 4me, dans la gamme descendante.*
En mineur, on remplace, ordinairement, l'altération ascendante du 1er degré par l'altération inférieure du 2me, dans la gamme ascendante; et l'on remplace l'altération descendante du 5me degré par l'altération supérieure du 4me dans la gamme descendante, comme en majeur.
531-D. Pourquoi fait-on ces exceptions?
R. *Pour avoir une gamme chromatique plus tonale.*
532-D. De combien de sons se compose une gamme chromatique d'une octave?
R. *De 13 sons.*
533-D. Combien ces 13 sons forment-ils de demi-tons?
R. *12 demi-tons.*
534-D. De quelle espèce sont ces demi-tons?
R. *Il y en a 7 diatoniques et 5 chromatiques.*

NOTES et INTERVALLES
DIATONIQUES et CHROMATIQUES (p. 57)
535-D. Dans quel cas une note est-elle diatonique?
R. *Quand elle fait partie de la gamme diatonique du ton existant.*
536-D. Dans quel cas une note est-elle chromatique?
R. *Lorsqu'elle est étrangère à la gamme diatonique du ton existant.*
537-D. Une note peut-elle être diatonique dans un ton et chromatique dans un autre?
R. *Parfaitement. Ainsi le Si bémol qui est diatonique en Fa est chromatique en Do.*
538-D. Qu'est-ce qu'un intervalle diatonique?
R. *C'est celui qui est formé par 2 notes pouvant appartenir à une même gamme diatonique.*
539-D. Qu'est-ce qu'un intervalle chromatique?
R. *C'est celui qu'on ne peut former dans aucun ton sans le secours d'une altération.*
540-D. Quels sont les divers intervalles chromatiques?
R. *La 1re augmentée ou demi-ton chromatique; la 3ce diminuée et la 3ce augmentée; la 4te suraugmentée et la 5te sous-diminuée; la 6te diminuée et la 6te augmentée; l'8ve diminuée et l'8ve augmentée.*

ENHARMONIE
NOTES et INTERVALLES SYNONYMES ou ENHARMONIQUES (p. 58)
541-D. Comment nomme-t-on le rapport qui existe entre certaines notes comme Do dièse et Ré bémol, qui se jouent sur la même touche au piano ou à l'orgue?
R. *Cela se nomme enharmonie.*

542—D. Les notes enharmoniques ont-elles absolument
la même intonation?
R. *Elles ont la même intonation sur les instruments à clavier; mais, rigoureusement, il devrait
y avoir entre elles la différence d'un comma.*

543—D. Les notes enharmoniques ne reçoivent-elles pas
une autre qualification?
R. *On les appelle aussi notes synonymes.*

544—D. Peut-on passer d'une note à sa synonyme sans
changer de ton?
R. *Non, en pareil cas, il y a toujours transition.*

545—D. Les transitions enharmoniques ne forment-elles
pas un troisième genre?
R. *Oui, le genre enharmonique.*

546—D. Comment nomme-t-on deux intervalles dont
la seule différence réside dans les rapports
enharmoniques des notes qui les forment, comme
la 2e majeure Si-Do dièse et la tierce diminuée
Si-Ré bémol?
R. *On les nomme intervalles synonymes.*

547—D. Notes et intervalles ont-ils chacun leur
synonyme?
R. *Oui, ils ont chacun un ou plusieurs synonymes.*

GAMMES ENHARMONIQUES (p. 59)

548—D. Qu'est-ce que deux gammes synonymes ou enharmoniques?
R. *Ce sont celles dont tous les degrés correspondants forment enharmonie.*

549—D. Quelles sont les gammes majeures synonymes
les plus usitées?
R. *Ce sont celles de Ré bémol et Do dièse, Sol bémol et Fa dièse, Do bémol et Si naturel.*

550—D. Quelles sont les gammes mineures synonymes
les plus usitées?
R. *Ce sont celles de Si bémol et La dièse, Mi bémol et Ré dièse, La bémol et Sol dièse.*

551—D. Combien y a-t-il d'altérations constitutives de
différence entre deux tons synonymes?
R. *Il y a toujours 12 altérations de différence.*

TABLEAU GÉNÉRAL DES INTERVALLES (p. 60)

552—D. Quel intervalle y a-t-il du Do naturel au Do
dièse au-dessus?
R. *Un demi-ton chromatique ascendant.*

553—D. Quel intervalle y a-t-il du Ré naturel au Ré
bémol au-dessous?
R. *Un demi-ton chromatique descendant.*

554—D. Combien y a-t-il d'espèces de 2des, 3ces, 4tes,
5tes, 6tes et 7mes?
R. *Il y a quatre espèces de chacun de ces intervalles.*

555—D. Quelles sont les quatre espèces de secondes?
R. *Ce sont les secondes diminuée, mineure, majeure et augmentée.*

556—D. Quelle particularité présente la 2de diminuée?
R. *Les deux notes formant la 2de diminuée sont synonymes; c'est donc un intervalle nul pour l'oreille.*

(Interroger l'élève d'après le Tableau de la p. 60 sur la
composition de toutes les espèces d'intervalles faisant l'objet
des questions 554 à 562 inclus.)

557—D. Quelles sont les quatre espèces de tierces?
R. *Ce sont les tierces diminuée, mineure, majeure
et augmentée.*

558—D. Quelles sont les quatre espèces de quartes?
R. *Ce sont les quartes diminuée, juste, augmentée et sur-augmentée.*

559—D. Quelles sont les quatre espèces de quintes?
R. *Ce sont les quintes sous-diminuée, diminuée,
juste et augmentée.*

560—D. Quelles sont les quatre espèces de sixtes?
R. *Ce sont les sixtes diminuée, mineure, majeure
et augmentée.*

561—D. Quelles sont les quatre espèces de septièmes?
R. *Ce sont les septièmes diminuée, mineure, majeure et augmentée.*

562—D. Combien y a-t-il d'espèces d'octaves?
R. *Il y en a trois: l'octave diminuée, l'octave
juste et l'octave augmentée.*

563—D. Quels sont les intervalles qui peuvent être diminués, mineurs, majeurs et augmentés?
R. *Les 2des, les 3ces, les 6tes et les 7mes.*

564—D. Quel est l'intervalle qui peut être sur-augmenté?
R. *C'est la quarte.*

565—D. Quel est l'intervalle qui peut être sous-diminué?
R. *C'est la quinte.*

REMARQUES et OBSERVATIONS
AU SUJET DES INTERVALLES (p. 61)

566—D. Les intervalles qui reçoivent la qualification
de juste peuvent-ils être majeurs ou mineurs?
R. *Non, il ne peuvent être ni majeurs ni mineurs.*

567—D. Les intervalles qui reçoivent les qualifications
de majeur et mineur peuvent-ils porter celle
de juste?
R. *Non, ils ne peuvent porter la qualification
de juste.*

568—D. Qu'appelle-t-on espace diatonique?
R. *La distance d'un ton ou d'un demi-ton diatonique qui sépare deux degrés conjoints.*

569—D. Combien un intervalle quelconque renferme-
t-il d'espaces diatoniques relativement au nombre de ses degrés?
R. *Un de moins qu'il n'a de degrés.*

570—D. Les différentes sortes de chaque intervalle ayant
toujours le même nombre d'espaces diatoniques,
par quel moyen peut-on agrandir ou amoindrir un
intervalle sans changer le nombre de ses degrés?
R. *Au moyen de demi-tons chromatiques qu'on
ajoute ou qu'on retranche, selon le cas.*

571—D. Si, d'un ton, on retranche le demi-ton chromatique, que reste-t-il?
R. *Un demi-ton diatonique.*

572—D. Si, d'un ton, on retranche le demi-ton diatonique, que reste-t-il?
R. *Un demi-ton chromatique.*

573—D. Quand on ajoute à un demi-ton diatonique le
demi-ton chromatique contigu supérieur ou inférieur, que donne la somme de ces 2 demi-tons?
R. *Un ton.*

574—D. Deux demi-tons de même espèce peuvent-
ils former un ton?
R. *Non, puisqu'un ton se compose toujours de deux
demi-tons d'espèces différentes.*

575—D. Comment agrandit-on un intervalle?
R. *En haussant sa note supérieure d'un demi-ton
chromatique ou en baissant sa note inférieure de
la même quantité.*

576 – D. Comment fait-on pour rendre un intervalle plus petit?
R. *On baisse sa note supérieure d'un demi-ton chromatique ou on élève sa note inférieure de la même quantité.*

577 – D. Quel intervalle obtient-on en ajoutant un demi-ton chromatique à la 2de mineure?
R. *Une seconde majeure.*

578 – D. Quel intervalle obtient-on en retranchant un demi-ton chromatique de la 4te juste?
R. *Une quarte diminuée.*

579 – D. Quel intervalle obtient-on en ajoutant un demi-ton chromatique à la 6te majeure?
R. *Une sixte augmentée.*

(à développer)

580 – D. Quelle est la somme des tons et demi-tons contenus dans un intervalle simple et son renversement?
R. *Cinq tons et deux demi-tons diatoniques.*

COMMENT ON PEUT PROCÉDER POUR TROUVER LA COMPOSITION D'UN INTERVALLE (p. 63)

581 – D. Comment peut-on procéder pour compter les tons et les demi-tons dont se compose un intervalle diatonique lorsqu'il n'est désigné que sous une appellation générale telle que 5te juste, 6te majeure, etc.?
R. *On peut emprunter un exemple de cet intervalle au ton de Do majeur ou à celui de La mineur, et passer par les degrés diatoniques du ton choisi.*

582 – D. Comptez par ce moyen les tons et les demi-tons dont se compose la 4te juste?
R. *Sachant que la 4te de la tonique est toujours juste, je prends celle de Do à Fa, et je compte: de Do à Ré, 1 ton; de Ré à Mi, 1 ton; de Mi à Fa, ½ ton diatonique; total, 2 tons et ½ ton diatonique.*

583 – D. Comptez de même les tons et les demi-tons dont se compose la 6te majeure?
R. *Sachant que la 6te de la tonique est toujours majeure dans le mode majeur, je prends celle de Do à La, et je compte: de Do à Ré, 1 ton; de Ré à Mi, 1 ton; de Mi à Fa, ½ ton diatonique; de Fa à Sol, 1 ton; de Sol à La, 1 ton; total, 4 tons et ½ ton diatonique.*

(à continuer)

584 – D. Peut-on se servir des gammes diatoniques de Do majeur et de La mineur pour trouver la composition d'un intervalle chromatique?
R. *Oui, à la condition d'altérer une ou deux notes pour obtenir l'intervalle roulu.*

585 – D. Comptez par ce moyen les tons et les demi-tons dont se compose la 4te sur-augmentée?
R. *Sachant que la 4te est augmentée sur le 4me degré d'une gamme quelconque, je prends, en Do majeur, celle de Fa à Si; je hausse le Si d'un demi-ton chromatique; j'obtiens ainsi la 4te sur-augmentée de Fa à Si ♯, et je compte: de Fa à Sol, 1 ton; de Sol à La, 1 ton; de La à Si, 1 ton; de Si à Si ♯, ½ ton chromatique; total, 3 tons et ½ ton chromatique.*

(à continuer)

586 – D. Quelle est la meilleure manière de procéder pour compter les tons et les demi-tons dont se compose un intervalle diatonique lorsqu'il est désigné par le nom des deux notes dont il est formé comme de Fa ♯ à Ré, de Si ♭ à Mi, etc.?
R. *Le mieux est d'aller directement à l'une des gammes auxquelles ces deux notes appartiennent, et de passer par les degrés diatoniques de cette gamme.*

587 – D. Comptez, par ce moyen, les tons et les demi-tons qu'il y a de Fa à Mi ♭, et dites-nous quel intervalle cela produit?
R. *Sachant que Fa naturel et Mi ♭ appartiennent au ton de Si ♭ majeur, je compte: de Fa à Sol, 1 ton; de Sol à La, 1 ton; de La à Si ♭, ½ ton diatonique; de Si ♭ à Do, 1 ton; de Do à Ré, 1 ton; de Ré à Mi ♭, ½ ton diatonique; total: 4 tons et 2 demi-tons diatoniques, ce qui produit une septième mineure.*

(à continuer)

588 – D. Comment doit-on procéder lorsque les deux notes désignées ne peuvent appartenir à une même gamme diatonique?
R. *On doit rechercher l'une des tonalités dans lesquelles peuvent entrer ces 2 notes, l'une diatoniquement, l'autre chromatiquement.*

589 – D. Comptez, par ce moyen, les tons et les demi-tons qu'il y a de Si ♭ à Sol ♯, et dites-nous quel intervalle cela produit?
R. *Sachant que Si ♭ appartient à Fa majeur et que le Sol ♯ fait partie de la gamme chromatique ascendante de ce ton, je compte: de Si ♭ à Do, 1 ton; de Do à Ré, 1 ton; de Ré à Mi, 1 ton; de Mi à Fa, ½ ton diatonique; de Fa à Sol, 1 ton; de Sol à Sol ♯, ½ ton chromatique; total: 4 tons, ½ ton diatonique et ½ ton chromatique, ce qui produit une sixte augmentée.*

(à continuer)

APPRÉCIATION D'UN INTERVALLE D'APRÈS SON RENVERSEMENT (p. 65)

590 – D. Que faut-il se rappeler pour apprécier un intervalle d'après son renversement?
R. *Il faut se rappeler: 1° que les deux chiffres représentant l'intervalle primitif et l'intervalle renversé font toujours le nombre neuf; 2° qu'à l'exception des intervalles justes, un renversement est toujours de l'espèce contraire à celle de l'intervalle primitif.*

591 – D. Trouvez, par le renversement, ce qu'il y a de Sol à Fa ♯?
R. *Je renverse Sol-Fa ♯, ce qui donne Fa ♯-Sol; de Fa ♯ à Sol, ½ ton diatonique, 2de mineure; donc, de Sol à Fa ♯, septième majeure.*

592 – D. Trouvez, de même, ce qu'il y a de Ré à Si ♭?
R. *Je renverse Ré-Si ♭, ce qui donne Si ♭-Ré; de Si ♭ à Ré, 2 tons, tierce majeure; donc, de Ré à Si ♭, sixte mineure.*

(à continuer)

NOTE GRAVE DE L'INTERVALLE
PRISE POUR TONIQUE D'UNE GAMME MAJEURE (p. 65)

593—D. Que faut-il se rappeler pour reconnaître la nature d'un intervalle en prenant sa note grave pour tonique du mode majeur?

R. Il faut se rappeler que tous les intervalles supérieurs qui partent de la tonique d'une gamme majeure sont majeurs ou justes.

594—D. Tous les intervalles étant majeurs ou justes à partir de la tonique d'une gamme majeure, comment s'en sert-on pour apprécier tel ou tel intervalle donné?

R. On compare l'intervalle désigné à celui qui se trouve naturellement au-dessus de la tonique supposée.

595—D. Trouvez, par ce moyen, ce qu'il y a de Fa à Ré ♯?

R. En Fa majeur, on fait le Ré naturel, 6te majeure; le Ré ♯ plus haut d'un demi-ton chromatique, forme donc la sixte augmentée sur Fa.

596—D. Trouvez, par ce moyen, ce qu'il y a de La à Sol ♭?

R. En La majeur on fait le Sol ♯, 7me majeure; le Sol ♯ serait la 7me mineure de La; le Sol ♭ en est la septième diminuée.

(à continuer)

HAUSSER OU BAISSER MENTALEMENT
D'UN DEMI-TON CHROMATIQUE
LES DEUX NOTES
DONT SE COMPOSENT CERTAINS INTERVALLES
POUR EN APPRÉCIER PLUS FACILEMENT
LA COMPOSITION ET L'ESPÈCE

597—D. Si la note grave de l'intervalle à évaluer ne peut servir de tonique à l'une des tonalités usitées, comme seraient le Fa ♯ ou le Mi ♭, peut-on recourir aux gammes majeures pour apprécier cet intervalle?

R. Oui, mais à la condition de hausser ou de baisser, mentalement, d'un demi-ton chromatique les 2 notes de cet intervalle.

598—D. Que ferez-vous pour trouver par ce moyen, ce qu'il y a de Si ♯ à Sol x?

R. J'abaisserai ces 2 notes d'un demi-ton chromatique, ce qui donnera Si naturel et Sol ♯, c'est-à-dire une 6te majeure, et j'en conclurai qu'il y a une 6te majeure de Si ♯ à Sol x.

599—D. Trouvez, de même, ce qu'il y a de Fa ♭ à Si ♭♭?

R. J'élève Fa ♭ et Si ♭♭ d'un demi-ton chromatique, ce qui donne Fa naturel et Si ♭, c'est-à-dire une 4te juste, et j'en conclus qu'il y a une 4te juste de Fa ♭ à Si ♭♭.

DEUXIÈME PARTIE

DIAPASON et REGISTRES (p. 67)

600—D. Comment nomme-t-on le petit instrument qui produit le La, et dont on se sert pour donner le ton et pour accorder les instruments de musique?

R. On le nomme diapason.

601—D. Comment nomme-t-on le diapason dont l'usage est obligatoire pour tous les établissements musicaux de l'État?

R. Diapason normal.

602—D. Le mot diapason n'a-t-il pas plusieurs applications en musique?

R. Si, on dit aussi le diapason d'une voix, le diapason d'un instrument.

603—D. Qu'est-ce que le diapason d'une voix ou d'un instrument?

R. C'est la portion de l'échelle musicale que peut parcourir cette voix ou cet instrument.

604—D. Combien le diapason particulier d'une voix comprend-il de degrés diatoniques?

R. Environ treize degrés diatoniques.

605—D. Comment divise-t-on le diapason de chaque voix, de même que celui de chaque instrument?

R. En trois parties qu'on nomme registres, savoir: le registre grave, le registre aigu et, entre les deux, le registre moyen.

606—D. Le mot registre ne s'applique-t-il pas, en musique, à autre chose qu'aux divisions de chaque diapason?

R. Si, on donne le nom de registres aux différents jeux de l'orgue et de l'harmonium.

ÉCHELLE MUSICALE (1re étude)
LIGNE D'OCTAVE (p. 67)

607—D. Quelle est l'étendue la plus considérable que puisse atteindre l'échelle musicale actuelle?

R. Elle embrasse plus de huit octaves.

608—D. Quels sont les instruments qui peuvent embrasser cette immense étendue?

R. Les grandes orgues.

609—D. Tous les sons de cette immense échelle sont-ils bien appréciables comme intonation?

R. Non, les sons sous-graves et sur-aigus sont peu saisissables par eux-mêmes.

610—D. À quoi servent donc des sons si peu appréciables?

R. À renforcer, à l'octave, des sons plus saisissables.

611—D. En faisant abstraction des régions sous-grave et sur-aiguë, et ne tenant compte que des sons qui, par eux-mêmes, ont une intonation bien définie, combien l'échelle musicale contient-elle de sons?

R. Environ quatre-vingt-cinq sons accordés par demi-tons, c'est-à-dire sept octaves pleines.

612—D. À quel moyen a-t-on recours pour écrire les sons les plus hauts et les sons les plus bas de cette échelle déjà considérable, sans employer un trop grand nombre de lignes supplémentaires?

R. On écrit les notes trop hautes à une octave au-dessous et les notes trop basses à une octave au-dessus de leur diapason réel, et l'on indique leur véritable position par l'abréviation, en chiffre, du mot italien 'ottava' qui veut dire octave.

613—D. Quand le chiffre 8, abréviation d'octave, est placé au-dessus d'une note, ou doit-on faire cette note?
R. *A une 8ve plus haut que la chose écrite.*

614—D. Et quand le chiffre 8 est placé au-dessous?
R. *On doit faire la note à une 8ve plus bas.*

615—D. Lorsque deux ou plusieurs notes, se succédant immédiatement, doivent être exécutées à l'octave, répète-t-on le 8 à chaque note?
R. *Non, on le met seulement au-dessus ou au-dessous de la 1re, et l'on tire à sa suite une ligne pointillée qu'on appelle ligne d'octave.*

616—D. Que veut dire le mot italien 'loco' qu'on trouve parfois à la suite de la ligne d'octave?
R. *Il signifie lieu ou place; il indique qu'il faut exécuter les notes à la hauteur où elles sont écrites.*

SYSTÈME COMPLET DES CLÉS (p.69)

617—D. Sur quelle ligne de la portée pose-t-on la clé de Sol?
R. *Sur la 2de ligne.*

618—D. Quelles sont les lignes de la portée sur lesquelles on place la clé de Do?
R. *Sur la 1re, la 2me, la 3me et la 4me ligne.*

619—D. Sur quelles lignes place-t-on la clé de Fa?
R. *Sur la 3me et la 4me ligne.*

620—D. Combien y a-t-il en somme de positions de clés?
R. *Il y en a sept, autant que de noms de notes.*

621—D. Quels avantages présentent ces sept positions de clés?
R. *C'est, d'une part, de pouvoir écrire, sur une seule et même ligne ou dans un même interligne les sept notes: Do, Ré, Mi, Fa, Sol, La, Si; et d'autre part, de pouvoir placer chacune des sept notes dans une position quelconque de la portée.*

622—D. Qu'est-ce que la portée générale?
R. *C'est une grande portée de onze lignes qui contient toutes les petites portées de cinq lignes dont on se sert pour écrire la musique.*

623—D. Quelle place occupe sur la portée générale chacune des clés de Fa, de Do et de Sol?
R. *La clé de Fa y occupe la 4me ligne; la clé de Do, la 6me, et la clé de Sol, la 8me.*

624—D. Que représente chacune des trois clés?
R. *Elle représente un point fixe de l'échelle musicale.*

625—D. Peut-on déplacer une clé?
R. *Non, une clé ne peut être déplacée.*

626—D. D'où vient donc que l'on voit la même clé tantôt sur une ligne, tantôt sur une autre dans la portée ordinaire?
R. *Cela vient du choix qu'on a fait de telles ou telles lignes, prises plus ou moins haut, plus ou moins bas, dans la portée générale, pour former de petites portées de cinq lignes.*

EMPLOI DES DIFFÉRENTES CLÉS
POUR LES VOIX (p.71)

627—D. Si l'on se servait pour chaque voix de la clé qui lui est propre, quelle serait la destination de chaque clé?
R. *On écrirait le soprano en clé de Do 1re, le mezzo-soprano, en clé de Do 2me; le contralto, en* clé de Do 3me; le ténor, en clé de Do 4me; le baryton, en clé de Fa 3me; la basse, en clé de Fa 4me.

628—D. Actuellement, se sert-on, dans la pratique, des sept positions de clés?
R. *Non, on n'écrit plus en clé de Do 2de ni en clé de Fa 3me.*

629—D. A quoi servent donc ces deux clés?
R. *A certaines transpositions à vue.*

630—D. Sur quelles clés écrit-on la musique pour soprano ou mezzo-soprano?
R. *Ces deux voix s'écrivent en clé de Do 1re ligne ou en clé de Sol 2de.*

631—D. Comment écrit-on le Contralto?
R. *Tantôt en clé de Do 3me ligne, tantôt en clé de Do 1re ou en clé de Sol.*

632—D. Comment écrit-on le ténor?
R. *En clé de Do 4me ou en clé de Sol.*

633—D. Sur quelle clé écrivait-on jadis le 1er ténor?
R. *On l'écrivait en clé de Do 3me.*

634—D. Quel nom donnait-on au 1er ténor à l'époque où on l'écrivait en clé de Do 3me?
R. *On l'appelait la haute-contre.*

635—D. La musique notée en clé de Sol pour le ténor est-elle bien au diapason de cette voix?
R. *Non, elle est à une octave trop haut.*

636—D. Comment le ténor doit-il chanter la musique écrite en clé de Sol?
R. *A une octave au-dessous de ce qui est écrit.*

637—D. Comment écrit-on le baryton et la basse?
R. *Ces deux voix s'écrivent en clé de Fa 4me.*

EMPLOI DES DIFFÉRENTES CLÉS
POUR LES INSTRUMENTS (p.72)
INSTRUMENTS A CORDES ET A ARCHET

638—D. Sur quelle clé écrit-on le violon?
R. *En clé de Sol.*

639—D. Et l'alto?
R. *En clé de Do 3me.*

640—D. Et le violoncelle?
R. *En clé de Fa 4me pour le grave et le médium; en clé de Do 4me ou en clé de Sol pour l'aigu.*

641—D. Et la contrebasse?
R. *En clé de Fa 4me.*

642—D. Comment la contrebasse exécute-t-elle la musique?
R. *A une octave au-dessous de ce qui est écrit.*

INSTRUMENTS A CORDES PINCÉES

643—D. Sur quelle clé écrit-on la mandoline et la guitare?
R. *En clé de Sol.*

644—D. Comment la guitare exécute-t-elle la musique?
R. *A une octave au-dessous de ce qui est écrit.*

INSTRUMENTS A VENT EN BOIS

645—D. Sur quelle clé écrit-on la grande flûte, la petite flûte, le hautbois, le cor anglais et la clarinette?
R. *En clé de Sol.*

646—D. Comment la petite flûte exécute-t-elle ce qui est écrit?
R. *A une octave au-dessus.*

647—D. Sur quelles clés écrit-on le basson?
R. *En clé de Fa 4me pour le grave et le médium; et en clé de Do 4me pour l'aigu.*

INSTRUMENTS À VENT EN CUIVRE

648-D. Sur quelle clé écrit-on la trompette, le cornet à pistons, le bugle, le clairon et la plupart des saxhorns?
R. *En clé de Sol.*

649-D. Sur quelles clés écrit-on le cor?
R. *Le cor s'écrit en clé de sol, sauf pour les sons graves, qui souvent sont notés en clé de Fa.*

650-D. Sur quelles clés écrit-on le trombone?
R. *Tantôt en clé de Fa, tantôt en clé de Ut 4me, et quelquefois en clé de Do 3me.*

651-D. Sur quelle clé écrit-on l'ophicléide et les saxhorns basse et contrebasse?
R. *En clé de Fa.*

INSTRUMENTS MIXTES (Bois et Métal)

652-D. Sur quelle clé écrit-on les saxophones?
R. *Ils s'écrivent tous en clé de sol.*

INSTRUMENTS À PERCUSSION

653-D. Sur quelle clé écrit-on le tambour et le triangle?
R. *En clé de Sol.*

654-D. Sur quelle clé écrit-on les timbales, la grosse caisse et les cymbales?
R. *En clé de Fa.*

655-D. Tous les instruments jouent-ils la musique dans le ton écrit?
R. *Non, il y en a qui jouent dans un autre ton que le ton écrit; ce sont des instruments transpositeurs.*

INTERVALLES MÉLODIQUES
INTERVALLES HARMONIQUES (p. 24)

CONSONANCES et DISSONANCES

656-D. Comment nomme-t-on l'intervalle qui se trouve entre deux sons successifs?
R. *Intervalle mélodique.*

657-D. Comment nomme-t-on l'intervalle qui se trouve entre deux sons simultanés?
R. *Intervalle harmonique.*

658-D. En combien de classes principales divise-t-on les intervalles harmoniques?
R. *En deux classes principales, savoir: les intervalles consonants ou simplement les consonances, et les intervalles dissonants ou simplement les dissonances.*

659-D. Quels sont les intervalles consonants?
R. *Les 3ces majeure et mineure, la 4te et la 5te justes, les 6tes majeure et mineure et l'8ve juste.*

660-D. Combien y a-t-il de ces espèces d'intervalles consonants?
R. *Il y en a deux: les consonances invariables et les consonances variables.*

661-D. Quelles sont les consonances invariables?
R. *La 4te juste, la 5te juste et l'8ve juste.*

662-D. Pourquoi la 4te, la 5te et l'8ve justes sont-elles appelées consonances invariables?
R. *Parce qu'elles ne sont consonantes qu'à la condition d'être justes.*

663-D. Quelles sont les consonances variables?
R. *Les 3ces et les 6tes majeures et mineures.*

664-D. Pourquoi les 3ces et les 6tes sont-elles appelées consonances variables?
R. *Parce qu'elles sont consonantes aussi bien majeures que mineures.*

665-D. Quels sont les intervalles dissonants?
R. *Les 2des, les 7mes, les 9mes et tous les intervalles diminués ou augmentés.*

ACCORDS PARFAITS MAJEUR et MINEUR
NOTES TONALES et NOTES MODALES (p. 25)

666-D. Qu'est-ce que l'accord parfait majeur?
R. *C'est un accord qui se compose d'un son fondamental, de la 3ce majeure et de la 5te juste de ce son.*

667-D. Qu'est-ce que l'accord parfait mineur?
R. *C'est celui dont la 3ce est mineure.*

668-D. Les accords parfaits sont-ils consonants ou dissonants?
R. *Les accords parfaits sont consonants.*

669-D. Pourquoi les accords parfaits sont-ils consonants?
R. *Parce que les notes dont ils se composent ne forment entre elles que des intervalles consonants.*

670-D. Combien le mode majeur fournit-il d'accords parfaits?
R. *Il en fournit six: 3 majeurs et 3 mineurs.*

671-D. Sur quels degrés du mode majeur ces accords sont-ils placés?
R. *Les accords parfaits majeurs sont placés sur le 1er, le 4me et le 5me degré, et les accords parfaits mineurs, sur le 2me, le 3me et le 6me.*

672-D. Combien le mode mineur 1re forme fournit-il d'accords parfaits?
R. *Il en fournit quatre: 2 majeurs et 2 mineurs.*

673-D. Sur quels degrés de la gamme mineure 1re forme ces accords sont-ils placés?
R. *Les accords parfaits majeurs sont placés sur le 5me et le 6me degré, et les accords parfaits mineurs, sur le 1er et le 4me.*

674-D. Quels sont les accords parfaits les plus importants et les plus usités des deux modes?
R. *Ce sont ceux des 1er, 4me et 5me degrés.*

675-D. À eux trois ces accords ne fournissent-ils pas, dans chaque mode, toutes les notes de la gamme?
R. *Si, ces trois accords fournissent toutes les notes de la gamme.*

676-D. En raison du rôle prépondérant qu'ils jouent dans la tonalité, comme notes fondamentales des accords les plus importants, les 1er, 4me et 5me degrés ne reçoivent-ils pas une qualification particulière?
R. *Si, on les appelle notes tonales.*

677-D. Ne donne-t-on pas aussi une qualification particulière au 3me et au 6me degré des deux modes?
R. *Si, on les appelle notes modales.*

678-D. Pourquoi le 3me et le 6me degré sont-ils appelés notes modales?
R. *Parce qu'ils caractérisent le mode.*

679-D. En quoi caractérisent-ils le mode?
R. *En ce qu'ils remplissent la fonction de 3ce dans les accords parfaits du 1er et du 4me degré: 3ce majeure dans le mode majeur et 3ce mineure dans le mode mineur.*

ACCORD DE 7ᵐᵉ DE DOMINANTE (p. 76)

680—D. Comment forme-t-on l'accord de 7ᵐᵉ de dominante?
R. *En ajoutant une 7ᵐᵉ mineure à l'accord parfait majeur du 5ᵐᵉ degré de l'un ou l'autre mode.*

681—D. Pourquoi cet accord est-il appelé 7ᵐᵉ de dominante?
R. *Parce que la dominante en est la note fondamentale.*

682—D. De quoi se compose l'accord de 7ᵐᵉ de dominante?
R. *Il se compose de 4 sons, savoir: une note fondamentale, sa 3ᶜᵉ majeure, sa 5ᵗᵉ juste et sa 7ᵐᵉ mineure.*

683—D. L'accord de 7ᵐᵉ de dominante est-il consonant, est-il dissonant?
R. *C'est un accord dissonant.*

684—D. Pourquoi cet accord est-il dissonant?
R. *Parce qu'il renferme une 7ᵐᵉ qui est une dissonance.*

SUCCESSIONS D'ACCORDS — PARTIES MÉLODIQUES (p. 76)

685—D. Comment nomme-t-on les diverses suites de notes qui résultent de la succession et de l'enchaînement des accords?
R. *On les nomme parties mélodiques.*

686—D. Comment nomme-t-on la partie la plus haute?
R. *1ʳᵉ partie ou partie supérieure.*

687—D. Comment nomme-t-on la partie la plus grave?
R. *On la nomme basse ou partie inférieure.*

688—D. Comment nomme-t-on les parties du milieu?
R. *Parties intermédiaires.*

689—D. Comment nomme-t-on l'ensemble de toutes les parties réunies par une accolade?
R. *Partition.*

ACCORDS FONDAMENTAUX
ACCORDS RENVERSÉS (p. 77)

690—D. Dans quel cas un accord est-il à l'état fondamental?
R. *Chaque fois que sa fondamentale occupe la partie la plus grave de l'harmonie.*

691—D. Dans quel cas un accord est-il à l'état de renversement?
R. *Lorsque la partie grave est occupée par une note de l'accord autre que la fondamentale.*

692—D. Comment peut-on savoir si la basse est occupée par la note fondamentale de l'accord ou par l'une de ses autres notes?
R. *Quand les notes supérieures de l'accord ne forment au-dessus de la basse, et par rapport à elle, que des intervalles de 3ᶜᵉ, 5ᵗᵉ, 7ᵐᵉ et 8ᵛᵉ, c'est que la fondamentale est à la basse; si, au contraire, l'une des notes supérieures forme au-dessus de la basse, et par rapport à elle, un intervalle de 2ᵈᵉ, 4ᵗᵉ ou 6ᵗᵉ, c'est que la basse est occupée par une des autres notes de l'accord.*

693—D. Comment nomme-t-on un accord dont la fondamentale est à la basse?
R. *Accord fondamental.*

694—D. Comment nomme-t-on un accord dont la fondamentale n'est pas à la basse?
R. *Accord renversé.*

695—D. Par quel moyen trouve-t-on, d'une manière certaine, l'accord fondamental d'un accord renversé quelconque?
R. *En faisant descendre la partie grave de 3ᶜᵉ en 3ᶜᵉ jusqu'à ce qu'on ait obtenu la série de 3ᶜᵉˢ superposées qui caractérise tout accord à l'état primitif.*

PHRASES, MEMBRES DE PHRASES
ET CADENCES (p. 78)

696—D. Qu'est-ce qu'une phrase musicale?
R. *C'est une suite de sons qui forment un sens plus ou moins achevé.*

697—D. Une phrase ne peut-elle pas se composer de plusieurs membres de phrase?
R. *Oui, une phrase peut contenir plusieurs membres de phrase.*

698—D. Qu'est-ce qu'une cadence?
R. *C'est la terminaison d'une phrase ou d'un membre de phrase.*

699—D. Combien y a-t-il d'espèces de cadences?
R. *Il y en a six: la cadence parfaite, la cadence imparfaite, la cadence rompue, la cadence à la dominante, la cadence plagale et la cadence évitée.*

700—D. Qu'est-ce qui détermine d'une manière précise les différentes cadences?
R. *Ce sont les mouvements de la basse.*

701—D. Que fait la basse dans la cadence parfaite?
R. *Elle va de la dominante à la tonique.*

702—D. Et dans la cadence imparfaite?
R. *Elle va de la dominante à la médiante.*

703—D. Et dans la cadence rompue?
R. *Elle va de la dominante à la sus-dominante.*

704—D. Et dans la cadence à la dominante?
R. *Elle se termine sur la dominante.*

705—D. Et dans la cadence plagale?
R. *Elle va de la sous-dominante à la tonique.*

706—D. Qu'est-ce que la cadence évitée?
R. *C'est celle qui se termine en modulant.*

NOUVEAUX MOYENS
POUR DISTINGUER AVEC PLUS DE CERTITUDE
UN TON MINEUR DE SON RELATIF MAJEUR
ET RÉCIPROQUEMENT (p. 78)

707—D. Lorsque la mélodie est accompagnée d'accords, ceux-ci n'indiquent-ils pas clairement la tonalité du morceau?
R. *Si, les premiers accords d'un morceau doivent accuser la tonalité et l'indiquer clairement.*

708—D. Quel est, ordinairement, le premier accord d'un morceau?
R. *C'est l'accord parfait de la tonique.*

709—D. Ne commence-t-on pas, quelquefois, par l'accord de 7ᵐᵉ de dominante?
R. *Si, on commence quelquefois par cet accord, mais c'est exceptionnel.*

710—D. En quel ton est un morceau qui, n'ayant rien à la clé, commence par l'un des accords Do-Mi-Sol ou Sol-Si-Ré-Fa?
R. *Il est sûrement en Do majeur.*

711–D. En quel ton est un morceau qui, n'ayant rien à la clé, commence par l'un des accords La-Do-Mi ou Mi-Sol ♯-Si-Ré?
R. *Il est certainement en La mineur.*
(à continuer)

712–D. Un morceau ne peut-il jamais commencer par un accord autre que ceux de tonique ou de dominante?
R. *Cela arrive rarement, mais ce n'est pas impossible.*

713–D. Comment, en pareil cas, reconnaît-on la véritable tonalité?
R. *Par l'ensemble des premiers accords.*

714–D. Lorsque la mélodie n'a qu'une basse d'accompagnement, quel est le plus sûr moyen de discerner la tonalité?
R. *C'est de regarder la dernière note de cette basse, qui est toujours la tonique.*

715–D. Quelle est, ordinairement, la première note de la basse?
R. *Si ce n'est la tonique ce doit-être la dominante.*

716–D. Quels sont les indices qui peuvent faire trouver le ton d'une mélodie sans accompagnement?
R. *C'est d'abord l'armature de la clé; puis, la première et la dernière note de la mélodie.*

717–D. Quelle est, généralement, la 1ʳᵉ note d'un chant quelconque?
R. *C'est l'une des notes de l'accord parfait de la tonique: 1ᵉʳ, 3ᵐᵉ ou 5ᵐᵉ degré.*

718–D. Et sa dernière note?
R. *Le plus souvent c'est la tonique; mais, parfois, c'est la 3ᶜᵉ ou la 5ᵉ de cette tonique.*

719–D. L'accord parfait de la tonique du mode majeur et celui de la tonique du mode mineur relatif n'ont-ils pas deux notes communes?
R. *Si, ces accords ont deux notes communes.*

720–D. Si une mélodie sans accompagnement commence et finit par l'une de ces notes communes, comment pourra-t-on discerner le ton?
R. *On en sera réduit à se servir des moyens indiqués aux Nᵒˢ 323 à 338. (Voir p. 120)*

721–D. En quel ton est une mélodie qui commence ou qui finit par la 5ᵉ inaltérée du ton majeur indiqué par l'armature de la clé?
R. *Elle est dans ce ton majeur.*

722–D. En quel ton est une mélodie qui commence ou qui finit par la tonique du ton mineur indiqué par l'armature?
R. *Elle est dans ce ton mineur.*

723–D. En quel ton est une mélodie qui finit par la note formant 3ᶜᵉ majeure au-dessus du 1ᵉʳ degré du ton mineur indiqué par l'armature?
R. *Elle est d'abord dans ce ton mineur, puis, dans le même ton rendu majeur par l'altération ascendante de sa 3ᶜᵉ.*

MODULATION (p. 82)

724–D. Comment nomme-t-on le passage d'un ton à un autre ou d'un mode à l'autre?
R. *Modulation, transition ou changement de ton.*

725–D. Un morceau peut-il commencer dans un ton et finir dans un autre?
R. *Non, un morceau doit toujours commencer et finir dans le même ton.*

726–D. Peut-il commencer dans un mode et finir dans l'autre?
R. *Oui, il peut commencer en mineur et finir en majeur, et vice versa.*

727–D. Comment qualifie-t-on le ton par lequel commence et finit le morceau?
R. *Ton principal.*

728–D. Comment qualifie-t-on les tons par lesquels on peut passer dans le courant d'un morceau?
R. *Tons accessoires ou secondaires.*

729–D. Lorsqu'on s'établit pour quelque temps dans un ton autre que le ton principal, n'est-il pas d'usage de charger l'armature de la clé?
R. *Si, en pareil cas, on change, habituellement l'armature de la clé, en l'appropriant à la nouvelle tonalité.*

730–D. Quand l'armature de la clé a été ainsi changée, de quels moyens se sert-on pour reconnaître la nouvelle tonalité?
R. *Des mêmes moyens que pour une tonalité principale.*

731–D. Mais, si l'on se borne à placer accidentellement, devant les notes, les signes d'altération nécessaires au nouveau ton, que faut-il faire pour reconnaître ce ton?
R. *Il faut se bien rendre compte des changements apportés à l'état des notes par les signes accidentels qui se présentent, soit à la partie mélodique, soit aux parties d'accompagnement.*

TONALITÉS PEU USITÉES

DOUBLES-DIÈSES et DOUBLES-BÉMOLS CONSTITUTIFS (p. 84)

732–D. Les doubles-dièses et les doubles-bémols peuvent-ils être employés comme altérations constitutives?
R. *Oui, car ils sont nécessaires à la formation de certaines tonalités.*

733–D. Ces tonalités qui exigent l'emploi du double-dièse ou du double-bémol sont-elles très usitées?
R. *Non, elles sont peu usitées, sauf les tonalités mineures de Sol ♯, Ré ♯ et La ♯, dans lesquelles le double-dièse vient produire la note sensible.*

734–D. Quelles sont les tonalités les plus usitées parmi celles qui exigent l'emploi du double-dièse ou du double-bémol?
R. *Ce sont celles de Sol ♯ majeur et Mi ♯ mineur, avec Fa x; Fa ♭ majeur et Ré ♭ mineur, avec Si ♭♭; Ré ♯ majeur et Si ♯ mineur, avec Fa x et Do x; Si ♭♭ majeur et Sol ♭ mineur, avec Si ♭♭ et Mi ♭♭.*

735–D. Ces tonalités sont-elles employées comme tons principaux?
R. *Non, aucune de ces tonalités n'est employée comme ton principal.*

736–D. Pourquoi?
R. *Parce que chacune d'entre elles a une tonalité synonyme, plus simple et plus facile, qu'on lui préfère, à juste titre.*

737—D. De quelle manière emploie-t-on ces tonalités compliquées?

R. *On ne les emploie que passagèrement, comme tons accessoires, dans les modulations.*

738—D. Mais, si l'on devait s'y établir pour longtemps?

R. *On substituerait à la tonalité compliquée sa tonalité synonyme.*

739—D. D'après cela, est-il jamais nécessaire d'armer la clé de doubles-dièses ou de doubles-bémols?

R. *Non, puisque ces sortes d'altérations ne se présentent que passagèrement.*

740—D. Dans quel ordre se suivent les doubles-dièses constitutifs?

R. *Dans le même ordre que les dièses: Fa, Do, Sol, Ré, La, Mi, Si.*

741—D. Et les doubles-bémols constitutifs?

R. *Dans le même ordre que les bémols: Si, Mi, La, Ré, Sol, Do, Fa.*

742—D. Comment peut-on s'y prendre pour savoir combien il entre de doubles-dièses ou de doubles-bémols constitutifs dans les tonalités peu usitées?

R. *Il suffit de faire les rapprochements suivants: avec un dièse, on est en Sol majeur, ou en Mi mineur; avec un double-dièse, on est en Sol♯ majeur ou Mi♯ mineur. Avec un bémol, on est en Fa majeur ou en Ré mineur; avec un double-bémol, en Fa♭ majeur ou Ré♭ mineur, etc.*

743—D. Dans quel ordre se succèdent les gammes dont le nombre des doubles-dièses va en augmentant?

R. *Elles se suivent par 5tes justes en montant ou 4tes justes en descendant, comme les gammes avec dièses.*

744—D. Dans quel ordre se succèdent les gammes dont le nombre des doubles-bémols va en augmentant?

R. *Par 5tes justes en descendant ou 4tes justes en montant, comme les gammes avec bémols.*

745—D. Combien deux tons synonymes ont-ils d'altérations constitutives de différence?

R. *Ils en ont douze.*

746—D. À combien d'altérations simples équivaut, dans ce compte, chaque double-dièse et chaque double-bémol?

R. *À deux altérations simples.*

747—D. Quel est le ton synonyme de Ré♭ majeur, qui prend cinq bémols?

R. *C'est le ton de Do♯ majeur, qui prend sept dièses.*

748—D Quel est le ton synonyme de Mi majeur, qui prend quatre dièses?

R. *C'est celui de Fa♭ majeur, qui prend un double-bémol et six bémols, ce qui équivaut à 8 bémols.*

(À continuer.)

TRANSPOSITION (p. 88)

749—D. Qu'est-ce que transposer?

R. *C'est lire, exécuter ou transcrire dans un ton la musique écrite dans un autre.*

750—D. Peut-on transposer un morceau de musique à un intervalle quelconque?

R. *Oui, on peut le transposer dans tous les tons.*

751—D. Peut-on changer le mode d'un morceau?

R. *Non, car ce serait le dénaturer complètement.*

752—D. Quel est le but de la transposition?

R. *C'est de mettre dans un ton plus favorable un morceau écrit trop haut ou trop bas pour la voix ou l'instrument qui doit l'exécuter.*

TRANSPOSITION ÉCRITE

753—D. Comment procède-t-on, habituellement, pour transposer en écrivant?

R. *On commence par approprier l'armature de la clé à la nouvelle tonalité; puis, on calcule exactement la distance qui existe entre la tonique primitive et celle du nouveau ton, et l'on élève ou l'on abaisse de la quantité voulue chacune des notes du modèle, selon qu'on transpose au-dessus ou au-dessous du ton noté.*

754—D. Pour conserver la distance voulue entre toutes les notes du modèle et celles qui leur correspondent dans le ton transposé, n'est-on pas obligé de remplacer, parfois, un signe d'altération accidentelle par un autre signe?

R. *Si, l'on est parfois obligé de remplacer le dièse par le bécarre ou par le double-dièse, le bécarre par le dièse ou par le bémol, etc.*

TRANSPOSITION À VUE
REMPLACEMENT DES CLÉS — ARMATURE DE LA CLÉ

755—D. Comment procède-t-on pour transposer à vue?

R. *On commence par reconnaître le ton dans lequel est écrit le morceau; on voit quelle position la tonique occupe dans la portée, et l'on cherche la clé qui, à la place de cette tonique primitive, doit produire la nouvelle tonique; on suppose à la clé l'armature qui convient au ton dans lequel on veut transposer, et l'on se dit à l'avance le nom des notes du ton transposé devant lesquelles les accidents devront être changés, et en quel sens ils devront l'être.*

ACCIDENTS À CHANGER

756—D. On peut donc savoir, à l'avance, devant quelles notes et en quel sens les accidents devront être changés, s'il s'en présente dans le courant du morceau?

R. *Oui, il existe à ce sujet des règles très précises.*

DIÈSES AJOUTÉS — BÉMOLS RETRANCHÉS

757—D. Ajouter des dièses à la clé ou en retrancher des bémols n'est-ce pas faire la même chose?

R. *Si, c'est monter d'un demi-ton chromatique autant de notes qu'il y a de dièses ajoutés ou de bémols retranchés.*

758—D. Lorsque, pour transposer, on ajoute à la clé un ou plusieurs dièses, ou qu'on en retranche un ou plusieurs bémols, où doit-on chercher les notes devant lesquelles les accidents devront être changés?

R. *Dans l'ordre des dièses: Fa, Do, Sol, Ré, La, Mi, Si.*

759—D. Quel sera le nombre de ces notes?

R. *Le même que celui des dièses ajoutés et des bémols retranchés.*

760—D. Quel changement fera-t-on subir aux accidents placés devant ces notes?

R. *On les haussera d'un demi-ton chromatique, c'est-à-dire qu'on remplacera le ♭ par le ♮, le ♮ par le ♯, le ♯ par le x, le ♭♭ par le ♭.*

761—D. Ajouter des bémols à la clé ou en retrancher des dièses, n'est-ce pas faire la même chose?

R. *Si, c'est descendre d'un demi-ton chromatique autant de notes qu'il y a de bémols ajoutés ou de dièses retranchés.*

762—D. Lorsque, pour transposer, on ajoute à la clé un ou plusieurs bémols ou qu'on en retranche un ou plusieurs dièses, où doit-on chercher les notes devant lesquelles les accidents doivent être changés?

R. *Dans l'ordre des bémols: Si, Mi, La, Ré, Sol, Do, Fa.*

763—D. Quel doit être le nombre de ces notes?

R. *Le même que celui des bémols ajoutés ou des dièses retranchés.*

764—D. Quel changement fait-on subir aux accidents placés devant ces notes?

R. *On les baisse d'un demi-ton chromatique, c'est-à-dire qu'on remplace le ♯ par le ♮, le ♮ par le ♭, le ♭ par le ♭♭, le × par le ♯.*

(Interroger l'élève sur chacun des paragraphes de la Table des Transpositions.)

TÉTRACORDES (p. 92)

765—D. Comment les tons et les demi-tons sont-ils répartis du 1ᵉʳ au 4ᵐᵉ degré de la gamme majeure?

R. *Il y a deux tons consécutifs suivis d'un demi-ton.*

766—D. Et du 5ᵐᵉ au 8ᵐᵉ degré?

R. *Il y a également, deux tons consécutifs suivis d'un demi-ton.*

767—D. La gamme majeure se compose donc de deux moitiés semblables?

R. *Oui, elle se compose de deux moitiés semblables, séparées par l'espace d'un ton qui se trouve du 4ᵐᵉ au 5ᵐᵉ degré.*

768—D. Quel nom donne-t-on à ces demi-gammes?

R. *On les nomme tétracordes.*

769—D. Quel est le 1ᵉʳ tétracorde ou tétracorde inférieur?

R. *C'est celui qui commence par la tonique et qui finit par la sous-dominante.*

770—D. Quel est le 2ᵈ tétracorde ou tétracorde supérieur?

R. *C'est celui qui commence par la dominante et qui finit par la tonique.*

771—D. Le tétracorde inférieur d'une gamme peut-il servir de tétracorde supérieur à une autre gamme?

R. *Oui, ainsi, le 1ᵉʳ tétracorde de Do majeur peut devenir 2ᵈ tétracorde de Fa majeur.*

772—D. De son côté, le tétracorde supérieur d'une gamme peut-il servir de tétracorde inférieur à une autre gamme?

R. *Oui, ainsi, le 2ᵈ tétracorde de Do majeur peut devenir 1ᵉʳ tétracorde de Sol majeur.*

773—D. D'après ce qui précède, on trouverait donc dans la gamme même le germe de deux autres gammes?

R. *Oui, et c'est ainsi que les gammes naissent les unes des autres et s'enchaînent dans un certain ordre.*

ENCHAÎNEMENT DES GAMMES MAJEURES PAR LEUR TÉTRACORDE COMMUN

QUINTES JUSTES EN MONTANT (p. 92)

774—D. Si l'on transforme le tétracorde supérieur de Do majeur en tétracorde inférieur d'une autre gamme, que devient le Sol, 1ʳᵉ note de ce tétracorde?

R. *Le Sol devient tonique de la gamme nouvelle qui, dès lors, se nomme gamme de Sol majeur.*

775—D. En possession de ce 1ᵉʳ tétracorde qui va du Sol au Do, que faut-il faire pour achever la gamme de Sol majeur?

R. *Il faut repartir d'un ton plus haut que le Do, c'est-à-dire du Ré, pour trouver le 2ᵈ tétracorde du ton de Sol.*

776—D. De quelles notes se composera ce 2ᵈ tétracorde?

R. *Il se composera des notes Ré, Mi, Fa, Sol.*

777—D. Mais, à l'état naturel, ces notes ne présentent pas, dans l'ordre voulu, les deux tons et le demi-ton dont se compose un tétracorde, puisqu'ici le demi-ton Mi-Fa, au lieu de succéder à deux tons consécutifs, tient le milieu entre ces deux tons?

R. *Pour remédier à cela, il suffit de diéser le Fa, de manière à l'éloigner du Mi, dont il était trop près, et à le rapprocher du Sol, dont il était trop loin.*

778—D. Que devient le Fa ♯ dans le ton de Sol?

R. *Il devient note sensible. C'est la note caractéristique du ton de Sol par rapport à celui de Do, dont le Fa est naturel.*

779—D. À quel intervalle se fait donc l'enchaînement de la gamme de Do à celle de Sol?

R. *Il a lieu à la 5ᵗᵉ supérieure.*

780—D. À son tour, le tétracorde supérieur de Sol majeur pourra-t-il servir de tétracorde inférieur à une autre gamme?

R. *Oui, et par cette transformation on obtiendra la gamme de Ré majeur, placée à une 5ᵗᵉ au-dessus de celle de Sol.*

781—D. En procédant de la même façon à l'égard de chaque ton nouveau, quelles sont les gammes qu'on formera successivement?

R. *Après les gammes majeures de Sol et Ré, on formera successivement celles de La, Mi, Si, Fa ♯ et Do ♯ dont le nombre des dièses constitutifs augmente graduellement.*

QUINTES JUSTES EN DESCENDANT

782—D. Si l'on transforme le tétracorde inférieur de Do majeur en tétracorde supérieur d'une autre gamme, que devient le Fa, 1ʳᵉ note de ce tétracorde?

R. *Le Fa devient tonique de la gamme nouvelle qui dès lors se nomme gamme de Fa majeur.*

783—D. En possession de ce 2ᵈ tétracorde qui, en descendant, va du Fa au Do, que faut-il faire pour achever la gamme de Fa majeur?

R. *Il faut repartir d'un ton plus bas que le Do, c'est-à-dire du Si ♭ et descendre jusqu'au Fa pour trouver le 1ᵉʳ tétracorde de cette gamme.*

784–D. Que devient le Si♭ dans le ton de Fa?

R. *Il devient sous-dominante; c'est la note ca-*
ractéristique du ton de Fa par rapport à celui
de Do, dont le Si est naturel.

785–D. A quel intervalle se fait l'enchaînement de la gamme de Do à celle de Fa?

R. *Il a lieu à la 5ᵉ inférieure.*

786–D. A son tour, le tétracorde inférieur de Fa majeur peut-il servir de tétracorde supérieur à une autre gamme?

R. *Oui, et par cette transformation on obtient*
la gamme de Si♭ majeur, placée à une 5ᵉ au-
dessous de celle de Fa.

787–D. En procédant de la même façon à l'égard de chaque ton nouveau, quelles sont les gammes qu'on formera successivement?

R. *Après les gammes majeures de Fa et Si♭, on*
formera successivement celles de Mi♭, La♭, Ré♭,
Sol♭ et Do♭, dont le nombre des bémols consti-
tutifs augmente graduellement.

TÉTRACORDES DU MODE MINEUR

788–D. Les deux tétracordes de la gamme mineure sont-ils semblables l'un à l'autre comme le sont ceux de la gamme majeure?

R. *Non; quelle que soit la manière dont on fait*
la gamme mineure, ses deux tétracordes sont
absolument dissemblables.

789–D. Malgré cela, ces tétracordes peuvent-ils servir à former d'autres gammes?

R. *Non; les gammes mineures ne peuvent s'en-*
gendrer les-unes les-autres; on doit les consi-
dérer comme émanant de leurs relatifs majeurs.

PRODUCTION DU SON
SONS HARMONIQUES

ORIGINE NATURELLE DE L'ACCORD PARFAIT MAJEUR (p.95)

790–D. Qu'est-ce qui produit le son?

R. *Le son est produit par les vibrations ou os-*
cillations d'un corps sonore.

791–D. Tous les corps sonores produisent-ils des sons musicaux?

R. *Non; pour que le son produit par les oscil-*
lations d'un corps sonore soit musical, il faut
que ce corps sonore possède des qualités spéciales
sans lesquelles on n'en obtiendrait que du bruit.

792–D. Quels sont les principaux corps sonores dont on peut tirer des sons musicaux?

R. *Ce sont: 1º les cordes vocales mises en vibra-*
tion par l'air des poumons; 2º les cordes tendues
comme celles du piano, de la harpe ou du violon,
mises en vibration par des marteaux, les doigts
ou l'archet; 3º les tubes en bois ou en métal, tels
que le basson ou la flûte, le cor ou la trompette,
dans lesquels le son est produit par un mouve-
ment vibratoire de l'air.

793–D. D'où provient le degré de gravité ou d'acuité des sons?

R. *De la rapidité plus ou moins grande des vi-*
brations du corps sonore; plus les vibrations
sont rapides, plus le son est aigu; plus les vibra-
tions sont lentes, plus le son est grave.

794–D. Quels sont les corps sonores dont les vibrations sont les plus rapides et qui, par cette raison, produisent les sons les plus aigus?

R. *Ce sont les instruments de petite dimension,*
comme les flûtes, le hautbois, le violon, etc.

795–D. Quels sont les corps sonores dont les vibrations, plus lentes, produisent les sons les plus graves?

R. *Ce sont les instruments les plus volumineux, tels*
que la contrebasse, l'ophicléide, etc.

796–D. Outre le son qui, de prime-abord, frappe notre oreille, le corps sonore mis en vibration ne produit-il pas d'autres sons?

R. *Si, il produit deux autres sons plus faibles,*
qu'on nomme sons harmoniques ou concomitants.

797–D. Comment nomme-t-on le son prédominant?

R. *On l'appelle son principal ou son générateur.*

798–D. A quelle distance les sons harmoniques sont-ils du son générateur?

R. *A la 12ᵐᵉ juste (réplique de la 5ᵗᵉ) et à la*
17ᵐᵉ majeure (réplique de la 3ᶜᵉ) au-dessus.

799–D. Quel est l'accord produit par le son générateur et ses deux harmoniques?

R. *C'est l'accord parfait majeur, lequel est, ainsi*
fourni par la nature même.

ENCHAÎNEMENT DES TONALITÉS MAJEURES

PAR LEURS ACCORDS COMMUNS (p.96)

800–D. Quels sont les accords qui sont considérés comme étant le principe générateur de la tonalité?

R. *Ce sont les accords parfaits établis sur les*
notes tonales: 1er, 4ᵐᵉ et 5ᵐᵉ degrés, lesquels four-
nissent à eux trois toutes les notes de la gamme.

801–D. Que remarque-t-on, si l'on compare les accords parfaits des 1er, 4ᵐᵉ et 5ᵐᵉ degrés de deux tonalités majeures à distance de 5ᵗᵉ juste?

R. *On s'aperçoit que deux de ces accords sont*
communs à ces tonalités.

802–D. Quels sont les accords parfaits majeurs qui sont communs aux tons de Do majeur et Sol majeur?

R. *Ce sont les accords Do-Mi-Sol et Sol-Si-Ré.*

803–D. Quels sont les accords parfaits majeurs qui sont communs aux tons de Do majeur et Fa majeur?

R. *Ce sont les accords Do-Mi-Sol et Fa-La-Do.*
(à continuer)

804–D. Ces accords communs ne sont-ils pas un nouveau lien entre toutes les tonalités majeures qui s'enchaînent par quintes justes en montant ou en descendant?

R. *Si; et ce lien entre les tonalités majeures a*
pour cause première la production des sons
harmoniques par le son générateur.

805–D. Comment la production des sons harmoniques par le son générateur peut-elle être la cause première de ce lien entre les tonalités majeures?

R. *C'est que, grâce à ce phénomène acoustique, les*
accords parfaits qui constituent les tonalités ma-
jeures naissent les uns des autres par 5ᵗᵉˢ jus-
tes en montant.

806–D. Donnez quelques exemples de ce phénomène?

R. *Le Do, pris pour son primordial forme, avec*
ses harmoniques l'accord Do-Mi-Sol; le Sol, pris
à son tour pour son générateur, produit l'accord
Sol-Si-Ré; le Ré, donnera Ré-Fa♯-La; le La, La-Do♯-Mi,&

807—D. Pour obtenir, par ce moyen, les éléments nécessaires à la formation de toutes les tonalités
majeures usitées, quelle note faut-il prendre
comme point de départ?

R. *Il faut prendre le Fa ♭, sous-dominante de Do♭
majeur, et toutes ces tonalités se succéderont,
de même que les accords dont elles sont formées,
par quintes justes en montant.*

808—D. En faisant un tableau de l'enchaînement des
tons majeurs par leurs accords communs, à quelles remarques cela donne-t-il lieu?

R. *Cela donne lieu aux remarques suivantes:
1º Deux tons majeurs voisins ont toujours deux
accords parfaits majeurs communs; 2º Chaque
accord majeur appartient à trois tons majeurs
voisins, dans lesquels il est placé, successivement, sur les 4ᵐᵉ, 1ᵉʳ et 5ᵐᵉ degrés.*

NOTES OU ARTIFICES MÉLODIQUES
NOTES RÉELLES OU ESSENTIELLES (p. 99)

809—D. Dans la composition d'une mélodie ou d'une partie mélodique quelconque, ne se trouve-t-il pas souvent des notes étrangères aux accords employés?

R. *Si, il s'y trouve souvent des notes ou artifices purement mélodiques.*

810—D. Comment nomme-t-on les notes qui font partie
intégrante des accords?

R. *Notes réelles ou notes essentielles.*

811—D. Combien compte-t-on d'espèces d'artifices
mélodiques?

R. *On en compte six; savoir: la note de passage, la broderie, l'appoggiature, l'échappée,
l'anticipation et la syncope par anticipation ou
par prolongation.*

NOTES DE PASSAGE

812—D. Qu'est-ce qu'une note de passage?

R. *C'est une note étrangère à l'harmonie qui,
placée entre deux notes essentielles, sert à
remplir, diatoniquement ou chromatiquement,
l'intervalle qui sépare ces deux notes, de manière à conduire de l'une à l'autre par degrés
conjoints ou par demi-tons.*

ORNEMENTS MÉLODIQUES

813—D. Qu'est-ce qu'un ornement mélodique?

R. *C'est une note étrangère à l'harmonie qui se
fait à la 2ᵈᵉ supérieure ou inférieure, majeure
ou mineure de sa note principale.*

814—D. Combien y a-t-il d'espèces d'ornements mélodiques?

R. *Il y en a trois, savoir: la broderie, l'appoggiature et l'échappée.*

815—D. Qu'est-ce que la broderie?

R. *C'est un ornement qui succède à sa note principale, la remplace momentanément et retourne
à cette même note.*

816—D. Quelle place la broderie occupe-t-elle dans
la mesure?

R. *Elle occupe, généralement, un temps faible.*

817—D. Qu'est-ce que l'appoggiature?

R. *C'est un ornement qui précède sa note
principale.*

818—D. Quelle place l'appoggiature occupe-t-elle dans
la mesure?

R. *Elle occupe, ordinairement, un temps fort.*

819—D. Qu'est-ce que l'échappée?

R. *C'est un ornement qui succède à sa note
principale, mais n'y retourne pas.*

820—D. Quelle place l'échappée occupe-t-elle dans
la mesure?

R. *Elle ne peut occuper qu'un temps faible.*

ANTICIPATION DIRECTE ET INDIRECTE

821—D. Qu'est-ce qu'une anticipation?

R. *C'est une note qu'on fait entendre avant
l'accord dont elle doit faire partie; et qui,
par conséquent, anticipe sur les autres notes
de cet accord.*

822—D. Dans quelles conditions emploie-t-on cet artifice mélodique?

R. *Il se fait, généralement en valeur brève, et
toujours sur un temps faible ou sur la partie
faible d'un temps.*

823—D. Qu'est-ce que l'anticipation directe?

R. *L'anticipation est directe quand la note qui anticipe est la même que celle dont elle est suivie.*

824—D. Qu'est-ce que l'anticipation indirecte?

R. *L'anticipation est indirecte quand la note qui
anticipe est différente de celle qui lui succède
dans la même partie.*

SYNCOPES PAR ANTICIPATION OU PAR PROLONGATION

825—D. Dans quels cas la syncope peut-elle être considérée comme note étrangère à l'harmonie?

R. *Dans les deux cas suivants: 1º quand la note
syncopée est attaquée avant l'accord auquel elle
appartient, et qu'elle produit une dissonance au
moment de l'attaque; 2º quand la note syncopée se
prolonge sur un accord auquel elle n'appartient pas,
et y produit une dissonance irrégulière.*

826—D. Comment désigne-t-on ces deux sortes de
syncopes?

R. *La 1ʳᵉ est une syncope par anticipation, et la
2ᵈᵉ, une syncope par prolongation.*

NOTES PRINCIPALES
= NOTES D'AGRÉMENT (p. 100)

827—D. Toutes les notes étrangères à l'harmonie s'é-
crivent-elles avec les mêmes caractères?

R. *Non, les unes s'écrivent en caractères ordinaires, et les autres, en caractères beaucoup
plus petits.*

828—D. Comment nomme-t-on les notes qui s'écrivent
en petits caractères?

R. *Petites notes ou notes d'agrément.*

829—D. Quels sont les ornements mélodiques qu'on
écrit ainsi en petits caractères?

R. *Ce sont ceux qui ne sont pas absolument indispensables à la contexture de la mélodie, et
qui n'y sont ajoutés que pour lui donner plus
de grâce ou plus de mordant.*

830—D. Comment nomme-t-on les notes qui font partie intégrante de la mélodie et qu'on ne pourrait
en retrancher sans en altérer le fond?

R. *On les appelle notes principales de la mélodie.*

821–D. Les petites notes ou notes d'agrément se présentent-elles isolément ou par groupes?

R. *Elles peuvent se présenter isolément ou par groupes de deux, trois, quatre et plus.*

822–D. Quelle place ces petites notes prennent-elles dans la mesure?

R. *Elles ne comptent pas dans la mesure; elles empruntent leur valeur tantôt à la note qui les précède, tantôt à celle qui les suit.*

823–D. La mesure où se trouvent des petites notes doit-elle être complète abstraction faite de ces petites notes?

R. *Oui, elle doit être complète comme si ces petites notes n'y figuraient pas.*

824–D. La valeur des petites notes est-elle absolue?

R. *Non; on peut les exécuter plus ou moins rapidement, selon le caractère de la phrase dont elles font partie.*

APPOGGIATURE EXPRESSIVE

825–D. D'où vient le mot appoggiature?

R. *Il dérive du verbe italien "appoggiare", qui veut dire appuyer.*

826–D. Doit-on donc appuyer sur la note appoggiature?

R. *Oui, c'est sur cette note qui doit porter, généralement, l'accentuation principale.*

827–D. Sur quelle partie de la mesure ou du temps trouve-t-on, généralement l'appoggiature?

R. *Sur une partie relativement forte.*

828–D. Sous quel nom désigne-t-on une appoggiature qui placée sur une partie forte de la mesure ou du temps, doit avoir une valeur de durée appréciable?

R. *On l'appelle appoggiature expressive.*

829–D. Comment écrivait-on cette sorte d'appoggiature dans l'ancienne musique?

R. *On l'écrivait en petites notes.*

830–D. Comment l'écrit-on de nos jours?

R. *En caractères ordinaires.*

831–D. Pourquoi a-t-on abandonné l'usage de la petite note pour l'appoggiature expressive?

R. *Parce que la valeur de l'appoggiature n'était pas bien déterminée par la petite note.*

832–D. A quoi l'appoggiature expressive écrite en petites notes emprunte-t-elle sa valeur?

R. *A la note principale qui la suit.*

833–D. Quelle valeur donne-t-on à cette appoggiature quand sa note principale est en valeur simple?

R. *On lui donne la moitié de cette valeur.*

834–D. Et quand la note principale est en valeur pointée?

R. *On lui en donne les deux tiers.*

BRISÉS SIMPLE, DOUBLE et TRIPLE (p. 102)

APPOGGIATURE BRÈVE

835–D. Qu'est-ce qu'un brisé?

R. *C'est une petite note barrée qui s'exécute avec une grande rapidité.*

836–D. Quelles sont les notes qui, le plus souvent, servent de brisés?

R. *L'appoggiature supérieure et l'appoggiature inférieure.*

847–D. Comment nomme-t-on une appoggiature qui sert de brisé?

R. *Appoggiature brève.*

848–D. Le brisé ne se fait-il pas quelquefois par intervalle disjoint de 3ce, 4te, 5te, etc, soit en montant, soit en descendant vers sa note principale?

R. *Si; mais dans ce cas, il ne peut plus s'appeler appoggiature.*

849–D. Les appoggiatures inférieure et supérieure ne peuvent-elles pas se succéder et précéder toutes les deux leur note principale?

R. *Si; elles forment alors un petit groupe de deux notes qui s'appelle brisé double.*

850–D. L'intervalle de 3ce qui existe entre les deux appoggiatures d'une même note principale ne peut-il pas être rempli par une note de passage?

R. *Si; cela forme alors un groupe de trois petites notes qui s'appelle brisé triple.*

851–D. A quoi le brisé emprunte-t-il sa valeur? Est-ce à la note ou au silence qui le précède, ou à la note qui le suit?

R. *Tout le monde n'est pas d'accord sur cette question, en ce qui concerne la musique ancienne, mais, dans la musique moderne, le brisé emprunte sa valeur à la note ou au silence qui le précède.*

MORDANT

852–D. Qu'est-ce qu'un mordant?

R. *C'est une sorte de brisé double, qui se compose de la note principale et de l'une de ses broderies (sa broderie supérieure le plus souvent.)*

853–D. Comment écrit-on le mordant?

R. *On l'écrit parfois en petites notes, d'autres fois ou l'indique par une petite ligne brisée.*

854–D. A quelle note le mordant emprunte-t-il sa valeur?

R. *A celle dont il est suivi.*

GRUPPETTO

855–D. Qu'est-ce qu'un gruppetto ou petit groupe?

R. *C'est un ornement mélodique qui se compose de deux, trois ou quatre notes conjointes succédant à la note principale.*

856–D. A quelle note le gruppetto emprunte-t-il sa valeur?

R. *A celle qui le précède.*

857–D. De quoi se compose le gruppetto de deux notes?

R. *De l'une des broderies de la note principale et de cette note elle-même.*

858–D. De quoi se compose le gruppetto de trois notes?

R. *Des deux broderies, entre lesquelles la note principale est intercalée comme note de passage.*

859–D. De quoi se compose le gruppetto de quatre notes?

R. *Il comprend les deux broderies, la note de passage et le retour à la note principale.*

PORT DE VOIX

860–D. Qu'est-ce qu'un port de voix?

R. *C'est une anticipation directe dont le but est d'obtenir une grande liaison entre la note principale qui la précède et celle qui la suit.*

861–D. Comment doit-on exécuter le port de voix?

R. *Extrêmement lié, mais sans traîner.*

TRILLE

862 – D. En quoi consiste le trille?

R. *En battements rapides, alternatifs et répétés d'une note principale et de son ornement supérieur.*

863 – D. Comment indique-t-on le trille?

R. *Par ses lettres initiales tr qu'on place au-dessus ou au-dessous de la note principale.*

864 – D. Qu'est-ce qui représente la durée totale du trille?

R. *C'est la figure de sa note principale.*

865 – D. Comment indique-t-on qu'un trille doit se prolonger sur plusieurs valeurs de notes?

R. *On tire, à la suite des lettres tr, une ligne tremblée qui se continue jusqu'à la fin du trille.*

866 – D. Comment indique-t-on que la note supérieure du trille doit être altérée?

R. *On place l'altération voulue au-dessous des lettres tr.*

867 – D. Qu'est-ce qu'un trille majeur?

R. *C'est celui dont l'ornement supérieur est à un ton de la note principale.*

868 – D. Qu'est-ce qu'un trille mineur?

R. *C'est celui dont l'ornement supérieur n'est qu'à un demi-ton de la note principale.*

869 – D. N'y a-t-il pas plusieurs manières de commencer et de terminer un trille?

R. *Si; on les indique, habituellement, par des petites notes.*

POINT D'ORGUE AGRÉMENTÉ

870 – D. Qu'est-ce qu'on entend par point d'orgue agrémenté?

R. *C'est celui qui est accompagné de traits ou dessins mélodiques qu'on exécute à volonté, pendant l'arrêt de la mesure.*

871 – D. Comment écrit-on ces traits ou dessins mélodiques?

R. *En général, on les écrit en petites notes et on les désigne sous le nom de point d'orgue.*

MESURES à CINQ, à SEPT et à NEUF TEMPS (p. 103)

872 – D. Existe-t-il des mesures à cinq, à sept et à neuf temps?

R. *Il existe des mesures dites à cinq, à sept et à neuf temps; mais ce ne sont, en réalité, que des combinaisons rythmiques obtenues par le mélange des mesures ordinaires à deux, à trois et à quatre temps.*

873 – D. Quelle est la combinaison qui peut produire la mesure dite à cinq temps?

R. *C'est le mélange d'une mesure à trois temps et d'une mesure à deux.*

874 – D. Comment bat-on cette mesure?

R. *On bat, alternativement, une mesure à trois temps et une mesure à deux; ou le contraire, si la combinaison de ces deux mesures est inverse.*

875 – D. Quelle est la combinaison qui peut produire la mesure dite à sept temps?

R. *C'est le mélange d'une mesure à quatre temps et d'une mesure à trois.*

876 – D. Comment bat-on cette mesure?

R. *On bat, alternativement, une mesure à quatre temps et une mesure à trois; ou le contraire, si la combinaison de ces deux mesures est inverse.*

877 – D. Quelle est la combinaison qui peut produire la mesure dite à neuf temps?

R. *C'est le mélange d'une mesure à quatre temps, d'une mesure à trois et d'une mesure à deux.*

878 – D. Comment bat-on cette mesure?

R. *On bat, alternativement, quatre temps, trois temps et deux temps.*

879 – D. Combien la mesure à cinq temps a-t-elle de temps forts?

R. *Elle en a deux: le 1er et le 4me, ou le 1er et le 3me.*

880 – D. Combien la mesure à sept temps a-t-elle de temps forts?

R. *Elle en a deux: le 1er et le 5me, ou le 1er et le 4me.*

881 – D. Combien la mesure à neuf temps a-t-elle de temps forts?

R. *Elle en a trois: le 1er, le 5me et le 8me.*

882 – D. N'est-il pas de règle qu'une mesure ne doit avoir qu'un seul temps fort?

R. *Si; et c'est pourquoi la véritable mesure à cinq temps est d'un très rare usage, et que de vraies mesures à sept et à neuf temps sont presque impraticables.*

PLAIN-CHANT (p. 108)

883 – D. Comment nomme-t-on le système musical d'après lequel sont écrits les chants ordinaires de l'église catholique?

R. *Plain-chant ou chant liturgique.*

884 – D. De quels signes se sert-on pour noter le plain-chant?

R. *La longue ou note à queue; la brève ou note carrée et la semi-brève ou note losange. Leur valeur n'est pas tout-à-fait la même que dans la musique ancienne.*

885 – D. Ne se sert-on pas aussi de la maxime?

R. *Non; on la remplace par la double-carrée.*

886 – D. Sur quelle portée écrit-on le plain-chant?

R. *Sur une portée de quatre lignes.*

887 – D. Quelles sont les clés dont on se sert pour écrire le plain-chant?

R. *De la clé de Do placée sur la 3me ou la 4me ligne et de la clé de Fa 3me ligne.*

888 – D. Sur combien de modes le plain-chant est-il basé?

R. *Sur huit modes qu'on désigne par leur numéro d'ordre: 1er mode, 2me mode, etc.*

889 – D. Quelles sont les notes principales de chaque mode?

R. *La finale, sorte de tonique et la dominante.*

890 – D. Les modes qui ont la même finale sont-ils de la même espèce?

R. *Non; l'un est un mode authentique, l'autre est un mode plagal.*

891 – D. En quoi diffèrent ces deux espèces de modes?

R. *L'échelle ascendante d'un mode authentique, part de la finale, celle du mode plagal correspondant commence à une quarte plus bas.*

892 – D. Qu'est-ce qu'un guidon?

R. *C'est une petite note à queue qui se met à la fin de chaque portée pour annoncer la première note de la portée suivante.*

TABLE DES MATIÈRES

PREMIÈRE PARTIE

DEUXIÈME PARTIE

A.L. 8700.   Paris, Imp. A. Chaimbaud et Cie

CATALOGUE SPÉCIAL D'OUVRAGES POUR

L'ENSEIGNEMENT MUSICAL

SOLFÈGES, EXERCICES, TRAITÉS, DICTIONNAIRE

MÉTHODES & ÉTUDES

Pour le PIANO, tous les INSTRUMENTS et pour le CHANT

PUBLIÉS PAR

Alphonse LEDUC, ✻. O. ✻. ✻✻. Éditeur, 3, rue de Grammont, Paris

Médaille d'Or à l'Exposition Universelle de Paris 1878, pour la Bibliothèque l'Enseignement Musical.

SOLFÈGES

CHANAT frères. **Petit Solfège** ou Manuel musical des enfants, contenant 96 chants religieux et autres, à 1, 2 et 3 voix (P. in-16), 3e éd. . . . 1 50

LEDUC (Alph.). **Solfège progressif** (P. in-8), 2e éd. . . . 1 25

MÜLLER (L.). **Solfège pratique et théorique** à l'usage des collèges, pensionnats, séminaires, etc., contenant 66 chants, à 1, 2 et 3 voix (P. in-16), 10e édition (*cartonné*) . . . 1 85
— **Le même Solfège** avec Acc^t de Piano (P. in-8) . . . 6 »
    Le même, cartonné . . . 7 »

PITARCH (A.). **Petit Solfège des enfants** (P. in-8). . . . 1 50

RODOLPHE. **Solfège complet**, nouvelle édition, dans laquelle les leçons trop hautes ont été baissées (P. in-16) . . . 2 »
— **Le même Solfège** complet, 1 vol. in-8 . . . 4 »
    Le même, cartonné. . . . 5 »

RODOLPHE. **Solfège complet, à une voix** (Nouvelle édition revue par J. Astruc) (P. in-16) . . . 2 »

THURNER (A.). **Solfège ou Dictées des Rythmes** (P. in-8). . . . 1 50

TROJELLI (A.). **Petit Solfège des écoles**, ouvrage approuvé par M. L. de Roux (P. in-16) . . . » 75

VALENTI (A.). **Solfège** pour toutes les voix, dédié aux orphéons, écoles normales, lycées, collèges, etc. Dans ce solfège, la partie supérieure est écrite en clé de Sol, et la partie inférieure est en clé de Fa (P. in-16).
    Première partie . . . 1 50
    Deuxième partie . . . 1 50
    Les deux parties réunies . . . 2 50

LEÇONS DE SOLFÈGE

Exercices, Dictées, etc.

ARNOUD (J.). **1.600 Exercices gradués de Lecture et de Dictées musicales**, *Intonation, Rythme, Tonalité*, en deux volumes (P. in-16).
    1re Partie, 1.000 Exercices . . . 1 50
    2e Partie, 600 Exercices . . . 1 50
    Les deux parties réunies . . . 3 »
— **50 Exercices d'ensemble** (P. in-8) . . . 1 50
— **113 Leçons de Solfège** à 2 voix égales avec Accomp^t de Piano, 1 vol. in-8 . . . 7 »

DUVERNOY (H.). **90 Leçons mélodiques de Solfège** sur toutes les clés et les mesures connues, avec Accompagnement de Piano. Ouvrage adopté au Conservatoire National.
    1er Livre : 30 leçons clés de Sol, 2e et Fa, 4e lignes . . . 3 50
    2e Livre : 40 leçons clés d'Ut, 1re, 2e, 3e et 4e, Fa 3e et Sol 1re lignes . . . 3 50
    3e Livre : 20 leçons à changements de clés (Emploi des 8 clés) . . . 2 50
    Les mêmes, sans Accomp^t (P. in-16), Chaque livre . . . 1 »
— **Étude complète des Intervalles**, *Mineurs, Majeurs et Justes*, avec Accompagnement de Piano, 1 vol. in-8 . . . 2 50

THURNER (A.). Dictées musicales d'Intonation

THURNER (A.). **Dictées musicales d'Intonation** (P. in-8) . . . 1 50
    Dictées des Rythmes (P. in-8) . . . 1 50

RILLÉ (L. de). **Exercices de Chant**, à quatre parties, pour les orphéons et les sociétés chorales (P. in-8) . . . 1 50
    Chaque partie . . . » 50

PLAIN-CHANT

DUVOIS (Ed.). Méthode théorique et pratique de l'Accompagnement du Plain-Chant, la plus complète et la plus claire de celles qui ont été écrites jusqu'à ce jour . . . 15 »
    La même, Méthode élémentaire (P. in-8) . . . 1 25

TRAITÉS

ARNOUD (J.). **Petite Théorie de la Musique**, avec questionnaire . . . » 75

CATEL. **Traité d'Harmonie**, Nouvelle édition, très complète, et conforme à l'édition du Conservatoire (P. in-4) . . . 8 »

CLODOMIR (P.). **Manuel du Chef-Directeur** et des *Exécutants* ou **Traité théorique et pratique** à l'usage des Musiques de Fanfare et d'Harmonie. — Cet ouvrage indispensable traite de chaque instrument, de son étendue, de son emploi, ainsi que de l'Organisation et de la conduite de toutes les Musiques. Il contient la figure de tous les instruments employés dans les musiques, 1 vol. (P. in-16) . . . 4 »

DURAND (E.). **Traité complet d'Harmonie**, 1er volume (P. in-8). Cet ouvrage est le plus clair et le plus complet qui ait été écrit jusqu'à ce jour. Il est en usage au Conservatoire de Paris et dans ses succursales, ainsi qu'aux Conservatoires de Belgique, de Suisse, etc. . . . 25 »
— **Réalisations des leçons d'Harmonie**, 2e vol. (P. in-8) . . . 12 »
— **Traité d'Accompagnement au Piano**, 3e vol. (P. in-8) . . . 18 »
— **Abrégé du Cours d'Harmonie** (P. in-8) . . . 10 »
— **Réalisations des Leçons de l'Abrégé** (P. in-8) . . . 7 »
— **Théorie Musicale** (P. in-8) . . . 3 »

RICHERT (F.). **Cours théorique et pratique de musique vocale**, 1re édition, contenant un exposé analytique et raisonné des principes de l'art du Chant et un abrégé de la théorie du Plain-Chant . . . 5 »
— **Traité élémentaire du Plain-Chant** (P. in-8) . . . 1 25

DICTIONNAIRE

SOULLIER. **Dictionnaire complet de musique** (P. in-16) . . . 2 50

    Volumes cartonnés (P. in-16), en plus, net . . . » 25
    — (P. in-8), en plus, net . . . » 50

Pour recevoir franco, envoyer le prix indiqué.